Voor Pa en Ma

Reinier Verbeek

Raum zum Leben

Partizipative Gesprächsführung und
Deeskalation in der Praxis

Bibliografische Information der Deutschen Nationalbibliothek: Die Deutsche Nationalbibliothek verzeichnet diese Publikation in der Deutschen Nationalbibliografie; detaillierte bibliografische Daten sind im Internet über http://dnb.dnb.de abrufbar.

Herstellung und Verlag: BoD – Books on Demand, Norderstedt

ISBN: 978-3-7557-1075-2

0. Einleitung

Am Beginn meiner Fortbildungen stelle ich mich vor, wie jeder das wahrscheinlich macht, und beschreibe meinen beruflichen Werdegang. Ich mache das, damit vielleicht besser zu verstehen ist, woher meine Erfahrungen mit Aggression und Gewalt und meine Ansätze kommen. Wenn ich chronologisch über meine unterschiedlichen Berufe erzähle, sage ich oftmals scherzhaft, dass ich über die Jahre hinweg eine Art Resozialisierungsprozess durchlaufen habe. Ein Sprichwort besagt: „Jeder Scherz hat einen Kern von Wahrheit". Das gilt auch für meine Worte, wenn ich auf meine berufliche und persönliche Entwicklung zurückblicke.

In den Anfangsjahren meiner professionellen Karriere, beim Bundesheer, setzte ich mich mit extremen Formen von Destruktivität, Gewalt und dem Tod auseinander. In einem Kriegsgebiet wurde ich als junger Mann mit diesen Sachen aus nächster Nähe konfrontiert. Ich wurde dazu ausgebildet, meine Ängste zu verdrängen und Emotionen zu unterdrücken, rational und sachlich zu handeln, Stress auszuhalten und diesen zu nützen, darüber hinaus brachiale, tödliche Gewalt auszuüben, falls dies erforderlich wäre. Später, ich verließ das Bundesheer nach 10 Jahren, war ich jahrelang im Sicherheitsbereich tätig und unter anderem trainierte ich Kollegen darin, sich körperlich zu verteidigen und die Kontrolle und Sicherheit in hoch angespannten und gefährlichen Situationen mit aggressiven, gewalttätigen Personen wiederherzustellen. Beim Bundesheer und im Sicherheitsbereich war ich nahezu ausschließlich auf das Wahren der Sicherheit und das Ausüben von (Gegen-)Gewalt eingestellt. Als Security und Türsteher zum Beispiel begrenzten sich meine empathischen Fähigkeiten auf das geduldige Anhören persönlicher Lebensgeschichten alkoholisierter Kunden und das freundliche „Bitten", das Lokal zu verlassen, falls sie sich nicht benehmen konnten. Diese „Bitte" war jedoch keine, die dem Gegenüber Raum und Möglichkeit geboten hätte, darüber nachzudenken und sich zu entscheiden, sondern eine Aufforderung, sich entweder zu fügen, „freiwillig" zu gehen oder unfreiwillig „gegangen" zu werden.

Ich habe beim Bundesheer und im Sicherheitsbereich von erfahrenen und äußerst professionellen Spezialisten und Ausbildnern zahlreiche Strategien für die Bewältigung von grenzwertigen Situationen und viele

Selbstverteidigungs-, Angriffs- und Sicherungstechniken gelernt, trainiert und Erfahrungen mit deren Anwendung gemacht; ich durchlief einen sehr intensiven und langen Prozess der Professionalisierung. Durch berufliche Prägung und die Erfahrungen mit Kriegsgewalt, Schlägereien und sonstigen Gewaltausbrüchen war meine Angstschwelle ausgesprochen hoch und meine persönliche Haltung auch eher so ausgerichtet, dass ich mich gut abgrenzen und verteidigen, mich gegebenenfalls durchsetzen und die Kontrolle und Sicherheit wiederherstellen konnte. Später, nach meinem beruflichen Wechsel in den Sozialbereich (Kinder- und Jugendpsychiatrie), bemerkte ich zuerst nicht, dass ich in diesem Berufsfeld überwiegend in einer Rolle aktiv war, wo es genau wieder um dieselben Themen ging, wovon ich durch meine Vergangenheit geprägt wurde: Grenzsituationen mit Aggression und Gewalt.

Meine Fähigkeiten und meine Stressresistenz wurden im Sozialbereich von vielen Kollegen dankend angenommen. Ich selbst war wiederum in der Lage so zu arbeiten, wie ich es mehr oder weniger gewohnt war, nur in einem anderen Kontext. Unsichere, unberechenbare und sogar gefährliche Situationen mit Menschen im psychischen und psychiatrischen Ausnamezustand waren vor allem in den Anfangszeiten dieser neu eröffneten Abteilung für Kinder- und Jugendpsychiatrie an der Tagesordnung. Sicherheit und insbesondere das Erleben von Unsicherheit waren für das Personal ein regelmäßig wiederkehrendes Thema. Außerdem war in dem Bereich, in dem ich als psychiatrischer Krankenpfleger tätig war, der Kinder- und Jugendpsychiatrie, noch keine klar umrahmte, professionelle Handlungsstruktur definiert, wie mit derartigen Verhaltensweisen umgegangen werden sollte. Später stellte sich heraus, dass das in psycho-sozialen Einrichtungen und Institutionen, wie Wohngemeinschaften, Psychiatrien, Krankenhäusern und Pflegeheimen, keine Ausnahme war und leider ist das teilweise noch immer so. Gleichzeitig besteht aber eine enorme Verantwortung gegenüber den Klienten. In derartigen Institutionen sind die zwischenmenschlichen Verhältnisse nicht per Definition ausgewogen und die Mitarbeiter auf Gleichberechtigung ausgerichtet. In Psychiatrien zum Beispiel wird sogar über Machtinstrumente wie Fixierungen, Medikation usw. verfügt. Deren Anwendung bedeutet einen großen Eingriff in das Leben von Menschen. So kam es, dass ich diese Lücken im System, teils offiziell, weil ich dazu gebeten wurde, und teils automatisch, weil ich dieses aufgrund meiner Persönlichkeitseigenschaften instinktiv tat, ausfüllte. Schlussendlich löste ich oftmals die Probleme anderer Kollegen im Umgang mit Aggression und Gewalt. Ich kompensierte durch das Übernehmen unsicherer Situationen deren persönliche Ängste (und Aggressionen), Überforderungen, Machtlosigkeit und schonte deren Nerven: Sie mussten sich den Gegebenheiten nicht stellen und konnten sich manchmal buchstäblich hinter meinem Rücken verstecken, sobald in Grenzsituationen gehandelt werden musste. Im Nachhinein betrachtet war ich weniger als psychiatrischer Krankenpfleger oder Betreuer (wie es genannt wird) in einer Kinder- und Jugendpsychiatrie tätig, sondern wahrscheinlich eher als eine Art veredelter „Security-Mitarbeiter". Meine berufliche Vergangenheit war sicherlich der Grund, warum ich in meine alten Verhaltensmuster und Rollen zurückfiel. Es brauchte eine persönliche Transformation, um diese verinnerlichten Muster aufzulösen und dementsprechende, reflexartige Neigungen zu unterbrechen. Ich musste neue Wege gehen, um mich anderen Aufgaben in dem Arbeitsbereich widmen zu können.

Wie kam es dazu, dass ich mich verändern und alte Muster auflösen wollte? Allmählich entstanden in mir eine deutliche Unzufriedenheit und Unstimmigkeit mit der Situation, so wie sie war. Etwas arbeitete in mir und wies mich darauf hin, dass es Zeit für Veränderung und eine persönliche Umstellung wäre. Zurückblickend wurzelte diese Unstimmigkeit in dem, was die Rolle eines Betreuers von psychisch kranken und verhaltensauffälligen Kindern und Jugendlichen von mir abverlangte, und dem, was ich zu dem Zeitpunkt an angelernten Kompetenzen mitbrachte. Ich musste mich an die neuen Umstände anpassen, mich transformieren und in meine weitaus umfangreichere Rolle eines Betreuers in der Kinder- und Jugendpsychiatrie „hineinfinden". Es wurde mir zunehmend bewusst, dass ich einerseits nicht mehr „nur" als veredelter Sicherheitsmann arbeiten wollte, weil mich die ständigen Auseinandersetzungen mit den in Krisen befindlichen Menschen und die Art und Weise des Umgangs mit derartigen Institution zunehmend belasteten. Andererseits empfand ich es als unbefriedigend, nur über einen eingeschränkten Zugang und überwiegend im Rahmen des Sicherheitsdenkens und des Ausübens von Kontrolle tätig sein zu können, wenn die Klienten darüber hinaus gleichzeitig auch noch viele andere Bedürfnisse hatten. Mir boten sich überdies auch nur wenige Möglichkeiten auf die zugrundeliegenden Ursachen für Verhaltensauffälligkeiten und den persönlichen Bedarf von Klienten bei Krisen unterstützend einzugehen. Wenn es der Ausgangspunkt ist, Menschen nur als schwierig, lästig, aggressiv und gefährlich zu sehen, ist der

3

Handlungsspielraum generell beschränkt. Die Haltung diesen Menschen gegenüber orientiert sich dann allein an dem Wiederherstellen des eigenen, positiven Gemütszustandes, dem Aufrechterhalten der Kontrolle und dem Gewährleisten der Sicherheit. Man ist weniger auf das Motiv, die dahinterliegende Problematik und das Wahren der fragilen Beziehungen ausgerichtet. Ich erkannte, dass es im Umgang mit dysfunktionalen Verhaltensweisen, Krisen und Aggression viel mehr zu entdecken und zu erreichen gab, beruflich und zwischenmenschlich. Das motivierte mich schlussendlich dazu, umzudenken und meine Strategien anzupassen.

Die langjährige Konditionierung, als Berufsmilitär und Führungsperson extreme Herausforderungen „mechanisch" zu bewältigen, hat dafür gesorgt, dass ich meine Gefühle gut unterdrücken und verdrängen konnte. Meine Grundhaltung war rationell und distanziert, im Allgemeinen und auch in der Beziehungsgestaltung zu anderen Menschen. Für die Tätigkeit im Sozialbereich musste ich meine Gefühle reaktivieren, um einen Bezug zu mir selbst und diesem Teil meines inneren Lebens wiederherzustellen und konnte so mein Vermögen, mich in andere hineinzuversetzen, auch wieder aufbauen. Für eine differenziertere Herangehensweise, etwa bei Krisen, war es interessanterweise ebenfalls notwendig, den Blick mehr nach innen zu lenken, anstatt die Aufmerksamkeit auf das zu richten, was massive Konflikte und aggressive Menschen vordergründig bieten, und in erster Linie all dies kontrollieren zu wollen, so wie ich es bisher gewohnt war. Das Ergebnis meiner persönlichen Umstellung kombiniert mit den Prägungen durch viele Erfahrungen mit Aggression, Gewalt und beruflichen Erfordernissen war schlussendlich, dass ich mich den Herausforderungen **beziehungsorientiert** annäherte. Der beziehungsorientierte Umgang mit Konflikten und Aggression bedeutet, dass, solange das Bewahren der eigenen Grenzen und der allgemeinen Sicherheit möglich ist, **in der Beziehung das geboten wird, was Menschen zu Ruhe kommen lässt und die konstruktive Beziehungsgestaltung fördert.** Dieser Ansatz beruht einerseits auf dem Verständnis innerer (neurologischer) Mechanismen, die große Spannungen entstehen lassen und Konflikte und Aggressionen auslösen, und andererseits darauf, welche Haltung unsererseits in der Beziehung erforderlich ist, damit sich diese Prozesse allmählich einstellen sowie welche Handlungen unterlassen werden sollten, um diese Konflikte und Aggressionen nicht zu fördern oder zu verstärken.

Die **allgemeine Sicherheit** habe ich trotz des beziehungsorientierten Zugangs, aufgrund meiner erfahrungsbedingten „Berufsdeformation", dennoch nie aus dem Auge verloren. Was die Unberechenbarkeit und das Gewaltpotenzial von Menschen betrifft, bin ich nicht naiv. Diese Erkenntnisse offenbaren sich mir leider oft genug. Das Verhalten des Gegenübers und dessen Reaktionen auf unsere Interventionen in der Beziehung lassen einen Punkt erkennen, an dem man aufgrund der Unberechenbarkeit und des möglichen Gewaltpotenzials sich rein für sich selbst entscheiden und Abstand vom Geschehen nehmen muss, weil es sonst zu gefährlich wird. Nicht die Deeskalation in der Beziehung, sondern die persönliche und allgemeine Sicherheit wird dann zum Hauptziel. Es bleibt deshalb enorm wichtig, den Überblick zu behalten, Menschen zu lesen, Gefahren gut einzuschätzen und sich gegebenenfalls für die eigene Sicherheit zu entscheiden. Diese zwei für sich stehenden, aber gleichzeitig ergänzenden Aspekte, nämlich einerseits beziehungsorientiert zu deeskalieren und Konflikte zu lösen und andererseits die persönliche Sicherheit zu wahren, führten schlussendlich zu dem **B.A.S.I.G.-Konzept (Beziehungsorientiertes Aggressionsmanagement und Sichere Interventionen bei Gewalt)**, das ich Ihnen in vorliegendem Buch vorstellen möchte.

Beim B.A.S.I.G.-Konzept geht es insgesamt darum,

- … zu verstehen, was die Beweggründe und Motive sind, dass Menschen in einen Konfliktmodus oder eine Kampfhaltung umschalten und
- … aufgrund dessen zu sehen, was die Beruhigung von Menschen von uns als Teil dieser Beziehung verlangt.
- …die Dynamik in der Beziehung mit einer klaren Handlungsstruktur zu steuern, anstatt kampf- und fluchtartig kontrollieren zu wollen.
- …die Selbststeuerungsfähigkeit aufgebrachter Menschen mittels gewählter Interventionen zu fördern und zu aktivieren.
- …die Vorkommnisse so rasch als möglich in Richtung einer rationellen, partizipativen Lösungsfindung umzulenken.
- …Menschen gegebenenfalls Raum zu lassen, sich selbst beruhigen zu können.
- …die eigenen Impulse und negativen Reizsetzungen zu verhindern.
- …reale Gewaltpotenziale zu erkennen und in Sicherheit zu bleiben.

„Sicherheit übertragen und Raum geben erfordert, dass man Raum hat und sich sicher fühlt. "

Zum Vergleich: Das Gegenteil eines beziehungsorientierten Ansatzes bedeutet, dass prinzipiell vom eigenen Ausgangspunkt der Verunsicherung und den eigenen Bedürfnissen, wie dem Wiederherstellen der Kontrolle über unsichere Geschehnisse, ausgegangen und dementsprechend gehandelt wird. Die Wahrscheinlichkeit, dass zu viel Druckausübung oder negative Reize ins Spiel kommen, ist mit dieser Strategie relativ groß, habe ich nur zu oft festgestellt. Es wird etwa versucht, die Situation zu beherrschen und zu dominieren, jedoch meiner Meinung nach nicht wirklich deeskaliert, auch wenn das Ergebnis von außen betrachtet manchmal gleich erscheint, nämlich eine Beruhigung von aufgebrachten und aggressiven Personen. In so einem Fall wird diese Beruhigung jedoch durch die Fügung des Gegenübers an die Druckausübung erreicht. Druck wird eher ausgeübt, wenn sich Menschen davon bewusst sind, (körperlich) am längeren Ast zu sitzen und etwa über Machtinstrumente zu verfügen. Längerfristig verursacht ein Sich-Fügen-Müssen Unmut. Diese negativen Erfahrungen werden nicht so schnell vergessen und können in „ähnlichen" Situationen erneut z.B. massive Konflikte oder hasserfüllte Reaktionen verursachen. Es ist andererseits auch nicht sinnvoll, uneingeschränkt Spannungen und Emotionen vom Gegenüber unreflektiert zu übernehmen und mittels Fluchtverhalten, bedingungslosem Kooperieren und Grenzenlosigkeit auf ein gutes Ende zu hoffen. Der Ausgang des Ganzen wird eigentlich dem Aggressor überlassen, der schon durch sein Verhalten dominiert. Bei einer bedingungslosen, kooperativen Aufstellung, zum Beispiel einer aggressiven Person gegenüber, ist es wahrscheinlich, dass anfänglich unbewusst versucht wird, die Dynamik zu steuern und zu kontrollieren. Das Ergebnis, von außen betrachtet, ist in manchen Fällen ebenfalls eine Beruhigung des Aggressors. Er bekommt ja, was er möchte, dominiert das Geschehen und kann sich ausleben. Die Erfahrung zeigt nur, dass durch das Ausweichen mittels einer bedingungslosen kooperativen Haltung und durch das Öffnen von viel Raum recht schnell das eigene Ziel aus dem Auge verloren wird; vor allem dann, wenn diese Strategie nicht bewusst eingesetzt wird. Das Geschehen wird chaotisch, übernimmt einen, wächst einem über den Kopf, verursacht enorm viel Stress und hinterlässt tiefe Spuren. Außerdem geht das „Mitschwimmen" irgendwann auf Kosten der eigenen Bedürfnisse, was einen frustriert und demensprechende Reaktionen unter den erdenklich meist ungünstigen Umständen fördert. Diesen Raum bekommt man auch so schnell nicht wieder zurück, wenn man ihn einmal aufgeben hat und Menschen sich an diese bedingungslose Kooperationsbereitschaft gewöhnt haben. Das Aufmachen von Raum, Kooperieren und sogar Beschwichtigen haben als Strategie inzidentell ihre Berechtigung, was auch für das Durchgreifen und Ausüben von Druck gilt. Wichtig ist, dass damit bewusst ein Ziel verfolgt wird, das Sinn macht. Beim Ausweichen wäre das zum Beispiel das Verhindern von Überforderung und beim Kontrollieren-Wollen das Schaffen von Sicherheit bei konkreter Gefahr.

„Professionalität im Umgang mit Aggression und Gewalt bedeutet, dass man mit einer deutlichen Handlungsstruktur und mit einem bestimmten professionellen Ziel vor Augen das tut, was die Situation unter den gegebenen Umständen von einem verlangt".

Wie es zu diesem Buch kam

In meinen bisherigen Publikationen beschäftigte ich mich bereits mit dem Thema Aggression und Gewalt, wie Sie vielleicht wissen. Die Motivation für das vorliegende Buch ergab sich aus meiner persönlichen Entwicklung und den Erfahrungen im Berufsleben. Daraus entstand mehr und mehr das Bedürfnis, die vielen Herausforderungen in Beziehungen aus einer breiteren Perspektive zu betrachten. Ich stellte außerdem immer wieder fest, dass das Hauptanliegen der meisten Teilnehmer meiner Fortbildungen überwiegend die Stärkung des persönlichen Sicherheitsgefühls sowie das Wahren der körperlichen Sicherheit war. Das Deeskalieren von Aggression und der Umgang mit aggressiven Klienten und Gewalt sind nicht die Hauptmotivation und selten ein richtiges Bedürfnis. Sie spielen eher eine „Nebenrolle", auch wenn man meinen könnte, dies wäre die Essenz der Fortbildungen. Zumeist veranlasst ein Arbeitgeber die Mitarbeiter aufgrund des beruflichen Bedarfs zur Teilnahme, oder es wird ihnen der Besuch derartiger Kurse zur Weiterbildung ermöglicht. Als Hauptziele der Fortbildungen werden das Bewahren größtmöglicher Professionalität, das effektive und gleichzeitig respektvolle Auftreten im Rahmen des Aufgabenbereichs bei Konflikten, Krisen, Aggression als auch bei Fremd- und Selbstgefährdung sowie das Erfüllen gesetzlicher Auflagen angeführt. Diese Ziele orientieren sich an dem direkten Umgang mit aggressiven Menschen und Gewalt. Leider geht es dabei zumeist nicht direkt um das Wohlergehen der

Mitarbeiter oder um das, was sie wirklich an der Basis brauchen würden. Im Prozess einer Fortbildung läuft es jedoch dann darauf hinaus, dass die Teilnehmer merkbar nach konkreten und vor allem praktischen Strategien suchen, um das generelle Wohlbefinden schützen und besser bewahren zu können, welches zum Beispiel bei Aggression und Gewalt durch die hohen Belastungen verloren wurde oder in der Ausübung einer Profession bereits immer wieder unter Druck geraten ist. Eigentlich ist das logisch, denn auch in einer professionellen Rolle wird man bei Konflikten und Aggression persönlich betroffen sein und so aus dem Gleichgewicht gebracht. Das hat etwas mit der Wirkung dieser Herausforderungen in Beziehungen zu tun: Sie richtet sich, trifft und erschüttert uns im tiefsten Kern und an der Basis unseres Menschseins: dem Sicherheitserleben. Mir wurde im Laufe der Jahre immer mehr bewusst, dass die Fortbildungs-Themenbereiche „Umgang mit Aggression und Gewalt" oder „Deeskalationstraining" die bei den Teilnehmern im Vordergrund stehenden Bedürfnisse „Sicherheit und Wohlbefinden" überlagerten. Diese persönlichen Bedürfnisse der Teilnehmer, nämlich sich sicher zu fühlen und sicher zu sein, wurden für mich immer wichtiger, weil ich stets damit konfrontiert wurde und einfach nicht daran vorbei gehen konnte. So veränderte sich mit meinen Erfahrungen der Ansatz meiner Fortbildungen, auch mit dem Wissen, dass, wenn sich Mitarbeiter nicht sicher fühlen, das Deeskalieren und Bewahren der Sicherheit schwierig wird.

„Und was ist etwa mit dem Aggressor? Wie gehen wir dann mit diesen Menschen um? Wie deeskalieren wir, wenn wir den Fokus auf uns selbst und unsere Sicherheit verlegen?", höre ich Sie denken. Auch für den Umgang mit den meisten Herausforderungen in Beziehungen zu anderen Menschen macht es Sinn, wenn wir uns in erster Linie sicher fühlen. Nur so können wir bei uns selbst bleiben, die Ruhe und den Überblick bewahren, aus unserer Perspektive heraus die Situation beurteilen, effektive Interventionen setzen und die Dynamik steuern, selbst-bewusst unsere Grenzen vertreten und innehalten, um Menschen von selbst beruhigen zu lassen und aktiv mit einem konstruktiven Gespräch umzulenken. Diese Art zu deeskalieren ist äußerst wirksam in Situationen, in denen Menschen verunsichert sind, emotional agieren und die Kontrolle über ihre Impulse verlieren könnten. Zumeist reagieren diese gut und stabilisieren sich, wenn wir die Dynamik nicht reagierend ergänzen, Vorhersehbarkeit bieten, was von uns zu erwarten ist, uns außerdem selbstbewusst und selbstsicher positionieren, keine unbedachten Handlungen setzen und die Zeit arbeiten lassen.

Situationen und Menschen müssen wir außerdem immer gut auf ihr Potenzial einschätzen. Eine gute Beurteilung der Lage, das Im-Auge-Behalten der Sicherheit, unser zurückhaltendes Aufstellen und passendes Reagieren, wenn Menschen unberechenbar sind und es zu gefährlich wird, gelingen mit dem Behalt der Ruhe und des Überblicks ebenso besser. Fühlen wir uns sicher, wird außerdem das Risiko auf impulsive und gefährliche Einmischungen unsererseits geringer. So verhindern wir eher, dass die Dynamik noch brisanter und gefährlicher wird, als sie ohnehin schon ist.

Alles hat aber seine Grenzen: Das Deeskalieren durch das Vermitteln von Ruhe, Sicherheit und Grenzen und das Umlenken mit der Gesprächsführung ist nicht für Extremfälle geeignet, mit denen die meisten unter Ihnen wahrscheinlich eher seltener zu tun haben. Wir könnten es aber mit **kalten, berechnenden und gewaltbereiten Menschen** zu tun bekommen. Diese drohen nicht nur, sondern „versprechen" Gewalt einzusetzen. Sie werden tatsächlich zum gezielten Angriff übergehen, falls sie das für notwendig erachten. In solchen Fällen muss man sich unbedingt für die eigene körperliche Sicherheit entscheiden, das Geschehen kontrolliert verlassen oder die passenden Instanzen alarmieren. Aber, falls Sie angegriffen werden, gelingt Abwehr und Selbstschutz auch besser, wenn man sich unter Kontrolle und den Überblick hat.

Übrigens, für die allgemeine Sicherheit sollten Sie sich auch dann entscheiden, sobald Sie an Ihre persönlichen Grenzen kommen, wenn Überforderung und Handlungsunfähigkeit drohen und Sie womöglich keine realistische Einschätzung der Lage mehr treffen können. Es ist dann vernünftiger auszuweichen oder die Sache von anderen übernehmen zu lassen. Die eigenen Grenzen nicht zu respektieren und jenseits dieser persönlichen Grenzen weiter zu „experimentieren", hat sich, so meine Erfahrung, noch nie als sinnvoll erwiesen. Dieser Schuss geht zumeist nach hinten los. Situationen werden unvorhersehbar, chaotisch und gefährlich. Negative Nachwirkungen auf die Psyche sind durch Überforderung und das Erleben von Macht- und Hilflosigkeit sehr wahrscheinlich.

Kurzgefasst bildet das „Sich-Selbst-Sicher-Fühlen" die Grundvoraussetzung für eine effektive Deeskalation, die Lösungsfindung, das Einschätzen-Können von Situationen und das Bewahren der körperlichen Sicherheit oder kurz: für den beziehungsorientierten Umgang mit Konflikten und Aggression und sichere Interventionen bei Gewalt.

Von Aggression und Gewalt zu allgemeinen Herausforderungen in Beziehungen

Dadurch, dass ich mich weniger auf Aggression und Gewalt, sondern generell mehr auf das Erleben von allgemeiner Sicherheit in Beziehungen gerichtet habe, kamen andere Themenbereiche in den Fokus meiner Aufmerksamkeit: z.B. (verdeckte) Konflikte, Machtkämpfe und passive Aggression. Diese Probleme zwischen Menschen sind zwar weniger eindringlich und gefährlich als Aggression, aber sie belasten uns ebenso, bringen uns aus der Ruhe und an unsere Grenzen. Kurz gesagt: Sie kosten viel Energie und beeinträchtigen unsere Lebensqualität. Wichtig ist es auch, sich zu realisieren, dass diese geringfügigeren Herausforderungen in Aggression oder sogar Gewalt übergehen können. Sie sind oftmals eine Vorstufe und bekanntlich sind Konflikte sogar Auslöser von Exzessen. Diese Tatsache macht es umso sinnvoller, sich mit diesen allgemeinen und häufig vorkommenden Spannungen und Disharmonien in Beziehungen auseinanderzusetzen.

Unsere Herausforderungen liegen grundsätzlich überwiegend in dem, was soziale Beziehungen für uns persönlich bedeuten. Andererseits bieten Beziehungen natürlich zahlreiche Möglichkeiten für positive Erfahrungen und Chancen. Beziehungen sind so gesehen ein zweischneidiges Schwert. Wie wir sie bewerten, pendelt manchmal rasch von einem zum anderen Äußersten. Wir erleben sie oftmals als entweder positiv oder negativ. So ergibt sich stets abwechselnde Dualität. Diese Neigung, Themen dualistisch zu betrachten, tritt häufiger auf, wenn es um Sachen geht, die uns wichtig sind, die uns aber auch enorm verunsichern können, wie soziale Beziehungen das eben mit sich bringen. Eigentlich wird eine derartige Dualität, eine Spaltung, nur in unseren Köpfen aufgeworfen, um mit Unsicherheiten besser zurechtzukommen und eine Realität zu schaffen, die besser aushaltbar ist: Man klammert sich starr an Endgültigkeiten (Gut/Böse, Schwarz/Weiß), wenn es aufgrund einer Verunsicherung nicht weiter gelingt, Themen vielschichtig zu betrachten. Faktisch gehören sowohl „Schwierigkeiten" als auch die schönen Momente, einerseits Stabilität, andererseits Ungleichgewicht, die sogenannten Ups and Downs, zu der diese unterschiedlichen Erfahrungen bildenden bunten Einheit „Leben" oder in dem Fall sozialen Beziehungen. Dieses „sowohl als auch" kann man so annehmen oder eben in „entweder - oder" denken.

Prinzipiell ist es logisch, dass Beziehungen einen Großteil unserer persönlichen Herausforderungen im Leben abdecken, wenn man realisiert, dass wir als menschliche Gattung und Spezies strukturell miteinander verbunden und voneinander mehr oder weniger abhängig sind. Wir haben dauernd miteinander zu tun, ob wir nun wollen oder nicht. Soziale Beziehungen gehören auch grundsätzlich zu den wichtigen Bedürfnissen und dienen als Ausgangspunkt für viele andere Bedürfnisse. Dass Beziehungen aber durchaus Herausforderungen darstellen können, merkt man daran, wie wir miteinander umgehen oder eben nicht umgehen (wollen oder können), uns gegenseitig ausweichen, „einfachere" Wege für das Führen und Schaffen von Beziehungen erfinden oder versuchen, sie aus Unsicherheit zu kontrollieren. Kurzgefasst: Wir beschäftigen uns viel, oft unbemerkt, mit anderen Menschen und unseren Beziehungen. Was andere für uns bedeuten, merkt man auch daran, welche Meinungen wir haben, wie wir übereinander urteilen und sogar andere Menschen und Gruppen entwerten. Die Weise, wie wir Beziehungen sehen und selbst darin stehen, verbinden wir dennoch oftmals gar nicht mit uns selbst und unseren persönlichen Einflüssen auf deren Gestaltung, auf die persönliche Bildformung und auf Meinungen. Etwaige Herausforderungen werden nicht als eigene, sich in diesen Beziehungen widerspiegelnde Anteile wie Unsicherheiten, Neigungen, Verletzungen, Erwartungen, Wünschen und Sehnsüchten wahrgenommen. Das „schwierige" Außen wird vom Selbst getrennt und ferngehalten. Den meisten unter uns mangelt es an der Motivation genauer hinzusehen, „worum es da geht", sobald Spannungen auftreten und es schwierig wird; oder wir finden genug Ablenkung, die uns davon abhält. Das Thema ist auch nicht mit den positivsten Gefühlen behaftet und deshalb nicht so anziehend.

Überdies schaffen wir es als Menschen gut, unsere Welt mittels unterschiedlichster Mechanismen genau da „passend" zu machen, wo wir nicht genauer hinsehen wollen, negativ berührt werden und Bedrohungen unseres Selbst vermutet werden. Dementsprechend erkennen wir unsere Anteile und Einflüsse auf die Dynamik nicht. Als Betroffene betrachten wir Situationen überwiegend aus unserer Perspektive, die mehr oder weniger unantastbar ist. Woher diese persönlichen Ansichten und Meinungen kommen, wird weniger rasch in Frage gestellt. Das könnte das Selbstbild destabilisieren und uns im Kern unseres Wesens verunsichern. Das Selbst wird gegen das, was es in Frage stellt und „bedroht", grundsätzlich geschützt. Vermeintliche Bedrohungen unseres Selbstbildes und der persönlichen Existenz werden verdrängt, abgespalten, verleugnet oder zu unserem Zweck gedanklich „gebogen" und passend gemacht. Wir entziehen und umgehen sie oder kämpfen innerlich dagegen. Diese menschlichen Schutzmechanismen verdecken jedoch das, was „da" ist und den Begriffen „zu nahe", „zu viel", „frustrierend", „stressig" etc. Bedeutung verleiht. Ich denke, dass es interessant ist, sich gerade an diese Materie heranzuwagen, die wir sonst nur anlassbezogen oder meist gar nicht genauer betrachten. In diesen eher „verdeckten" oder sonst nicht zugänglichen Aspekten unserer Persönlichkeit liegt das Potential für Veränderung und um „anders" im Leben zu stehen.

Ein anderer Grund, dass wir das Thema „zwischenmenschliche Problematik" üblicherweise nicht näher betrachten, zur Einsicht kommen und dadurch vielleicht etwas verändern könnten, liegt daran, dass Spannungsfelder und Schwierigkeiten in Beziehungen so gut wie strukturell auftreten. Wir widmen diesen nur wenig Zeit und Aufmerksamkeit, weil wir uns daran gewöhnt haben. Außerdem gibt es bezüglich dieses Themas gesellschaftlich keine offene Gesprächskultur. Anlassbezogen, zum Beispiel aufgrund konkreter Schwierigkeiten mit Menschen in Spitälern usw., wird es oberflächlich thematisiert und man versucht den negativen Auswirkungen entgegenzuwirken und diese unter Kontrolle zu bringen, weil sie vor allem wirtschaftlich gesehen negative Auswirkungen haben und kein gutes Bild machen. Im Kern aber, auf einer Ebene der menschlichen Motive und der Beziehungsdynamik, ist das Thema noch immer mehr oder weniger tabu.

Das Negative ins Positive umwandeln

Das Positive suchen wir in Themen, die mit dementsprechenden offensichtlichen Erfahrungen und dem Erleben von Wohlbefinden einhergehen, wie gewählte Hobbys und sonstige Aktivitäten, aber auch Meditation, Achtsamkeit usw. Der Bezug zu einem positiven Ist-Zustand, zu Ausgeglichenheit und zu: „Wie fühlt es sich an, wenn es mir gut geht?", ist grundsätzlich ein wichtiger, persönlicher Ausgangspunkt. Aus dieser Mitte und Balance heraus, kann den allgemeinen Herausforderungen des Lebens gelassener entgegentreten werden. Dieser Ausgangspunkt eines Zustands des Wohlbefindens und eines „In-der-Mitte-Seins" dient aber auch der Orientierung, als Leuchtturm sozusagen. Zu diesem kann zurückgefunden werden, wenn die Orientierung unter Druck kommt und das Gleichgewicht verloren wurde.

Anders als vielleicht auf den ersten Blick angenommen, steckt in den Themen und Erfahrungen, die uns negativ berühren (können) oder uns zur näheren Betrachtung nicht verlockend erscheinen, einiges an positivem Potential. Es ermöglicht die Entwicklung von mehr Selbst-Bewusstsein, Selbst-Sicherheit und Anpassungsfähigkeit, genau für solche Umstände, die einen sonst aus dem Gleichgewicht bringen würden. Das wird auch als Widerstandsfähigkeit oder Resilienz bezeichnet. Das Wahren des inneren Gleichgewichts und Wohlbefindens kann als motivierendes Ziel verwendet werden. Mit diesem Ziel vor Augen passt man sich an herausfordernde Umstände eher an und werden Strategien für den Umgang mit genau diesen Einflüssen entwickelt, die uns aus der Mitte drängen können. Es ist deswegen sinnvoll, sich **ergänzend** mit dem zu beschäftigen, was unser Gleichgewicht stört, als auch wie man mit solchen Störungen umgeht und **nicht nur** damit, wie sich das „Im-Gleichgewicht-Sein" anfühlt oder wie man diesen Zustand erreicht.

Ich persönlich habe viele Jahre meditiert. Das ist während des militärischen Einsatzes in Bosnien von alleine als eine Art Anpassungsstrategie entstanden, weil die Belastungen enorm hoch waren. Ich habe mich über viele Jahre hinweg diszipliniert jeden Tag in mich gekehrt und fand so meine Ruhe, war danach jedoch immer wieder irritiert, wenn ich durch nicht kontrollierbare externe Umstände, wie sie sich im (Arbeits-)Alltag einfach ergeben, innerlich aus der Bahn geworfen wurde. Ich habe vergebens versucht, krampfartig an dieser inneren Ruhe und Ausgeglichenheit festzuhalten. Es hat sich eher herausgestellt, dass das verkrampfte Streben nach dem Bewahren der inneren Ruhe und nach dem Kontrollieren der etwaigen störenden Einflüsse absolut kontraproduktiv waren; ich kämpfte und wehrte mich; und das sorgte erst recht für Stress und Unruhe. Die Auseinandersetzung mit den Dingen, die mich aus der Bahn werfen und zu erkennen, was das alles mit mir zu tun hat (Selbsterkenntnisse), das Entwickeln von praktischen Bewältigungsstrategien, ergänzt mit täglichen entspannenden Aktivitäten wie Sport und Meditation, hat sich als Gesamtpaket für mich eher bewährt.

„Falls ich über alle Möglichkeiten und Strategien verfügen würde, mich an die zahlreichen Herausforderungen, wie etwa Aggression und Gewalt, anzupassen und diese zu bewältigen, würde ich diese Situationen nicht angstbesetzt und als Überforderung erleben".

1. Raum zum Leben

Kennen Sie das? Man ist bei sich, fühlt sich ausgeglichen, offen, hellwach, voll im Kontakt mit dem Leben, der Umgebung und anderen Menschen und die Gedanken sind klar und geordnet. Das Leben hat seinen geordneten Lauf und alles scheint im Flow zu sein. Ich bin mir sicher, Sie haben mit diesem Seins-Zustand Bekanntschaft gemacht und wissen, was ich meine. Ich nenne ihn **Raum-Haben**. Ist Ihnen auch bewusst, wodurch dieser positive Seins-Zustand verloren geht und welche Dinge Einfluss darauf haben, dass man keinen Raum erlebt? Es sind, abgesehen von nicht oder kaum beeinflussbaren, aber sich doch auf unsere Lebensumstände auswirkende Faktoren wie existentielle Sorgen und (Lebens-)Krisen, vor allem die regelmäßig auftretenden kleinen und großen Spannungen in Beziehungen zu anderen Menschen. Diese können uns rasch aus der Bahn werfen, verunsichern, Stress bereiten, enorm beschäftigen und uns den Raum nehmen. Das Gute daran ist, dass erlernt werden kann, mit diesen fast alltäglichen, uns aus der Mitte drängenden Spannungen, Unsicherheiten und Frustrationen, die unausweichlich in Beziehungen entstehen, besser umzugehen.

In diesem Buch präsentiere ich Ihnen praktikable und einfach umsetzbare Methoden für den Umgang mit dem breiten Spektrum an Herausforderungen in sozialen Beziehungen. Dazu gehören die meist offensichtlichen, wie Aggression und Gewalt, aber auch Druckausübung, passive Aggression, verdeckte und offene Konflikte und Machtkämpfe. Praktische Fähigkeiten für den Umgang mit den vielen Herausforderungen in Beziehungen, wie diese in diesem Buch erklärt werden, steigern die Lebensqualität maßgeblich. Es bleibt Ihnen mehr **Raum zum Leben**, wenn diese Herausforderungen in Beziehungen immer leichter überwunden werden können, Sie sich sicherer fühlen, die Widerstandsfähigkeit zunimmt und die Lebensenergie nicht an Stress und Frustration gebunden ist.

Raum-Haben, „Bei-sich-Sein" oder „In-der-eigenen-Mitte-Sein", wird prinzipiell erlebt, wenn wir energetisch und mental in Balance sind. Das bedeutet, dass uns negative Gefühle und Gedanken, Stress und Sorgen nicht beherrschen. Diese Befindlichkeiten sind ein Hinweis dafür, dass wir das Gleichgewicht verloren haben. Sie überschatten das einfach „Mit-sich-im-Einklang-Sein".

Die eigene Mitte verliert man in Beziehungen manchmal schleichend und fast unbemerkt, zum Beispiel aufgrund der Auswirkungen passiver Aggression und verdeckter Konflikte. Dieser Zustand der inneren Unausgeglichenheit kann auch über eine längere Zeitspanne andauern, bis er einem auffällt. Bei zum Beispiel frontalen, aggressiven Einwirkungen, oder überhaupt bei Gewalt, verliert man das innere Gleichgewicht wahrscheinlich sofort. Raum zu haben, hat in Beziehungen und vor allem bei so mancher Herausforderung auch etwas mit dem körperlichen Aspekt zu tun, wie sich vielleicht vermuten lässt. Hier bezieht sich das Raum-Haben darauf, dass Menschen die persönlichen Grenzen respektieren, Ihnen nicht ungewollt zu nahe kommen, Sie nicht bedrängen, festpacken, begrabschen, schubsen oder sogar Gewalt ausüben. Ist ausreichend körperlicher Abstand zu unvertrauten, angespannten oder sogar aggressiven Menschen vorhanden, wird zumeist eher Raum erlebt. Stellen Sie sich das Gegenteil vor und Sie wissen, was ich meine. Der körperliche und mentale Aspekt des Raum-Habens hängen grundsätzlich eng miteinander zusammen.

Raum zu haben und eine Klarheit im Denken und Sehen zu behalten, bedeutet nicht, komplett frei von Spannungen sein zu müssen. Es geht beim Raum-Haben nicht so sehr um einen Zustand des Entspannt-Seins, sondern um ein „In-seiner-Mitte-Sein" und Ausgeglichenheit unter Druck. Während eines Konflikts oder der Konfrontation mit aggressiven Verhaltensweisen wird jeder Spannungen verspüren. Das ist unvermeidlich und auch wichtig. Mit dem Aufbau von Stress als natürliche Reaktion auf Gegebenheiten kommt es zu einer Leistungssteigerung, wodurch derartige Herausforderungen bewältigt werden können. Dennoch kann auch unter solch stressvollen Umständen mit bestimmten Strategien Raum gefunden werden, die ich in diesem Buch beschreiben werde.

Raum unter erhöhtem Druck zu erleben, ausgeglichen zu bleiben und einen klaren Kopf zu behalten, erfordert prinzipiell, egal ob das jetzt bei Aggression, während einer Prüfung, beim Tauchen oder Klettern ist, dass Sie grundsätzlich in der Lage sind, sich diesen Herausforderungen zu stellen; oder dass Sie von sich überzeugt sind, dass Sie diese Fähigkeiten haben. Andernfalls würden Sie von derartigen Situationen prinzipiell überfordert werden. Ist diese Voraussetzung, einer Anforderung (ansatzweise) gewachsen zu sein, erfüllt, lässt sich der Aufbau von Stress prinzipiell mittels praktischer Methoden wie etwa Atemtechniken oder dem Herstellen eines Körperbezugs (siehe Kapitel 2.1) kanalisieren. Diese einfachen Techniken bewirken, dass Sie auch mit Stress für sich ein optimales, auf die Anforderungen abgestimmtes Handlungspotential schaffen. Der charakteristische Tunnelblick sowie Impulsivität aufgrund einer Stressreaktion bleiben aus und der emotionale Druck ist besser auszuhalten. Dieser Ausgangspunkt ermöglicht uns mental bei der Sache und hoch aufmerksam zu sein als auch überlegt zu agieren, während wir „geladen" sind, uns aber dennoch sicher fühlen und ruhig bleiben. Wir stellen uns mit vollem Bewusstsein und erhöhter Leistungsfähigkeit den Gegebenheiten oder wir gehen der Gefahrenquelle gegebenenfalls kontrolliert aus dem Weg, wenn uns das als die beste Lösung erscheint.

Keinen Raum mehr zu erleben, würde darauf hindeuten, dass der Druck zu hoch geworden ist, ein Konflikt oder aggressive Grenzüberschreitungen die Bewältigungsstrategien übersteigen oder die Spannungen nicht kanalisiert wurden. Man verliert seine Mitte und starke Gefühle treten in den Vordergrund. Aus diesem Zustand heraus ergeben sich zumeist impulsive Handlungen, die etwa der schwierigen Dynamik mit anderen Menschen wenig Gutes tun und viel Kraft kosten.

Die Vorteile, über persönlichen Raum zu verfügen

Ausgeglichenheit und das Gefühl, Raum zu haben, entsprechen einem Zustand des generellen Wohlbefindens. Ein grundsätzlicher guter Bezug zum Ausgangspunkt „Raum-Haben" motiviert bei aufkommenden Spannungen und einem drohenden Verlust des inneren Gleichgewichts wieder dorthin zurück, in die eigene Mitte, zu gelangen. Der Stress wird in aktive Handlungen umgesetzt, womit diese verstörenden Herausforderungen bewältigt werden. Dieses Umsetzen der Leistungsenergie in Bewältigungsstrategien ist auf längere Sicht für einen selbst, aber auch für Ihre sozialen Beziehungen günstig. Die Alternative wäre nicht umgesetzte Leistungsenergie und aufgestaute Spannungen schon beim geringsten Anlass zum Beispiel an anderen auszulassen, bei Konflikten überzureagieren und damit eine Eskalation zu fördern. Oder aber der Stress chronifiziert sich überhaupt, was sich irgendwann in unerwünschten und auf Dauer schädlichen körperlichen und psychischen Beschwerden wie Schlaflosigkeit, einem geschwächtem Immunsystem, Suchtverhalten usw. manifestiert. Außerdem trägt das Orientieren am eigenen körperlichen und psychischen Gleichgewicht zur Burn-Out Prophylaxe bei. Sie setzen mit einem guten Bezug zu Ihrer Mitte selbstbehauptend Ihre Grenzen, falls Sie etwa unter Druck gesetzt, die Anforderungen für Sie zu viel oder Ihre Grenzen überschritten werden. Wenn Sie _für sich_ keine selbstbewussten, klaren Grenzen jenseits des Bittens und Hoffens setzen, wie sollen andere Menschen diese wahrnehmen und respektieren* können? Es gibt immer Personen, die unklare Grenzen, bewusst oder unbewusst, für ihre eigenen Bedürfnisse auf Kosten anderer verwenden. Sobald man einmal aus seinem Gleichgewicht geworfen, der Bezug zu sich selbst nicht – oder nicht mehr – vorhanden ist, wird es schwierig die eigenen Grenzen zu behaupten – und wird mit der Zeit immer schwieriger, wenn die Anforderungen andauern. Es entsteht ein krankmachender Teufelskreis.

Beim Raum-Haben im Kontext einer bestimmten herausfordernden Situation dreht es sich im Endeffekt darum, sich seiner selbst und was diese Anforderungen für einen persönlich bedeuten, bewusst zu sein. Ein guter Selbst-Bezug als Ausgangspunkt macht uns auf jegliche uns verunsichernden und innerlich Druck verursachenden Einflüsse von außen als auch auf potenziell gefährliche Ereignisse aufmerksam. Diese Hinweise zu erfassen, ermöglicht uns eine aktive Anpassung an die Umstände zu eigenen Gunsten. Registrieren wir diese Hinweise nicht klar, weil wir entweder schon verunsichert sind oder unser Selbst-Bewusst-Sein mangelhaft ist, wird abgestimmtes, kontrolliertes Setzen von Interventionen logischerweise schwierig und man reagiert nur irgendwie auf Ereignisse, die diffus sind oder sich scheinbar aus dem Nichts ergeben.

Nicht nur für uns persönlich, auch für den Umgang mit den vielfältigen Herausforderungen sozialer Beziehungen, hat dieses Selbst-Bewusst-Sein und In-der-eigenen-Mitte-Sein, viele Vorteile. Gelingt es bei sich zu bleiben und sich nicht von einer angespannten Dynamik vereinnahmen zu lassen, können wir aktiv Interventionen setzen, um die Dynamik nach den eigenen Vorstellungen zu steuern, anstatt mit kontraproduktiven Reaktionen einen negativen Teufelskreis zu ergänzen.

*Respektieren von Grenzen bedeutet, dass diese wahrgenommen und berücksichtigt werden. Um Respekt zu bekommen, ist es erforderlich diese Grenzen zu vertreten und erkennbar zu machen.

Die Selbst-Sicherheit, die mit dem Raum-Haben einhergeht, überträgt sich auf aufgebrachte und aggressive Menschen; bei sich und ruhig zu bleiben, lässt andere sukzessive zur Ruhe kommen, weil kein direkter Anlass geboten wird weiter zu kämpfen*. Das authentische, selbstbewusste Vermitteln von Grenzen, um den eigenen Raum bei etwa Grenzüberschreitungen zu behalten, schafft in Beziehungen Deutlichkeit und ebenso Vorhersehbarkeit, was von Ihnen zu erwarten ist. Die Einstellung auf gleichberechtigter Ebene konstruktive Lösungen finden zu wollen, bietet Orientierung und schafft Vertrauen.

Sich seiner selbst bewusst zu sein und damit einhergehend der gute Bezug zu den eigenen Grenzen, ist außerdem für den Umgang mit jenen Menschen von Vorteil, die irgendwann im Laufe ihres Lebenswandels erlernt haben Konflikte und Aggression zu inszenieren. Die große Verunsicherung steht bei diesen Menschen nicht so sehr im Vordergrund und das kompensatorische Kontrollieren-Wollen des Geschehens aus Unsicherheit mittels etwa Aggression ist nicht die Hauptmotivation für das Verhalten. Ihnen geht es um eher abstrakte Bedürfnisse wie zum Beispiel Spannungsabbau, Macht, Aufmerksamkeit oder Geltungsdrang. Es ist wahrscheinlicher, dass mit einer selbstbewussten und selbstsicheren Haltung klare Grenzen vermittelt und diese dann auch wahrgenommen und berücksichtigt bzw. respektiert werden. Das ermöglicht den Aufbau einer ausgewogenen Beziehung oder aber es trennen sich die Wege, weil man nicht auf das Spiel einsteigt. Es wird zumindest nicht der Eindruck erweckt, dass sich diese inadäquaten Verhaltensweisen lohnen und es ein Durchkommen geben könnte. Auf längere Sicht, sowohl persönlich als auch für die Arbeit mit Menschen, sind das passive Vertreten mit Präsenz und das aktive Vermitteln von Grenzen günstig („Nicht auf diese Weise"). Beides bietet Orientierung in Beziehungen, sorgt für Klarheit bei allen Beteiligten und trägt zur Stressreduktion bei. Diese bietet außerdem eine Basis, um danach auf gleichberechtigter Ebene auf die Bedürfnisse einzugehen („Sondern auf diese Weise").

*Außer Menschen mit hoher Gewaltbereitschaft oder völlig gestörter Wahrnehmung, wie zum Beispiel unter Drogeneinfluss usw. Dieses ist dann auch besser erkennbar, weil man bei sich ist, Menschen besser lesen kann und bemerkt, dass sie eben gar nicht oder komplett abweichend reagieren. Hier ist dann die eigene Sicherheit zu bevorzugen.

Im Vergleich dazu, wenn zum Beispiel stets auf eigene Kosten nachgegeben und auf Inszenierungen eingegangen werden muss, führt man stets die gleichen Diskussionen, gleichsam einem chaotischen Tanz, bei dem sich keiner auskennt.

Wie Sie sehen, haben ein guter Bezug zu sich selbst und das Erleben von Raum als Ausgangspunkt einen positiven Einfluss darauf, wie wir grundsätzlich in Beziehungen stehen und wie Sie die sich immer wieder manchmal sogar stark verschiebenden Verhältnisse regulieren können. Wir richten uns mit diesem Ziel vor Augen mehr auf das Suchen nach einem Weg aus der Situation, anstatt in den Problemen unterzugehen und im Chaos einen Weg heraus zu finden. Ein guter Selbstbezug fördert überdies das Wahrnehmen, Berücksichtigen (Respektieren) und die Aufmerksamkeit für die Bedürfnisse anderer. Damit geben wir auch Raum. Wir verwechseln weniger unsere Bedürfnisse mit dem, was das Gegenüber etwa zur Beruhigung braucht. Wir sind besser in der Lage, unsere Anteile zu sehen, die Verantwortung für unsere eigenen Handlungen und nicht jene von anderen zu übernehmen.

Raum in Beziehungen

Wie man in der Beziehung „steht", beeinflusst die Qualität einer zwischenmenschlichen Wechselwirkung generell, aber vor allem den Verlauf einer angespannten und teufelskreisartigen Dynamik. Schafft man es, unter schwierigen Umständen bei sich zu bleiben und den körperlichen und mentalen Raum zu behalten, bedeutet das, dass man über ausreichend Distanz zum Geschehen verfügt, um seine (professionellen) Ziele zu verfolgen, die Dynamik mittels Interventionen zu steuern und die Sicherheit zu bewahren. Praktisch gesehen hat Raum-Haben während hoher Anforderungen viel mit dem Behalt mentaler Stabilität, des Überblicks, der Flexibilität und des körperlichen Abstands zu tun. Ist es noch möglich zu reflektieren, Abwägungen über das weitere Vorgehen zu machen, und ist der periphere Blickwinkel noch aufrecht, sind das Hinweise dafür, dass man unter erschwerten, stressvollen Umständen über Raum verfügt.

Das Prinzip des Raum-Habens ist für den Umgang mit den vielen Herausforderungen in Beziehungen - egal welchen - wesentlich. Folgende Beispiele illustrieren dies:

> Das Raum-Haben oder In-seiner-Mitte-Sein machen den Unterschied, ob bei **Konflikten** die Selbstkontrolle erhalten bleibt, kein Druck ausgeübt wird und effizient an einer konstruktiven Lösung gearbeitet werden kann oder andernfalls diese Konflikte in unkontrollierte, turbulente Geschehnisse ausarten und das Hinarbeiten zu einer Lösung durch die aufgewiegelten Emotionen viel Energie kosten wird.

> Bei Konfrontation mit **Aggression** bedeutet der Behalt des Raumes, dass man einen allgemeinen Überblick und die körperliche Sicherheit bewahrt, eigene impulsive Aktionen verhindert und sich Situationen nicht durch Einmischungen aufschaukeln oder unberechenbar werden. Auf Basis einer klaren Einschätzung der Gegebenheiten eröffnet sich die Möglichkeit, eine Entscheidung zu treffen: entweder zu bleiben oder mit zur Situation passenden Strategien aktiv zu deeskalieren beziehungsweise das Geschehen zu verlassen.

Bei einer **hohen Gewaltbereitschaft** ermöglicht der Behalt der Selbstkontrolle und der Überblick, dass Sie die Gefahr eher kommen sehen und einen Weg für Ihre Sicherheit suchen und auch finden. Auch instinktive Abwehrreaktionen auf körperliche Angriffe erfolgen eher und treffsicherer, wenn Sie der Gefahr in die Augen schauen, wie gewöhnungsbedürftig das auch klingen mag.

In Kürze lässt sich sagen, körperlicher sowie mentaler Raum ermöglichen

- den Überblick zu behalten.
- die Essenz der Situation (intuitiv) zu erfassen.
- die Dynamik zu steuern
- das Gegenüber mit der Übertragung von Selbstsicherheit („ich habe alles unter Kontrolle") zu stabilisieren und ihm Halt zu bieten.
- aktiv den Weg in die Rationalität zu lenken und gegebenenfalls Lösungen zu finden.
- die eigene Sicherheit zu wahren.

Grundsätzlich gilt: Je mehr die Spannungen steigen und je höher der Stresslevel im Jetzt wird, desto mehr kommt das Erleben von Raum unter Druck und nimmt das Risiko auf unbedachte Handlungen zu. Inwiefern Raum erfahren wird und es gelingt, diese unter Druck zu behalten, ist von der Persönlichkeit, der Tagesverfassung (Stimmung, vorhandener Stress), Ansprüche, Fähigkeit zur Anpassung an Situationen und den (variierenden) Umständen abhängig. Diese Faktoren beeinflussen somit auch, wie wir schlussendlich mit Herausforderungen umgehen.

Vergleichen wir das Erleben von körperlichem und mentalem Raum mit einer Situation, in der wir uns mitten in einer großen Menschenmasse befinden. Das kann unter Umständen beengend, unübersichtlich und desorientierend sein und für ziemlich viel Stress sorgen. Die uns umringende, sich bewegende Menschenmenge liefert mannigfaltige Eindrücke, die die Aufmerksamkeit binden: Sie sehen nur noch die Gesichter, die Situation überfordert Sie, Sie möchten vielleicht nur noch weg oder Sie schotten sich innerlich ab. Stellen Sie sich vor, dass Sie jetzt ein klares Ziel vor Augen bekommen und danach handeln: Sie wollen Raum haben und den Überblick bekommen. Mit diesem Ziel bewegen Sie sich nun aktiv und ruhig, ohne zu viel auf diese Menschen zu achten, und wahrscheinlich automatisch, ohne darüber nachzudenken, zu einem ruhigen Platz. Von da aus können Sie die Menschenmasse mit Abstand beobachten und es geht Ihnen besser: Sie haben nun Raum und sind an das Ziel gelangt, wo Sie sein wollten. In dem Moment, in dem Sie diesen ruhigen Platz gefunden haben, wo Sie von der Masse wortwörtlich nicht mehr einzwängt werden und der Druck nachlässt, reflektieren Sie. Der Blick nach außen sagt: „Das sind sehr viele Menschen und diese oder jene Person oder Ansammlung fällt mir in der Masse besonders auf", der Blick nach innen: „Für mich ist hier zu viel los, es macht mir Stress und das möchte ich nicht". Sie denken: „Was mache ich jetzt?" oder „Was möchte ich?" Das Resümee dieser Fragen ist relevant für das Ziel, das Sie nun für sich setzen, und somit auch für das weitere Vorgehen: „Ich muss da durch und stürze mich mit voller Bewusstheit wieder in den Trubel, aber lasse es nicht mehr so nahe an mich herankommen", „Ich warte es ab, ich habe Zeit und bleibe hier und beobachte die Menschmasse", oder: „Ich suche zuerst einmal einen ruhigeren Platz auf und überlege dort in aller Ruhe, was ich dann mache werde".

Eigentlich gilt dieses gleiche Prinzip auch, wenn Sie mit einer Druck ausübenden, vielleicht sogar aggressiven oder aufgebrachten Person konfrontiert werden, die noch nicht komplett die Macht über Sie übernommen hat und Sie nur reagieren. Das erste Ziel ist es, kurzerhand einen Weg aus dem frontalen (emotionalen) Druck zu finden und Raum und Luft zu gewinnen. Suchen Sie selbstbewusst und **aktiv** eine Position im Raum auf, die nicht unbedingt weit weg ist, aber von der aus Sie buchstäblich wieder den Überblick haben, der innere Druck abnimmt und Sie sich wieder frei bewegen können. In der Praxis werden meistens ein Schritt nach hinten, nach links oder rechts und eine Armlänge Distanz ausreichend sein. Achten Sie darauf, dass Sie nicht in einer Ecke, mit dem Rücken zur Wand oder zu Gegenständen stehen, die Ihnen freies Bewegen erschweren könnten.

Nun reflektieren Sie: „In welcher Situation befinde ich mich?", „Was mache ich jetzt?" oder „Was möchte ich?". Das Hauptziel, das Sie **für sich persönlich** grundsätzlich immer haben, ist, in Sicherheit zu bleiben. Dieses ist gleichzusetzen mit Überblick behalten und (körperlichen) Raum haben. Das Ziel, das Sie im Rahmen der Deeskalation als z.B. professionelle Aufgaben **in der Beziehung** haben und worauf Sie hinarbeiten, ist z.B. auf gleichberechtigter Ebene ins Gespräch zu kommen. Ein Minimalziel könnte sein, dass sich die

Dynamik nicht steigert. Mit der Erfahrung und dem Wissen, was in solchen Situationen grundsätzlich sinnvoll ist, gehen bei Ihnen blitzschnell die Optionen als Bilder durch den Kopf, bis Sie für sich die günstigsten gefunden haben. Sie entscheiden Folgendes: „Ich bleibe so lange stehen, bis sich die Person beruhigt hat", „Ich gehe jetzt, denn Gefahr droht", „Ich setzt eine Grenze, um die Dynamik zu durchbrechen", „Ich lasse es nicht an mich herankommen und speise die Dynamik nicht mit meiner Anteilnahme" oder „Ich lenke sofort um und spreche das Motiv an". Handlungen und Interventionen ergeben sich wie von selbst aus dieser Zielsetzung. Die Beruhigung oder Deeskalation der Situation ist eine Folgewirkung dieser Interventionen.

Merke: Diese bildlichen Reflexionen laufen in Bruchteilen einer Sekunde ab und Sie bemerken diese vielleicht kaum, außer Sie haben viel Erfahrung mit Stress z.B. durch bestimmte (sportliche) Aktivitäten, wie Bergsteigen oder Kampfsport. Sie stellen sich den Anforderungen, passen sich an und intervenieren (Grenzziehung), um die Dynamik gemäß Ihrer Vorstellung zu steuern. Die Dynamik nimmt weiterhin ihren Lauf und das Gegenüber reagiert auf Ihre Interventionen. Sie beobachten und reflektieren blitzartig, womit Sie nun zu tun haben und welchen nächsten Schritt Sie machen werden, um Ihr praktisches Ziel zu erreichen. Das Hauptziel, Ihre Sicherheit zu bewahren, behalten Sie im Hinterkopf. Dieses wird relevant, sobald in der Dynamik etwas passiert oder Sie etwas beobachten, was ihre Sicherheit beeinträchtigt. Sie passen sich dann an dieses Meta-Ziel an. Dieses Wahrnehmen, infolge das eventuelle Anpassen an die Gegebenheiten, Orientieren, Reflektieren, Interventionen setzen, wiederum Wahrnehmen und eventuelles Anpassen, Reflektieren, wieder handeln und dabei stets das Ziel vor Augen behalten*, geht prinzipiell, solange Sie die Kontrolle über Ihre Kampf-Flucht-Impulse behalten und der Druck innerlich nicht zu hoch geworden ist.

In angespannten Situationen (wahrnehmen) frage ich mich oft: „Bin ich sicher?" Ich stelle so einen Bezug zu mir selbst und den Gegebenheiten her (orientieren), hebe das Ganze auf eine rationale Ebene. Dass ich mir selbst diese Frage stellen kann (und manchmal die Antwort gebe, welche aber nicht entscheidend ist), sagt mir etwas Wichtiges über die Situation: Sie ist nicht akut gefährlich, sie hat mich noch nicht komplett übernommen und ich habe Zeit.

*Dieses Prinzip ist auf dem OODA-Loop von Kolonel John Boyd basiert. OODA Steht für Observation, Orientation, Decision, Action oder oberservieren, orientieren, entscheiden und handeln.

Sonst würde ich mir diese Frage nicht stellen können, wäre aber schon instinktiv weggelaufen oder zu sehr ins Geschehen verwickelt worden.

Der wechselnde Bezug zu Ihrer Mitte

Ich werde mit einer Illustration* erklären, wie sich Ihr Bezug zu Ihrer Mitte verändert, sobald Sie mit zum Beispiel einem Konflikt oder Aggression konfrontiert werden.

Auf der Abbildung auf der folgenden Seite sehen Sie:

- Die zentrale Position: das „In-der-eigenen Mitte-Sein".
- Darüber erkennen Sie „ermutigt", „mutig", „übermutig" und „draufgängerisch",
- darunter „verunsichert", „unsicher" und „ängstlich".
- Die wellenförmigen, chaotischen Linien stehen für die impulsiven Handlungen

„In-der-Mitte" ist die Ausgangsposition, in der wir unter gegebenen Umständen ausgeglichen sind und Raum verspüren. Bewegt man sich entweder (grafisch dargestellt) nach vorne oder nach hinten (als Reaktion auf Anforderungen), verschiebt sich die eigene Position, relativ gesehen, weg von der eigenen Mitte.

Nach hinten bewegen bedeutet in der Praxis: sich verunsichert von Anforderungen wegbewegen und (innerlich) Abstand nehmen, verunsichert und unsicher zu sein und Angst zu bekommen. Währenddessen kann durch Überforderung ein instinktiver Fluchtimpuls erfolgen und die Selbstkontrolle verloren werden.

Nach vorne bewegen bedeutet in der Praxis: auf die Anforderungen ermutigt oder sogar mutig zugehen (in den Druck „hineingehen") und Einfluss ausüben, waghalsig vorzugehen. Währenddessen kann durch Überforderung ein instinktiver Kampfimpuls erfolgen und die Selbstkontrolle verloren werden.

*Bei dieser Illustration verzichte ich auf die Darstellung des innerlichen Kompensierens von Druck und Anforderungen als auch des vermeintlichen „In-der-Mitte-Bleibens" mittels diverser Abwehrmechanismen und das Totstellen oder Erstarren.

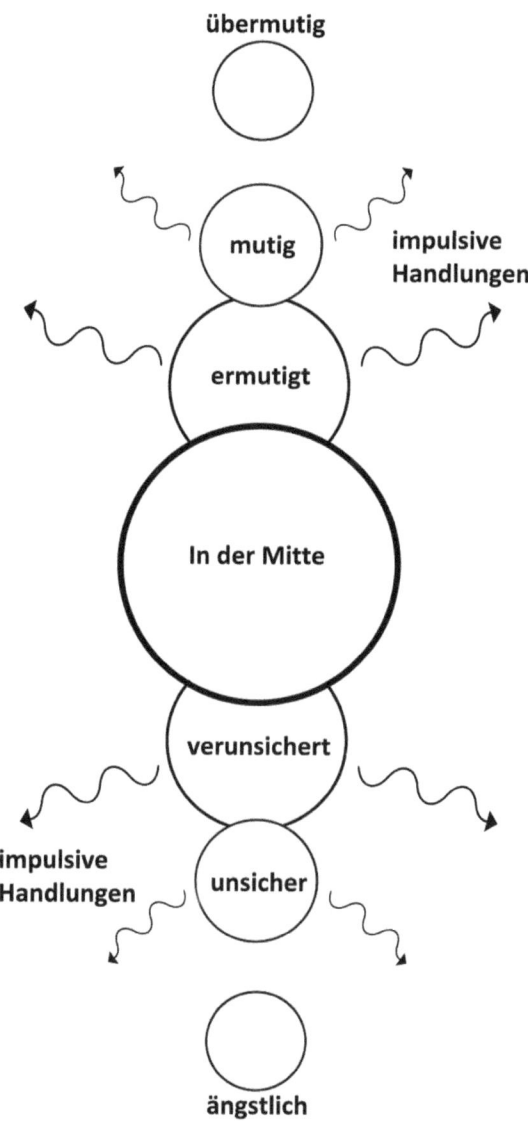

Bild 1.1 Der wechselnde Bezug zu Ihrer Mitte

Mit folgender Übung werden Sie spüren, was diese unterschiedlichen Positionierungen bedeuten:

Stellen Sie sich aufrecht und ausbalanciert hin. Halten Sie zu allen Gegenständen (oder anderen Personen) zumindest eine Armlänge Distanz. Lassen Sie die Arme und Schultern locker hängen. Schließen Sie die Augen und entspannen Sie sich, ohne Druck und Forcieren. Achten Sie nur entspannt auf Ihre Atmung, ohne diese beeinflussen oder steuern zu wollen. Wichtig ist es, in den eigenen Körper zu sinken, Bodenhaftung zu verspüren und eine gute Körperwahrnehmung zu bekommen.

Ein Tipp: Um Ihre Achtsamkeit zu stärken und ins Hier und Jetzt zu kommen, gehen Sie ruhig und aufmerksam der Reihe nach die Sinneswahrnehmungen Hören, Schmecken, Fühlen, Sehen, Riechen durch: Was spüre ich? Was sehe ich? Was höre ich? Was fühle ich? Was rieche ich und was schmecke ich? Es geht um nur um die sensorische Wahrnehmung, nicht um die weitere Auseinandersetzung damit oder den Gedanken dazu usw. Falls Gedanken aufkommen, lassen Sie diese einfach zu - und lassen Sie sie wieder gehen.

Sobald Sie sich entspannt haben und (buchstäblich) mit beiden Füßen am Boden stehen, eine gewisse entspannte Schwere verspüren und sich achtsam erleben, entspricht das dem sogenannten „In-der-Mitte-Sein", „Zentriert-Sein" oder dem „Bei-sich-Sein". Das Ziel dieser Übung ist es, die Verschiebungen des inneren Erlebens aufgrund der Veränderung der körperlichen Positionierung im Raum wahrzunehmen. Stellen Sie sich dafür bildlich z.B. einen Konflikt, einen Bühnenauftritt, Ihre Unterrichts- oder Vortragstätigkeit vor einer Gruppe vor. Nun bewegen Sie sich im Raum laut der im Folgenden beschriebenen Schritte nach vorne oder nach hinten und achten Sie dabei darauf, wie sich der Bezug zu Ihrer Mitte verändert.

Die **erste Verschiebung** Ihrer Position erfolgt in den Bereich der „Verunsicherung". Lassen Sie einen Fuß im Bereich der eigenen Mitte bzw. am Ausgangspunkt stehen und stellen Sie nun das andere, „freie" Bein eine **halbe** Schrittlänge nach hinten, sich sozusagen von einem Konflikt, einer aufgebrachten Person oder Ähnlichem wegbewegend. Verlagern Sie dabei auch das Gewicht auf dieses (Stand-)Bein. Verspüren Sie, wie sich Ihre

Mittellinie verschiebt, wie Ihr körperliches Gleichgewicht gestört wird, wenn Sie sich nach hinten lehnen?

Bringen Sie nun das hintere Bein zurück in die Mitte und entspannen Sie sich. Nehmen Sie wahr, was sich innerlich verändert, wenn Sie erneut in Ihre Mitte zurückkehren und Ihr Gleichgewicht wiederhergestellt wird? Wiederholen Sie die Bewegung einige Male. Die Veränderung Ihrer Einstellung in Bezug zu Ihrer visualisierten Herausforderung lässt sich mit dieser Übung erfassen und bewusst machen, ebenso die Bedeutung in der Mitte und körperlich ausbalanciert zu sein.

Für den **nächsten Schritt** in den Bereich der „Unsicherheit" stellen Sie ein Bein aus der Mitte heraus kontrolliert eine **ganze** Schrittlänge nach hinten, während das andere Bein in der Mitte bleibt. Was fällt Ihnen jetzt auf? Wie verhält es sich mit Ihrem Gleichgewicht? Bewegen Sie das Bein nun ruhig abwechselnd nach hinten und wieder zurück zur Mitte. Probieren Sie aus, was sich innerlich „tut" und wie sich das Körpergefühl verändert. Was geschieht mit Ihrer Mittelinie, wie verlagert sich diese?

Kehren Sie jetzt wieder zurück in die Mitte. Stellen Sie einen Bezug zu Ihrer Ausgangsposition her, entspannen Sie sich und stellen Sie sich nun wieder bildlich vor, mit einer Herausforderung, etwa einer aggressiven Person, konfrontiert zu sein. Nun **positionieren Sie sich bewusst zwei Meter hinter Ihrer Ausgangsposition**, Ihrer Mitte, in den freien Raum. Spüren Sie, wie Sie den Kontakt zu dem Bereich, der für Sie Sicherheit repräsentiert hat, verloren haben? Erkennen Sie, wie Sie nun den Gegebenheiten ausgesetzt sind und wahrscheinlich schlussendlich impulsiv handeln werden, weil Sie die Situation überfordert? Wie ist es, wenn Sie wieder zur Mitte, Ihrer Ausgangsposition, zurückkehren? Sie werden den Unterschied gut bemerken können.

Anschließend experimentieren Sie mit Bewegungen in die andere Richtung. Sie gehen zum Beispiel auf eine angespannte Person zu oder stellen sich einer Herausforderung. Die **erste Verschiebung** erfolgt **nach vorne** in den Bereich der „Ermutigung". Stellen Sie ein Bein kontrolliert eine **halbe** Schrittlänge nach vorne, ohne den anderen Fuß vom Boden zu lösen: Sie bewegen sich auf die Situation zu, Sie stellen sich ihr. Verlagern Sie dabei das Gewicht auf das vordere, nun (Stand-)Bein. Bemerken Sie die Veränderung im Inneren? Wo ist

Ihre Mittellinie und wie verhält es sich mit Ihrem Gleichgewicht? Wohin neigen Sie sich (buchstäblich)? Jetzt stellen Sie das Bein wieder zurück in die Mitte und entspannen sich. Vielleicht nehmen Sie den Unterschied jetzt sogar noch besser wahr.

Für den **nächsten Schritt** in den Bereich des „Mutes" stellen Sie Ihr Bein kontrolliert **eine** Schrittlänge nach vorne, während der andere Fuß weiterhin am Boden bleibt. Was fällt Ihnen jetzt auf? Ich nenne das „sich in eine Situation oder Beziehung reinhängen oder reinlehnen". Kehren Sie anschließend wieder in die Mitte zurück. Stellen Sie einen Bezug zu Ihrer Ausgangsposition her.

Nun **stellen Sie sich zwei Meter vor den Ausgangspunkt, vor Ihr „In-der-Mitte-Sein", in den freien Raum vor Ihnen,** auf Anforderungen wie einen Konflikt zugehend. Dieses entspricht nun einer übermutigen, waghalsigen Einstellung: „Schauen wir mal, was passiert" oder „Ich gehe es jetzt an". Spüren Sie, wie Sie den Kontakt zu dem Bereich, der Sicherheit repräsentiert, verloren haben, sich auf einen Ihnen unbekannten Freiraum hinzubewegen und wahrscheinlich schlussendlich emotional impulsiv handeln werden, weil Ihnen die Situation über den Kopf wächst? Wie ist es, wenn Sie wieder zur Mitte zurückkehren? Wo war das auch wieder?

Ein Beispiel für Waghalsigkeit ist, wenn Menschen aus Gründen der Zivilcourage bei z.B. einer Rauferei einschreiten, ohne wirklich zu wissen, worauf sie sich einlassen und keinerlei Fähigkeiten besitzen, sich zu verteidigen oder zu schützen. Vorangetrieben durch einen selbstauferlegten Anspruch, sich einmischen zu müssen, wagt man sich in eine brisante Situation; ein weiteres Beispiel für Draufgängertum wäre, sich an reale, große Gefahren bloßzustellen, wo selbst Fähigkeiten keinen Unterschied bezüglich des Ausgangs machen würden. Man nennt es auch: „Sich zu weit aus dem Fenster lehnen". Agieren Sie waghalsig jenseits der eigenen Grenzen, wird Sie die Realität mit großer Wahrscheinlichkeit irgendwann einholen.

Ein Beispiel für Angst wäre, wenn Menschen sich komplett überfordert, gelähmt und an die Gegebenheiten bloßgestellt fühlen, weil Sie nicht über die nötigen Kompetenzen verfügen oder keine Erfahrungen mit der Materie haben. Ähnlich wie ein Häschen, das in Autolampen starrt.

Bei Waghalsigkeit bzw. Angst wurde der Kontakt zu sich selbst und zur eigenen Mitte komplett verloren. Dementsprechend ist es gefühlsmäßig schwierig, wieder dorthin zurückzukehren, sobald man bemerkt, in welche Schwierigkeiten man sich hineingeritten hat. Man weiß nicht mehr, wo der sichere „Hafen" der eigenen Mitte war. Die Orientierung im Geschehen ist verloren gegangen und irgendwann wird man nur noch reagieren, panisch kämpfen oder flüchten.

Im darauffolgenden Prozess, nachdem das Ganze glimpflich ausgegangen ist, Hilfe eingetroffen ist oder Sie das Erlebte aufgearbeitet haben, werden Sie sukzessive wieder in Ihren Mitte-Bereich und zu sich selbst zurückfinden. Das innere energetische und psycho-emotionale Gleichgewicht wird im Laufe der Zeit durch die Aufarbeitung der Ereignisse wiederhergestellt. Wie lange das dauert, hängt davon ab, wie weit Sie sich von Ihrer Mitte entfernt haben und wie viel Zeit und Aufmerksamkeit Sie der Verarbeitung und Integration so manch verstörender Erfahrung schenken. Wenn Sie etwa durch aggressives Verhalten aus Ihrer Mitte verdrängt werden, landen Sie im Bereich von Überforderung, Macht- und Hilflosigkeit. Das hinterlässt starke innere Eindrücke, die erst einmal verdaut werden müssen. Gehen Sie waghalsig vor und bekommen einen Faustschlag ins Gesicht, müssen neben den körperlichen Verletzungen auch diese psychischen Auswirkungen und Belastungen aufgearbeitet werden. Das dauert meistens länger als die Heilung der körperlichen Verletzungen.

Ich möchte mit der Abbildung zeigen, dass Verschiebungen in Richtung Verunsicherung, Unsicherheit, aber auch in Richtung Ermutigt-Sein und Mut-Haben unter Einfluss von Wechselwirkungen in Beziehungen immer stattfinden werden. Aus der eigenen Mitte heraus kann man Mut zeigen, wenn es eine Situation erfordert. Aus einer Verunsicherung heraus kann man sich ermutigt fühlen zu handeln, aus der Unsicherheit heraus sogar ein großer Schritt in den Mut erfolgen. Zu jeder Zeit bleibt man aber mit seinem persönlichen Ausganspunkt, der eigenen Mitte, in Kontakt. Kontrollierte Aktionen (Interventionen) und Reaktionen führen schlussendlich wieder dazu, dass Sie in Ihre Mitte zurückkehren, bis die nächste Anforderung auf Sie zukommt und Sie sich an diese wiederum mit Ihrem Verhalten anpassen, ähnlich einem Tanz, bei dem die Tanzpartner abwechselnd führen.

Eskalationen und Gefahren entstehen eher aufgrund impulsiver Handlungen (dargestellt durch die wellenförmigen Linien) oder überschießender emotionaler Reaktionen und wenn keine Zielvorstellungen bestehen. Lehnt sich jemand zu „weit aus dem Fenster" oder wird aus seiner Mitte weggerückt, wird schlussendlich buchstäblich instinktiv gekämpft oder geflüchtet. Es ist dann eine Frage der Umstände, an die man sich entweder waghalsig aussetzt oder ihnen wie gelähmt ausgeliefert ist, was die Konsequenzen für einen selbst sein werden.

Grundsätzlich ist es für eine persönliche Einschätzung der Lage enorm wichtig und meistens möglich, (vorübergehend) in Ihrer Mitte zu bleiben und einmal die Situation kurz auf sich wirken zu lassen. Das bedeutet konkret, dass Sie, falls notwendig, buchstäblich eine relativ sichere Position im Raum aufsuchen und weder auf etwa aufgebrachte Menschen sofort aktiv zugehen oder sofort auf einen Konflikt reagieren, noch sich wegbewegen oder dem Konflikt entziehen. Sie halten etwa 2 Sekunden inne und üben keinen direkten Einfluss auf die Gegebenheiten aus, oder anders gesagt: Sie bleiben bei sich und schätzen die Lage ein, was umso besser gelingt, wenn Sie sich 2 Sekunden Zeit nehmen. Das Gleiche gilt übrigens auch für andere allgemeine Situationen, wo die Spannungen steigen und (impulsive) Handlungen weitreichende Konsequenzen haben könnten, wie z.B. beim Klettern oder Tauchen. Das Wichtigste ist, sich zu vergewissern, dass man sicher ist (ausreichend Luft in der Flasche oder gut gesichert in der Wand), sich gegebenenfalls anpasst und Sicherheit schafft, zwei Sekunden innehält, „denkt" bzw. sieht, in welcher Situation man ist und dann erst aus dieser Perspektive heraus aktiv handelt.

Das alles funktioniert gut, solange Sie sich sicher fühlen und aufgrund der Gegebenheiten nicht unbedingt handeln müssen. Sich dieses (Spiel-) Raumes bewusst zu werden, vergrößert diesen gefühlsmäßig. Sie können nun die Zeit für sich arbeiten lassen. Sobald Sie von jemandem bedrängt werden zum Beispiel, ist es aus Sicherheitsgründen und für den Überblick erforderlich auf diese Situation zu **reagieren**. Sicherheit ist ein wichtiges Kriterium, um zu handeln. Bis dahin können Sie genau einschätzen, wann es für Sie und Ihre Zielvorstellungen einen Sinn machen würde, **aktiv** zu werden und die Dynamik etwa dorthin zu steuern. Auch wenn Sie nur zwei Sekunden aus Ihrer Mitte heraus mit einem offenen Blick hinschauen können, wird Ihr Ausgangspunkt besser, weil Sie ein genaueres Bild der Geschehnisse formen konnten, das Sie erkennen lässt, welche Handlungen zu setzen sind. Unser Hirn wirkt nun einmal mit etwas Verzögerung.

Es ist grundsätzlich empfehlenswert, sich der eigenen **Neigung** zu unbedachten, impulsiven Reaktionsweisen auf die manchmal schwierigen Verhaltensweisen anderer Menschen bewusst zu werden. Gehen Sie eher auf Situationen zu, lehnen Sie sich gelegentlich aus dem Fenster oder neigen Sie zu emotionalen Überreaktionen? Nehmen Sie aus Unsicherheit Abstand oder reagieren sogar mit Angst? Fühlen Sie sich schnell überfordert? Und wann reagieren Sie so? Bei welcher Art von Herausforderungen? Dieser Bewusstwerdungs-Prozess hilft, mehr Raum für sich zu finden, wo es augenscheinlich keinen gegeben hat, und impulsartigen Reaktionen sukzessive vorzubeugen. Es wird wahrscheinlicher, dass es mit der Zeit immer besser gelingen wird, mehr bei sich zu bleiben, den Überblick zu behalten und ausgewogene Entscheidungen treffen zu können, kontrolliert vorzugehen, anstatt sich gelähmt zu fühlen, kontraproduktiv impulsartig zu reagieren, mitzumischen, leichtsinnig vorzugehen, oder aber auch fremdbestimmt zu werden und der Situation ausgeliefert zu sein. Die nachfolgenden, praktischen Techniken unterstützen diesen Prozess.

2. Raum finden und sicher sein bei sozialen Herausforderungen

Im vorangehenden Abschnitt dieses Buches habe ich Sie mit dem Begriff Raum-Haben bekanntgemacht. Es wurde gezeigt, wie wichtig eine gute innere Verbindung zu diesem Ausgangspunkt des Sicherheit-Erlebens und Sicher-Seins grundsätzlich ist. Sie dienen unter anderem als Orientierungspunkt, zu dem zurückgefunden werden kann. Das Selbsterleben wird unter Einfluss von und durch die Bedeutung wechselnder Gegebenheiten jedoch ständig variieren. Ihre Reaktionsweise und Einflussnahme auf Situationen lässt Sie jedoch in Ihre Mitte zurückfinden und den Bezug zu Ihrem Ausgangspunkt wieder herstellen, bis erneut Anforderungen auf Sie zukommen. Ich habe beschrieben, was es bedeutet, den inneren Halt zu verlieren, emotional und impulsiv zu reagieren und außer sich zu geraten. In dem nächsten Kapitel erläutere ich drei praktische Methoden, wie Sie bei den vielen Herausforderungen besser bei sich bleiben, sich mittels dem aktiven Setzen von Interventionen an die Gegebenheiten kontrolliert und effektiv anpassen, flexibel bleiben, die Dynamik nicht ergänzen, sondern konstruktiv umlenken als auch die Sicherheit bewahren.

Diese drei Methoden sind:

1. Stressregulation: handlungsfähig bleiben und den Überblick bewahren

2. die Dynamik mit Interventionen steuern und einschätzen

3. das Umlenken mit der partizipativen, deeskalierenden Gesprächstechnik

„Seien Sie ein Teil der Lösung und nicht des Problems". Sadhguru

2.1. Stressregulation

Stressregulierende Techniken dienen dazu mehr, bei sich zu bleiben, das eigene Ziel vor Augen zu behalten, kontrolliert Interventionen zu setzen und in Sicherheit zu bleiben. Das Kanalisieren und Umsetzen von Stress in ein optimales Leistungspotential ist an sich für jede Person gut umsetzbar. Es beruht auf einfachen Prinzipien und funktioniert innerhalb von Sekunden. Allerdings hat jeder seine persönlichen Grenzen, inwiefern es etwa bei Aggression gelingen wird, diese Techniken tatsächlich anzuwenden. Diese Gegebenheit lässt sogar ein einfaches Prinzip manchmal schwierig erscheinen. Auch stehen persönliche Bedürfnisse, (berufliche) Ansprüche, mangelnde Disziplin oder fehlende Motivation einer Umsetzung und Anwendung dieser Techniken im Weg. Manchmal halten wir aus Gewohnheit an unseren vertrauten Verhaltensmustern fest, sogar dann, wenn uns diese Probleme bereiten, Energie kosten, vielleicht sogar kontraproduktiv oder gefährlich sind. Daher sollten diese Techniken regelmäßig unter Umständen, die nicht allzu viel Stress auslösen, geübt werden. Die Einprägung durch regelmäßiges Üben fördert die instinktive Anwendung unter Stress. Nach ein bisschen Übung setzt man sie irgendwann unbewusst um und profitiert davon.

Stress und eventuelle impulsive Kampf-Fluchtreaktionen entstehen, wenn durch hohe Anforderungen die Bewältigungsmechanismen unter Druck kommen, wie zum Beispiel bei aggressiven, körperlichen Grenzüberschreitungen. In dem Fall wird das sogenannte sympathische Nervensystem aktiviert. Über diesen Teil des Nervensystems haben wir keine Kontrolle. Es lässt uns, etwa auf eine bedrohliche Situation, instinktiv reagieren. Die Aktivierung des sympathischen Nervensystems und die Ausschüttung der Stresshormone sorgen dafür, dass das Leistungspotential rasch zunimmt, damit etwaige ungünstige Gegebenheiten und Gefahren kämpferisch und fluchtartig bewältigt werden können. Dies wird als Stressreaktion bezeichnet.

Bei einer Stressreaktion treten viele körperliche und psychische Symptome auf. So wird die Durchblutung des Hirns gesteigert, was für erhöhte Wachsamkeit und starke Fokussierung sorgt. Die Sinneswahrnehmung wird geschärft. Die Bronchien werden erweitert, das Herz wird leistungsfähiger, der Blutdruck steigt, die Muskeln werden besser mit Sauerstoff und Nährstoffen versorgt und spannen sich an, die Schmerzempfindlichkeit nimmt ab. Ebenso verändern Gefühle wie Unsicherheit, Angst und Ärger die innere Handlungsbereitschaft.

Solange die Kontrolle über die instinktiven Impulse und Emotionen behalten wird, ist man energetisch in einem Zustand ähnlich einer aufgezogenen Feder. Diese Anspannung bleibt aufrecht, bis die Anforderungen entweder nicht mehr vorhanden oder aktiv bewältigt worden sind. Die Stresshormone im Blut bauen sich dann allmählich ab.

Es kann auch sein, dass die innere Anspannung so hoch ansteigt und die Kontrolle über unsere Emotionen nicht standhält. Emotionen sind zwar nicht so stark wie Affekte, dennoch führen sie ebenfalls zu impulsiven, überschießenden Verhaltensweisen. Affekte dagegen helfen reflexartig, im Sinne einer Schutzfunktion, zu reagieren und wenn akut gehandelt werden muss: Notfalls wird geflüchtet oder gekämpft. Was Affekte und Emotionen gemeinsam haben, ist, dass sie die innere Anspannung in entsprechende kämpferische und fluchtartige Handlungen umsetzen werden und die Energie verbraucht wird. Das System entspannt sich dadurch allmählich. Auf einer anderen Ebene führen die Bewältigung der Anforderungen und das Wiederherstellen der Sicherheit dazu, dass die Notwendigkeit der Ausschüttung von Stresshormonen wegfällt und sie im Blut abgebaut werden können.

Druckreduzierende Techniken, wie hier bereitgestellt, haben die Funktion, eine innere Balance wiederherzustellen und bei hoher Anspannung bei sich zu sein, statt außer sich zu geraten. Sie helfen, das Leistungspotential auf die Anforderungen abzustimmen, den peripheren Blick, die Denk- und Reflexionsfähigkeit und die Flexibilität zur Anpassung zu behalten und kontrolliert vorzugehen.

Wie bleiben Sie unter Stress und Leistungsdruck ruhig? Um einen hohen Erregungszustand zu kanalisieren, aktivieren Sie den Gegenspieler des stresserzeugenden und nicht direkt beeinflussbaren Nervensystems, den Parasympathikus, auch Ruhe- oder Erholungsnerv genannt. Die Aktivierung des Parasympathikus sorgt für einen energetischen Ausgleich im Organismus.

Er bewirkt, dass ein optimales Leistungs- und Handlungspotential entsteht. Sie behalten den Überblick und setzen bewusst gezielte Interventionen.

Wie aktiviere ich den Parasympathikus oder Ruhe- und Erholungsnerv? In akuten Situationen, z.B. bei einer frontalen Begegnung mit einem Machtkampf oder Aggression, fehlt die Zeit für die üblichen stressreduzierenden Techniken, wie das Visualisieren von imaginären, beruhigenden Bildern oder das Rückzählen zum Beispiel, die ich in meinem Bücher „Sicher sein bei Aggression und Gewalt" bereits beschrieben habe. Für die Anwendung dieser Techniken wird etwas mehr Zeit und Raum benötigt. Bei zum Beispiel massiven Konflikten und aggressiven Grenzüberschreitungen sind genau diese beiden Elemente „Zeit und Raum" meistens nicht ausreichend verfügbar. Was Sympathikus und Parasympathikus (Stressnerv und Erholungsnerv), jedoch miteinander „verbindet", ist die Atmung. Eine ruhige Atmung ist etwa ein Hinweis dafür, dass wir entspannt sind. Eine schnelle, flache Atmung ist eines der Hauptmerkmale einer Aktivierung des Sympathikus. Eine hohe Atemfrequenz zeigt uns genau, wie sehr wir unter Stress kommen und wie sich der Körper auf eine Kampf-/Fluchtreaktion einstellt. Genau über die Atmung können wir den Stress aber kanalisieren und uns innerlich auch wieder in Balance bringen. Die Atmung ist der Schlüssel zur Regulation von Stress. Sie bietet uns eine ausgezeichnete Möglichkeit, unsere Leistungsfähigkeit optimal auf die Gegebenheiten abzustimmen und kontrolliert vorzugehen. Solange man nicht sofort handeln muss (etwa bei einer akuten Bedrohung oder einem Angriff) und **Ihr Ausgangspunkt relativ sicher ist (Abstand)***, werden Sie die Möglichkeit haben, über die Atmung die wichtigen Faktoren „Zeit und Raum" zu schaffen. Es braucht nur wenig Zeit.

*Für die Effektivität stressregulierender Techniken ist es notwendig, dass Ihr Ausgangspunkt keine direkte Gefahr mit sich bringt oder Sie überfordert. Andernfalls müssen Sie sich an die Umstände anpassen und Ihren Ausgangpunkt relativ verbessern, wie ich auf Seite 41 anhand der Interventionsleiter beschreiben werde.

Atemtechnik

Falls Sie unter Druck geraten, eventuell schon eine Armlänge Distanz eingenommen und nicht sofort handeln müssen, ist es am besten, zuerst auszuatmen, falls Sie in einem ersten Reflex Ihren Atem angehalten haben. Atmen Sie kontrolliert mit „Pfff"- oder „Uuu"- Geräuschen durch den Mund aus und anschließend durch die Nase ein. Dann atmen Sie weiter „tief in den Bauch", was bedeutet, dass auch Ihre Bauchdecke auf und ab geht, nicht nur Ihr Brustkorb. Mit der tieferen Bauchatmung unterstützen Sie das Zwerchfell dabei, Luft in die gesamten Lungen hineinzuziehen. Bei der Brustatmung bedienen Sie sich eher nur der oberen Regionen der Lungen. Mit bewusster, ruhiger Bauchatmung aktivieren Sie den Parasympathikus. Der innere Druck und auch der „Zugzwang" zu unbedachten Handlungen nehmen merkbar ab. Mit ein wenig Übung werden Sie diese Atemtechnik bei Bedarf automatisch einsetzen. Diese Technik ist einfach, der Effekt so positiv, dass Sie rasch einen guten Bezug zum Bauchatmen aufbauen werden. Mit der Zeit werden Sie bemerken, dass es besser gelingt, unter Druck einen klaren Kopf und den Überblick zu behalten. Diese Technik funktioniert nach etwas Übung sogar allein durch Denken an tiefes Ein- und Ausatmen. Sprechen Sie innerlich: „Einmal tief durchatmen". Sie haben diese Aussage wahrscheinlich schon gehört, tatsächlich ausgeführt wird es zumeist dennoch nicht. Wenn Sie dieses Druckreduzieren mittels der Atmung geübt haben, kann nur der Gedanke oder das Keyword „Durchatmen" „Entspannung" signalisieren und den inneren Druck abnehmen lassen. Auch ist es möglich, den über die Atmung hervorgerufenen Spannungsausgleich durch etwas Übung mit einem (symbolischen) Gegenstand bewusst zu verbinden und, falls notwendig, auf Abruf den Druck zu reduzieren. Dieser Gegenstand dient dann als „Anker": Das Anfassen einer Kette, eines Rings oder Schlüssels, aber auch das Anlehnen an eine Mauer oder Sessel (das habe ich schon öfter bei Kollegen beobachtet) können als Anker dienen. Sie brauchen dann nicht tatsächlich bewusst bauchatmen, sondern das Anfassen eines Gegenstandes gibt im Hirn stellvertretend das Signal „Entspanne dich" oder „Du bist sicher" ab.

Selbstbezug herstellen und mentale Stabilität gewinnen

Es gibt noch weitere, vielleicht sogar effektivere Methoden, womit Sie handlungsfähig bleiben und den Überblick bewahren. Diese Techniken haben sich in akuten Situationen enorm bewährt und sind schnell erlernbar. Lösen Sie Ihre Fixierung auf etwa eine aggressive Person und ihre imponierenden Verhaltensweisen und lenken Sie stattdessen die Aufmerksamkeit auf Ihren Körper. Nehmen Sie jetzt für ein paar Sekunden Ihre Atmung bewusst wahr, ohne sich damit weiter inhaltlich zu beschäftigen. Nur wahrnehmen: „Ist die Atmung im Bauch oder der Brust?". Vielen Menschen gelingt es, dass sie sich so rasch zentrieren und die Füße wieder auf den Boden bekommen: Sie stellen mit dieser Technik den Selbstbezug wieder her. Eine andere bewährte Technik, ist die Verlagerung der Aufmerksamkeit in den Beckenboden, auf die Oberschenkel oder Fußsohlen. Dieses Verschieben der Aufmerksamkeit in den unteren Bereich des Köpers, eventuell mit gleichzeitiger Berührung der Beckenknochen oder Oberschenkel mit den Fingerspitzen (nur um es zu üben) und dem Spüren des Kontakts der Füße zum Untergrund, schafft Bodenhaftung. Das fördert die innere Abgrenzung und mentale Stabilität. Probieren Sie diese Techniken aus und Sie werden diejenige finden, die zu Ihnen passt. Wenn Sie diese unter nicht allzu herausfordernden Geschehnissen einige Male üben, wird die Anwendung zum Automatismus. Gehen Sie in stehender Position, vorerst ohne Ablenkung durch andere, ruhig und aufmerksam der Reihe nachfolgende Techniken durch:

- die Atmung bewusst wahrnehmen: Ist sie in der Brust oder im Bauch? Wie verändert sich die Köperwahrnehmung? Nur faktisch beschreiben, nicht darüber nachdenken.
- Lassen Sie ihre Schulter entspannt hängen und berühren Sie mit den Fingerspitzen die Beckenknochen. Lenken Sie die Aufmerksamkeit auf die Kontaktpunkte der Finger mit den Beckenknochen und konzentrieren Sie sich einige Sekunden nur auf diese Punkte. Welchen Teil des Körpers spüren Sie jetzt tatsächlich? Merken Sie, dass Sie sich Ihrer selbst mehr bewusst werden und Ihre Umgebung und was sich dort eventuell abspielt etwas in den Hintergrund verschiebt?
- Berühren Sie mit den Fingerspitzen die Oberschenkel und lenken Sie die Aufmerksamkeit auf die Kontaktflächen der Fingerspitzen. Welchen Teil vom Körper spüren Sie jetzt?

- Stellen Sie Bodenkontakt über die Fußsohlen her. Lenken Sie Ihre Aufmerksamkeit dorthin, wo die Füße Kontakt mit dem Boden machen. Was spüren Sie körperlich und wie ist Ihre Wahrnehmung der Gegebenheiten generell?

Welche Technik funktioniert bei Ihnen am besten? Welche bevorzugen Sie? Probieren Sie es aus, diese in der Praxis einmal umzusetzen, und üben Sie es. Wählen Sie dafür Situationen aus, die nicht allzu viel Stress erzeugen.

Das wesentliche Ziel dieser Techniken ist es, Ihre ersten Reaktionen oder Impulse auf Konflikte und Verhaltensweisen von Menschen mental zu übersteigen, nicht auf das Aktions-Reaktionsmuster einzusteigen und bei sich zu bleiben. Die Gefühle sind zwar da und dürfen da sein. Jedoch nehmen Sie diese mit einer gewissen, inneren Distanz wahr. Die Gefühle stehen nicht im Vordergrund und die instinktiven Regungen und Emotionen werden somit nicht das Vorgehen bestimmen und dominieren. Das natürliche Weiteratmen hat den Effekt, dass sich die körperliche Erregung nicht „aufstaut", man sich nicht verkrampft, was die Wahrnehmung einengt. Der Stress ist zwar da, aber man ist ruhig und aufmerksam. Solange wir noch dastehen können, sagt das außerdem etwas Wichtiges über die Situation aus: Es gibt noch Handlungsspielraum. Bei akuter Gefahr würden die Instinkte sofort übernehmen.

Ein Praxisbeispiel: Sie werden während Ihrer Arbeit mit einem Konflikt konfrontiert: Jemand ist unzufrieden mit diesem oder jenem. Das Gegenüber wird aber sofort laut und ungehalten und macht enorm viel Druck, bleibt aber auf Abstand zu Ihnen. Der Stress steigt und verursacht bei Ihnen im Brustbereich einen „Knoten". Ihr Blick fixiert sich reflexartig auf diese imponierenden Verhaltensweisen und innerlich spüren Sie die Neigung aus Verunsicherung zu erstarren. Sie haben sich aber eingeprägt, sich in solchen Situationen nicht auf die Person zu fixieren, sondern sich auf Ihre Fußsohlen zu konzentrieren, um die Bodenhaftung zu behalten. Die Fixierung auf die Person und ihre Stress verursachenden Verhaltensweisen löst sich. Sie kommen wieder zu sich und spüren sich wieder in Ihrem Körper. Jetzt sehen Sie zwar diese aufgebrachte Person deutlich vor Ihnen, aber nun mit einer gewissen inneren Distanz. Sie können nun aus Ihrer Perspektive besser beurteilen, wie Sie weiter vorgehen.

2.2. Mit der Interventionsleiter die Dynamik steuern

Damit das Finden der Bodenhaftung, sich sicher fühlen und die Ruhe bewahren überhaupt gelingt, ist die Ausgangsposition unter den gegebenen Umständen ausschlaggebend. Sobald Menschen einen bedrängen oder Grenzen überschreiten, ist das Einnehmen von körperlicher Distanz der erste, wichtige Schritt, um Stress überhaupt regulieren zu können. Andernfalls haben Sie, wenn Sie körperlich bedrängt werden, total keine Kontrolle über die Situation. Die Kontrolle hat das Gegenüber, das Druck ausübt, aggressiv imponiert und zu dominieren versucht. Das aktive Regulieren der Nähe- und Distanzverhältnisse verschafft Ihnen einen günstigen Ausgangspunkt für die Stressregulation und die weiteren Schritte. Außerdem setzen Sie den Stress mittels Ihrer Anpassung in eine aktive Handlung um und übernehmen die Kontrolle über Ihren eigenen Raum und die körperliche Sicherheit. Je nachdem wie die Situation ist und sich entwickelt, können Sie für sich die Stufen der nachfolgend beschriebenen Interventionsleiter beschreiten, sich anpassen und in Kombination mit den stresskanalisierenden Techniken Ihren Raum und den Überblick über die Situation behalten.

Diese stufenweise gesetzten Interventionen, haben aber auch Bedeutungen für das Gegenüber in der Beziehung und somit Auswirkungen auf die Gesamtdynamik. Die Botschaften, die Sie mit diesen Interventionen verschicken, dienen dazu, die Kontrollmechanismen beim Gegenüber zu aktivieren, aufgelöste Grenzen wieder herzustellen, den negativen Teufelskreis zu durchbrechen und schlussendlich (das ist das Hauptziel) eventuell auf gleichberechtigter Ebene das Problem zu lösen. Sie setzen diese Interventionen dann auch mit dem Hauptziel, die Dynamik zu steuern, anstatt sie kontrollieren zu wollen. Das gelingt auch besser, solange Sie nicht zu stark (körperlich) unter Druck gesetzt werden oder durch Selbstansprüche Druck erleben. Aus Unsicherheit würde man eher versuchen, die Situation fluchtartig oder kämpferisch kontrollieren zu wollen. Durch das aktive Regulieren der Nähe- und Distanzverhältnisse und über die Reaktionen auf die Interventionen bekommen Sie außerdem wichtige Hinweise über die innere Verfassung des Gegenübers und wie das Verhalten zu interpretieren ist: Man kann es besser einschätzen, die Person „lesen" und sich aufgrund dieser gewonnenen Eindrücke wiederum anpassen.

Das stufenweise Setzen von Interventionen gibt aufgebrachten und aggressiven Menschen Raum und die Möglichkeit zu sich zu finden und sich selbst zu beruhigen. Dieses verhindert womöglich, dass unsererseits voreilig Schlüsse gezogen werden und etwa sofort körperlich eingegriffen und Gewalt ausgeübt wird.

Die Stufen der Interventionsleiter

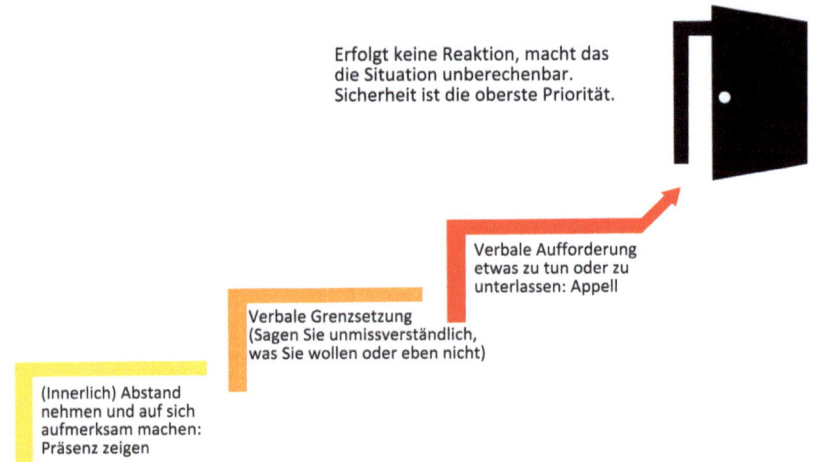

Bild 2.1 Die Stufen der Interventionsleiter

Die erste Interventionsstufe

Mit **einem selbstbewussten Schritt nach hinten** (was deutlich anders ist als eine ängstliche Reaktion oder rückwärtige Fluchtbewegung) erlangt man bei Druck und Grenzüberschreitungen die nötige körperliche und mentale Distanz. Diese Bewegung kann kommentarlos erfolgen, wenn Sie zum Beispiel „nur" bedrängt werden, jemand zu nahe kommt oder frustriert ist. Dieses „Auf-Abstand-Gehen" ist eine erste lautlose, dennoch bedeutsame Intervention in der Situation: der **erste Schritt auf der Interventionsleiter**. Sie vermitteln der Person, ohne etwas verbal zu sagen, mit diesem selbstbewussten, aber präsenten Schritt nach hinten: „Das ist mir zu nahe", „Abstand halten", „Respektieren Sie bitte meine Grenzen" oder „Das ist mir zu viel". Wird auf diese Intervention adäquat reagiert und ausreichend Abstand gehalten, bedeutet dies, dass die **Selbstkontrolle des Gegenübers gegriffen hat. Ihre Grenzen werden wahrgenommen bzw. respektiert.** Das ist das Ziel dieser Intervention in der Beziehung (siehe Abbildung 2.1). Nun können Sie Ihren Stress besser regulieren und einschätzen, wie Sie gemäß Ihres Ziels weiter vorgehen. Eventuell können Sie umgehend damit beginnen, die Geschehnisse durch Einsetzen einer Gesprächstechnik umzulenken. Ein klärendes Gespräch auf Augenhöhe ist generell das anzustrebende Hauptziel, egal ob Sie bei der ersten, zweiten oder dritten Stufe sind. Das „Hängen-bleiben" in den Schwierigkeiten macht wenig Sinn.

Das Umlenken mittels einer Gesprächstechnik, wie ich diese weiter hinten im Buch erklären werde, lässt sich auch direkt anwenden, wenn Sie nicht zu sehr vom Verhalten des Gegenübers imponiert werden. Manche Menschen begegnen einem mit einer deutlichen Erwartungshaltung, wie man auf Ihr Verhalten zu reagieren hätte. Je mehr Druck ausgeübt wird, desto wahrscheinlicher ist es, dass wir dieser Erwartung in Form impulsiver Reaktionen entsprechen und Teil einer Szene im Theaterstück der anderen Person werden. Es ist aber möglich, das Ruder umzulegen, die Führung zu übernehmen und der Dynamik eine andere Wendung zu geben, die Sie für sich als sinnvoll einschätzen, wenn Sie Ihre Reaktion für ca. 2 Sekunden aussetzen und innehalten. Dann sprechen Sie mit dem eigenen Ziel vor Augen zum Beispiel ein anderes Thema an, etwa das Motiv des Verhaltens, die Ereignisse vom Vortag oder Sie lassen die Person Platz nehmen. Die Auswirkungen sind meist verblüffend. Menschen werden durch bewusstes Nicht-Reagieren aus dem Konzept gebracht und sind in der Irritation besser lenkbar. Grenzen können danach gesetzt werden, wenn der Aggressor zum Beispiel gar nicht mehr damit mit beschäftigt ist und es wahrscheinlicher ist, dass Sie durchkommen und nicht auf Granit stoßen. Diese Irritationen und schnellen Wendungen sind jedoch bei hoch angespannten Personen nicht zu empfehlen, weil diese derartige Sprünge, Irritationen und das Wechseln des Themas nur schwer ertragen. In dem Fall müssen Sie erst die Beziehung mittels einer Intervention „resetten" oder die Person sich beruhigen lassen.

Diese erste Intervention können Sie auch aktiv anwenden. Sie können selbstbewusst auf eine Situation zugehen, bei der allgemeine oder professionelle Grenzen nicht respektiert werden, Menschen sich streiten oder

Sachbeschädigung stattfindet. Sie arbeiten mit der Präsenz und dem Ziel der Aktivierung der Selbstkontrolle.

Ein Beispiel: Sie stehen am vollen Bahnsteig. Jemand kommt auf Sie zu und bleibt (unbewusst) viel zu nahe bei Ihnen stehen. Die Person schaut Sie immer wieder an. Sie spüren Druck und sind verunsichert. Sie nehmen selbstbewusst einen Schritt Abstand und nehmen aufmerksam wahr, was weiter geschieht. Die Person zögert kurz, bleibt aber stehen und wendet ihren Blick ab.

Oder: Sie sehen, wie jemand am Bahnsteig offensichtlich bedrängt wird und sich aus Unsicherheit nicht wehrt. Sie gehen auf die Situation zu, bleiben auf ca. 1,5 Meter Abstand stehen, „laden" sich innerlich auf und machen Ihre Anwesenheit stillschweigend bemerkbar. Sie sehen, wie die bedrängende Person nun Sie aus den Augenwinkeln kurz beobachtet. Die Person hört auf, die andere Person zu bedrängen, geht auf Distanz und tut, als ob nichts passiert wäre.

Die zweite Interventionsstufe

Falls auf diese erste Intervention **nicht reagiert wird**, jemand einem erneut zu nahe kommt, bedrängt und Ihre Grenzen nicht respektiert oder das Verhalten von Anfang an ausgeprägt grenzüberschreitend ist, **erfolgt die zweite Stufe der Interventionsleiter**: Sie nehmen selbstbewusst eine Armlänge Abstand und vermitteln zusätzlich mit Ich-Botschaften unmittelbar, unmissverständlich und neutral, was Sie wollen oder eben nicht wollen. In diesem Fall wäre das etwa: „Ich möchte, dass Sie auf Abstand bleiben". Eine Grenzsetzung kann sich jedoch genauso auf eine allgemeine Situation, bei der allgemeine Grenzen überschritten werden, beziehen. Beispiele dafür sind: „Ich möchte, dass Sie jetzt diesen Raum verlassen", „Den Sessel lassen Sie bitte stehen", „Ich möchte, dass ihr aufhört, um die Fernbedienung zu streiten", oder „Ich muss meine Arbeit fertig machen". Im Generellen ist es nicht so relevant, **was** Sie sagen, sondern **wie** und mit welcher mentaler Einstellung Sie es tun: neutral, dennoch eindeutig, unmissverständlich und auf der Sachebene. Eine grenzsetzende Botschaft können Sie mit Gestik verstärken. Dieses ist bei körperlichen Grenzüberschreitungen das bekannte Stopp-Signal mit nach vorne gestreckten Armen und offenen Handinnenflächen: „Das ist mir zu nahe", „Ich möchte, dass Sie Abstand halten", „Ich möchte, dass Sie damit aufhören" oder „Stopp".

Ein „Stopp"-Zeichen mit den Händen in Kombination mit Unsicherheit wird jedoch nicht funktionieren. Es geht um die eingenommene Haltung dahinter, ob diese Botschaft fruchtet oder nicht.

Diese zweite Intervention kann auch wiederholt werden. Nicht immer wird auf Ihren ersten Hinweis sofort adäquat reagiert. Es kann sein, dass die Information erst ankommen und verarbeitet werden muss, bis jemand tatsächlich versteht, was Sie wollen oder eben nicht wollen. Menschen, die angespannt sind, leiden unter einem Tunnelblick. Die Zahnräder im Hirn müssen erst ineinandergreifen, bevor es zum Gegenüber durchdringt, was von ihm in dieser Beziehung erwünscht wird („Aha-Erlebnis"). Eine Wiederholung der Grenzziehung hilft so gesehen beim Bewusstwerdungsprozess. **Die zweite Intervention auf der Interventionsleiter dient dazu die Verhältnisse, das „Ich und Du" oder „Hier bin ich und dort bist du", in der Beziehung zu klären oder Menschen an die sozialen Spielregeln zu erinnern.** Für mich ist es wie das Drücken eines Reset-Buttons in der Beziehung; danach schaut man, wie es weiter geht. Ein Gespräch anzubahnen wäre jedoch wiederum das Hauptziel. Das Um- und Weglenken sollte bei einer adäquaten Reaktion auf eine Grenzsetzung sofort erfolgen, um zu verhindern, dass Menschen auf eine andere Idee kommen und das Ganze nicht wieder von vorne anfängt.

Bild 2.2 Ziele der Interventionen in der Beziehung

Mit diesen ersten einfachen, die Dynamik steuernden Interventionen (die erste und zweite Stufe auf der Interventionsleiter, siehe Seite 42) stellen Sie in den meisten Situationen wieder Ihre Grenzen her und es wird der Teufelskreis durchbrochen. Sie entziehen sich der „aggressiven" Fremdbestimmung, geben ein deutliches Signal ab, bekommen wieder den Überblick und können die Dynamik nach Ihrer Vorstellung sofort rhetorisch umlenken. Nachdem Sie den ersten und vielleicht zweiten aktiven Schritt gemacht haben, werden Sie bemerken, dass Sie die Gesamtsituation besser überblicken können. Mit dem Gewinnen von körperlichem und mentalem Abstand bekommt Ihr Hirn die nötige Zeit – ungefähr zwei Sekunden –, Informationen besser zu verarbeiten. Außerdem nehmen innerer Druck und Zugzwang ab, die eigenen Impulse lassen sich besser kontrollieren. Ihren eigenen Stress können Sie jetzt auch mit den schon zuvor beschrieben Methoden weiter regulieren.

Eine Grenze wird effektiv gesetzt, wenn die Botschaft ohne Bitten, Hoffen beziehungsweise ohne dominierendem Einfordern übertragen wird. Ein wichtiger Tipp, wenn man es für sich üben möchte: Anstatt mit dem Gegenüber direkten Augenkontakt aufzunehmen, begrenzt man bei einer neutralen Grenzsetzung mit ausgestreckten Armen den eigenen Blick bis zu den eigenen Fingerspitzen. Bei einer neutralen Abgrenzung wird alles, was sich jenseits der eigenen Hände befindet, etwas verschwommen wahrgenommen. In der Praxis bedeutet das, dass Sie sich mental abgrenzen und die negativen Reize, die Ihnen (zunehmend) Stress bereiten, nicht wie ein Schwamm absorbieren*. **Eine Grenze setzt man vor allem für sich und die eigene Bedürfnisse. Sie übernehmen die Kontrolle über Ihren eigenen Bereich.** Das Gegenüber soll sich an diesen markierten Grenzen orientieren und diese respektieren. Im Vergleich: Das Hauptaugenmerk des freundlichen Bittens (Könntest du…?"), Hoffens („Sei so nett, bitte!") oder dominierenden Einforderns („Und jetzt!") liegt beim Gegenüber.

*Wohin geht die Aufmerksamkeit, falls Sie z.B. im Auto fahren und das Gefühl droht, zu spät in die Arbeit zu kommen? Meistens ist das die Uhr. Das ständige Hinschauen und Ihre Ansprüche bereiten im Wesen den Großteil des Stresses. Decken Sie diese Uhr das nächste Mal ab und fahren Sie nach Ihrem besten Können einfach weiter. Sie werden merken, dass ein Großteil des Stresses wegfällt, weil Sie diese Signale nicht an sich herankommen lassen.

Es sind Versuche, die grenzüberschreitende, sich im Kampfmodus befindende Person zur Vernunft zu bringen, zu einer Kooperation zu bewegen oder sich fügen zu lassen, um so die Kontrolle über die Situation zu erlangen.

Das Schwierige an innerer sowie körperlicher Abgrenzung ist für manche Menschen, dass sie es aufgeben müssten, das Gegenüber direkt zu beeinflussen und so die Gegebenheiten kontrollieren zu wollen. **Anstelle des Ausübens von Kontrolle über das Gegenüber richtet sich das Ziel darauf, mit abgestimmten Interventionen die Dynamik aus Ihrer Perspektive heraus und nach Ihrer Zielvorstellungen in der Beziehung zu steuern.** So bekommt man auch für sich selbst wieder ein Stück Kontrolle über die Gesamtsituation zurück. Bei einer neutralen Grenzsetzung positioniert man sich an der Peripherie der Beziehung zum Gegenüber. Man zieht sich in seinen eigenen Bereich zurück, bleibt aber gleichzeitig mit der anderen Person in Kontakt. Nur die äußeren psycho-emotionalen Grenzen in der Beziehung berühren sich. Faktisch weiß man aber nicht, wie jemand auf eine Grenzsetzung reagieren wird und wie sich die Beziehung entwickelt; natürlich, viele Menschen sind aufs erste nicht erfreut und reagieren vielleicht frustriert. Das ist für viele genau das Schwierige an der Sache. Es macht etwas unsicher. Subjektive, meist ungünstige Vorstellungen, eventuell gekoppelt an persönliche Ansprüche, dass man etwa nicht unfreundlich sein oder keine Frustration beim Gegenüber auslösen möchte, gehen rasch in Form bildlicher Vorstellungen durch den Kopf, welche uns hemmen könnten, einen klaren Schnitt zu machen und den „Reset-Knopf" zu betätigen. Das Bedürfnis, diese möglichen Reaktionen beeinflussen und kontrollieren zu wollen, müsste bei einer klaren Grenzsetzung losgelassen werden. Es verlangt deshalb grundsätzlich ein bisschen Mut, gesundes Selbst-Bewusstsein, Selbst-Sicherheit und Vertrauen, dass die Beziehung, wenn man sich so positioniert und für sich Grenzen zu setzt, keinen längerfristigen Schaden erleiden wird. Die Grenzsetzung ist auch nicht das Hauptziel, aber manchmal erforderlich, um einen guten Ausgangpunkt für das konstruktive Umlenken zu schaffen, eventuell nach der Beruhigung frustrierter Menschen. Interessant ist, dass Ihre Grenzziehung in unterschiedlichsten Situationen (persönliche Grenzüberschreitungen, Streit unter anderen, Sachbeschädigung) nicht wesentlich anders aussieht, weil Sie diese eben für sich setzen: Sie selbst und Ihre Bedürfnisse sind der beständige Faktor, plusminus Ihrer Tagesverfassung und situativer Ansprüche.

Würde der Anspruch bestehen, andere stets persönlich nach den eigenen Vorstellungen beeinflussen zu wollen, verhält sich das genau anders.

Ein Beispiel: Sie stehen am vollen Bahnsteig. Jemand kommt auf Sie zu und bleibt (unbewusst) ganz nahe bei Ihnen stehen. Sie spüren den Druck und sind verunsichert. Sie nehmen selbstbewusst einen Schritt Abstand und bleiben aufmerksam, was weiter passiert. Die Person zögert kurz, kommt aber erneut auf Sie zu und schaut Sie an. Sie nehmen eine Armlänge Abstand und sagen ganz deutlich: „Ich möchte, dass Sie auf Abstand bleiben". Die Person zögert, kommt aber wieder auf Sie zu. Sie wiederholen: „Ich möchte, dass Sie aufhören, mich zu bedrängen". Die Person hält sich zurück, fängt dann aber an, lautstark frustriert zu schimpfen. Der Abstand wird aber eingehalten und langsam, aber sicher, entfernt sich die Person.

Oder: Sie sehen, wie jemand am Bahnsteig offensichtlich körperlich bedrängt wird und sich aus Unsicherheit nicht wehren kann. Sie gehen auf die Situation zu, bleiben auf ca. 2 Meter Abstand stehen, „laden" sich innerlich auf und machen Ihre Anwesenheit stillschweigend bemerkbar. Sie sehen, wie die bedrängende Person Sie aus deren Augenwinkeln kurz beobachtet. Die andere Person lässt jedoch noch immer nicht vom Bedrängen ab. Innerlich spüren Sie den Druck und Stress, aber fühlen sich dennoch ermutigt zu handeln. Aus Ihren Augenwinkeln machen Sie Kontakt mit anderen Anwesenden, die jetzt auf die Situation aufmerksam geworden sind. Sie gehen etwas näher auf das Geschehen zu und sagen ganz deutlich: „Ich möchte, dass Sie aufhören, diese Person zu bedrängen". Mit Ihrer Hand signalisieren Sie: „Ich-unterbreche-dieses-jetzt" und verstärken damit Ihre Botschaft. Gleichzeitig bleiben Sie aufmerksam, weil sich das Verhalten dieser Person gegen Sie kehren könnte. Die aggressive Person zögert kurz, macht aber dennoch weiter. Sie wiederholen Ihre Botschaft noch einmal klipp und klar. Der Aggressor dreht sich um und droht auf Sie zuzukommen, sieht aber die anderen Menschen, die das Geschehen aufmerksam beobachten und sich nun auch schon angenähert haben. Diese verstärken die Präsenz und die Botschaft „Es ist genug". Er beginnt zu schimpfen, entfernt sich jedoch, nicht ohne noch gegen ein paar Abfalleimer zu treten.

Die dritte Interventionsstufe

Leider gibt es immer wieder Personen, die weder auf eine neutrale Ansage noch auf eine deutliche Grenzsetzung reagieren. Manche halten die Grenzen auch dann nicht ein, wenn Botschaften schon zwei, drei Mal wiederholt wurden, weil sie nicht können oder nicht wollen und düstere Absichten haben. Erfolgt keine Reaktion, wird weiterhin bedrängt und droht eine Eskalation, ist ein direkter Appell, etwa auf Abstand zu bleiben oder etwas zu unterlassen, das letzte verbale Mittel, das noch für einen Neustart eingesetzt werden kann. **Das Ziel dieser Intervention ist das Generieren von Aufmerksamkeit, das Durchbrechen des Tunnelblicks und das schlussendliche Respektieren und Einhalten der Grenzen oder sonstiger Auflagen.** Der Appell ist die **dritte Stufe auf der Interventionsleiter.** Auf verbaler Ebene gibt es nach einem Appell keine Steigerung mehr, außer vielleicht noch einmal die Lautstärke der Stimme zu erhöhen und noch eindeutiger zu gestikulieren. Wird das Gegenüber auf Sie aufmerksam und unterbricht das unerwünschte Verhalten, gilt auch hier sofort in das Umlenken überzugehen sowie die Aggression oder Sachbeschädigung nicht weiter im Mittelpunkt stehen zu lassen und zu thematisieren. Sie können das eventuell später noch klären (Interventionsstufen heruntergehen) und ansprechen, wenn sich die Situation etwas entspannt hat.

Erfolgt auf diesen Appell noch immer keine Reaktion oder nähert sich jemand weiterhin angespannt an (oder ein Streit zwischen anderen hört noch immer nicht auf), sagt das etwas Wichtiges über die Situation aus: Sie ist unberechenbar. Es bedeutet schlussendlich, dass Menschen sogar auf Ihren Appell hin nicht reagieren können oder wollen. Ihre und allgemeine Grenzen werden höchstwahrscheinlich weiterhin nicht respektiert und es droht sogar reale Gewalt. Falls auf keine der Interventionen reagiert wird, ist das für mich der Punkt, an dem ich meine Einstellung anpasse und mich rein für mich und die Sicherheit entscheide. Da wo ich in den vorangegangenen Phasen noch versucht habe, in der Beziehung Kontakt herzustellen, zu steuern, zu deeskalieren und umzulenken, habe ich diesen Anspruch aus Sicherheitsgründen zu diesem Zeitpunkt nicht mehr. Ich richte mich nun auf die Kontrolle über die Situation und auf die Sicherheit aufgrund einer realen Unberechenbarkeit ein. Die Entscheidung für mich und die eigene Sicherheit bedeutet konkret, dass ich Abstand schaffe und mir meiner Position im Raum bewusst werde. Ich überlege, wo meine Kollegen sind und wie ich eventuell den

Raum verlassen oder jemanden oder Instanzen alarmieren könnte beziehungsweise ob ich andere in Sicherheit bringen müsste. Außerdem behalte ich das Gegenüber im Auge (aus dem Augenwinkel eventuell, wenn ich mich orientiere), während ich mich auf etwaige körperliche Angriffe vorbereite. Merke: Die Situation ist unberechenbar, aber nicht unbedingt gefährlich. Ganz genau weiß ich das zu diesem Zeitpunkt jedoch noch nicht, möchte es aber abwarten und schon gar nicht zu einem Angriff oder einer Eskalation kommen lassen. So kreiere ich einen zusätzlichen Sicherheitspuffer und ein paar Sekunden Handlungsspielraum. Außerdem bleibe ich länger handlungsfähig. In akuten Situationen, mit konkreten Gefahren und wo es tatsächlich zu körperlichen Angriffen kommt, wird instinktiv und impulsiv reagiert: kämpfen, flüchten oder erstarren. Es darauf ankommen zu lassen und überfordert zu werden, ist nicht optimal.

Wichtig: Dieses stufenweise Setzen von Interventionen anhand der Interventionsleiter kann auch umgekehrt erfolgen. Sie steigen zum Beispiel in eine angespannte Situation zuerst mit einem Appell ein, wonach eine Grenzsetzung erfolgt und dann arbeiten sie passiv mit der Präsenz. Der Vorteil ist, dass die Dynamik so eingebremst wird und Menschen sukzessive wieder zu sich finden. Auch kann jede Intervention mittels körperlicher Initialberührung (Hand auf die Schulter) verstärkt werden. Es hängt hier aber vom Kontext, der Beziehung und der Person ab, ob Sie dies sicher tun können. Im Umgang mit aufgebrachten Kindern, als Pädagoge oder Lehrer zum Beispiel, kann diese wohlwollende und klare Geste (kein dominierender Druck) Sinn machen.

Ein Beispiel: Ein Kind streitet in einer Wohngemeinschaft mit einem anderen Kind. Sie werden auf einmal richtig handgreiflich und es droht zu eskalieren. Sie geben einen Appell: „Hört ihr jetzt auf!" Die Kinder sind „aus ihrem Film gerissen" und unterbrechen kurz die gegenseitigen körperlichen Attacken. Jetzt gehen Sie mit Ihrer Intervention eine Stufe herunter und setzen Grenzen: „Ich möchte absolut nicht, dass ihr euch gegenseitig körperlich angreift". Die Kinder diskutieren mit Ihnen und geben sich gegenseitig die Schuld. Sie wiederholen: „Ich möchte nicht, dass ihr euch gegenseitig angreift". Das Diskutieren stellt sich ein. Sie halten inne und vermitteln stillschweigend, dass es Ihnen ernst ist. Danach könnten Sie fragen, worum es geht, was das Motiv ist.

Inwiefern und ab wann diese Interventionen greifen, ist und bleibt von der jeweiligen Person (oder Personen) und von kontextuellen Einflüssen abhängig. Der Vorteil der Interventionsleiter ist, dass Sie diese Schritte <u>für sich</u> und aus Ihrer Perspektive setzen und durch die Bedeutung der Interventionen in der Beziehung indirekt die Verhältnisse regulieren und die Dynamik beeinflussen; im Vergleich dazu, wenn irgendwie versucht wird, grundverschiedene Menschen direkt zu beeinflussen und zu kontrollieren. Ebenso ist die Art und Weise, wie Sie Situationen erleben bzw. diese von Ihnen eingeschätzt werden, ein Faktor, der beeinflusst, ob Sie in der Lage sind, klare, effektive Interventionen zu setzen, oder ob nicht Unsicherheit schon mit ins Spiel kommt und einen ergänzenden Einfluss auf die Dynamik hat. Dieser persönliche Faktor ist zu respektieren und es ist auch gut, diese Grenzen für sich zu kennen. Wichtig ist, dass Sie für sich klar entscheiden, ob Sie entweder stehen bleiben oder gehen. Keine Option ist, aus Überforderung irgendetwas zu tun und auf das Beste zu hoffen. Bei eindeutiger („kalter") Gewaltbereitschaft, so wie ich diese in Kapitel 4.5 beschreibe, empfehle ich, sich den Umständen kontrolliert zu entziehen. Die generelle Motivation, diese Interventionen überhaupt setzen zu wollen, ist auch ein wichtiger Faktor bei der Umsetzung. Verspüren Sie keinen Druck und nehmen Grenzüberschreitungen nicht als solche wahr, verzichten Sie auf diese Grenzsetzungen. Befürchten Sie, dass der Beziehung zum Gegenüber, trotz dessen inadäquatem Verhalten, durch (subtile) Grenzsetzungen geschadet werden würde und dementsprechend ambivalent bzgl. der Umsetzung sind, wird es schwierig sein, sich dazu zu bringen. Oder es bleibt beim Bitten, Hoffen und auf Vernunft appellieren, was bei aggressiven Personen aufgrund von deren Zustand und Einstellung in der Beziehung zumeist wenig Sinn macht. Dennoch versuchen viele es so und scheitern meistens.

Wie geht man nun mit Grenzüberschreitungen <u>in Ihre Richtung</u> und einem ansteigenden Gefährdungspotenzial in der Praxis um?

Stellen Sie sich vor, Sie haben mit jemandem einen Konflikt und die Person übt verbal und nonverbal Druck auf Sie aus.

- Sie nehmen einen selbstbewussten Schritt Abstand, sobald Sie von der Person bedrängt werden, aber behalten die Person im Blick. Sie gehen „in sich" (mentales Abgrenzen), stellen Ihren

Körperbezug her, bekommen die Füße wieder auf den Boden und ziehen eine Schutzwand hoch (**erste Stufe**). Sie laden sich energetisch auf und zeigen Präsenz. Beobachten Sie weiterhin, wie das Gegenüber auf Sie reagiert. Merke: Das Hirn braucht zwei Sekunden für die Verarbeitung von Informationen, wie ein alter Computer mit Windows 95. Das gilt auch für das Gegenüber! Wenn Sie nicht reagieren müssen, weil das Gegenüber auf Abstand bleibt, etwa einseitig diskutiert oder Streit sucht, versuchen Sie durch Innehalten Zeit zu gewinnen, Selbstsicherheit zu übertragen und Präsenz zu zeigen. Sie können bei Einhaltung der Grenzen und bei Augenkontakt eventuell direkt umlenken oder, solange das Gegenüber auf Distanz bleibt, weiter auf dessen Beruhigung warten. Herumdiskutieren und auf Verständnis pochen hat zumeist wenig Sinn, weil die Vernunft für gewöhnlich schon abhandengekommen ist.

Die Person kommt doch wieder zu nahe an Sie heran, sucht Streit mit Ihnen und agiert schon aggressiv einschüchternd oder provokant.

- Gehen Sie auf Abstand: eine Armlänge Distanz. Finden Sie Ihre Bodenhaftung. Verbalisieren und markieren Sie mit den Händen deutlich, aber neutral (für sich), dass Sie Abstand wollen (**2. Stufe**). Die ausgestreckten Arme dienen auch als Schutzmaßnahme, um eventuelle Angriffe abzuwehren. Dieses instinktive Abwehren von Schlägen geht automatisch. Das ist Ihr Schutzreflex. Sie sollten zumindest die Möglichkeit auf einen unerwarteten Angriff einkalkulieren, Ihre Augen offen halten und die Person im Auge behalten, aber nicht anstarren. Sie beobachten weiterhin, wie das Gegenüber reagiert.
Oft ist es notwendig, diese **Botschaft ein- oder zweimal** mit der gleichen Tonalität zu **wiederholen**.
Sobald Ihre Grenzen respektiert werden oder auch wenn die Person z.B. kurz zögert, sollten Sie sofort eine Gesprächstechnik einsetzen und die Dynamik konstruktiv umlenken. Das Vorgefallene könnte eventuell inhaltlich später noch thematisiert werden.

Die Person kommt Ihnen wieder zu nahe, ist genauso grenzüberschreitend aggressiv und respektiert Ihre Grenzen nicht.

- Sie verbalisieren einen direkten Appell und fordern ein (die **3. Stufe**), dass Abstand eingehalten werden muss („Bleiben Sie jetzt auf Abstand!") oder generell, was Sie auf die Situation bezogen möchten oder nicht möchten. Reagiert die Person und hat man deren Aufmerksamkeit, kann auch hier sofort gesprächstechnisch umgelenkt werden, auch um zu verhindern, dass die Person auf andere Ideen kommt und das Ganze wieder von vorne anfängt.

Die Person reagiert nicht und bedrängt Sie massiv.

- Sie können jetzt davon ausgehen, dass die Situation unberechenbar ist, weil auf klare Forderungen nicht reagiert wird und Ihre Grenzsetzungen offenbar nicht durchdringen oder grundsätzlich eine Gewaltbereitschaft besteht. Ein Impulsdurchbruch droht oder Ihre Prognosen für den Ausgang sind düster. Entscheiden Sie sich für Ihre Sicherheit, behalten Sie die Person im Auge und bereiten Sie sich auf Angriffe vor. Überlegen Sie, wo ein Ausgang ist, was ein guter Fluchtweg wäre oder wo zum Beispiel die Kollegen sind. Gegebenenfalls schreien Sie um Hilfe. Das ist keine Schande, sondern nur vernünftig, wenn die Gefahr groß ist.

Die Bedeutung der persönlichen Sicherheitszone

Bereits in „Sicher sein bei Aggression und Gewalt" (R.Verbeek, 2018) habe ich eine Übung vorgestellt, die auch hier gut passt. Mit dieser Übung spüren Sie, was die Bedeutung der sogenannten persönlichen „Sicherheitszone" ist. Die Interventionen, wie im vorigen Abschnitt beschrieben, sind aktive Anpassungen bei Druck und Grenzverletzungen. Diese orientieren sich genau an dieser Sicherheitszone, welche eine Kombination aus intimer und persönlicher Zone ist (Edward T. Hall, 1966). Die persönliche Zone beschreibt einen Kreis mit einer Armlänge Distanz um Sie herum, die intime Zone eine halbe Armlänge. Die Sicherheitszone repräsentiert das psycho-emotionale Verständnis der auf die eigene Person bezogenen Sicherheit. Alles was in diesen

Kreis eintritt, wird kritisch wahrgenommen. Was zugelassen wird, ist mehr oder weniger vertraut oder zumindest nicht verunsichernd. Nähert sich jemand gegen unseren Willen zu sehr an oder hält sich eine unbekannte oder unvertraute Person in dieser Sicherheitszone auf (wie z.B. in öffentlichen Verkehrsmitteln), entsteht schnell Druck: Es nimmt uns buchstäblich den Raum.

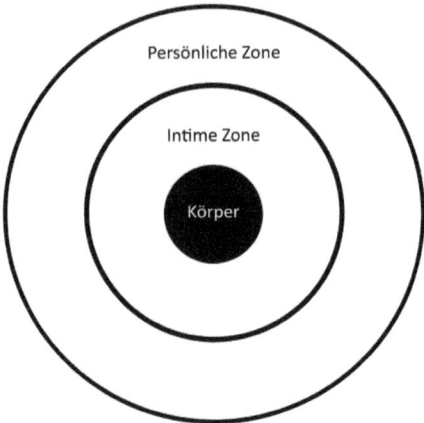

Bild 2.3 Die Sicherheitszone

Die Übung

Mit folgender Übung können Sie sich Ihrer Sicherheitszone (und jener von anderen Menschen) bewusst werden. Positionieren Sie sich innerhalb der intimen und persönlichen Zone einer Person oder lassen Sie jemanden nahe an sich heran kommen (am Bahnsteig oder beim Einkaufen in der Schlange vor der Kasse). Es gibt nämlich immer wieder Menschen, die einem (zu) nahe kommen oder Geschehnisse, die das fördern. Beobachten Sie das Gegenüber kurz und unauffällig aus den Augenwinkeln. Dann nehmen Sie eine Armlänge Abstand von dieser Person und halten für sich diesen Abstand (Ihre Sicherheitszone) ein. Sehen Sie diese Person noch einmal an. Merken Sie den Unterschied? Wie ist Ihre Wahrnehmung? Jetzt gehen Sie wieder auf die Person zu oder lassen Nähe zu. Merken Sie, wie sich das Gefühl verändert und der Druck zunimmt, sobald die Sicherheitszone nicht eingehalten wird?

Die Sicherheitszone ist von großer Bedeutung für den Umgang mit Herausforderungen. Der Stress lässt sich besser regulieren, wenn zum Beispiel eine einschüchternde oder provokante Person nicht an einem „klebt" bzw. auf einer Armlänge Distanz ist. Aggressive Manipulationen können dann nicht direkt unser Sicherheitserleben treffen. Sie sind daher auch nicht so effektiv und Sie behalten die Kontrolle. Außerdem bleibt etwas mehr Reaktionszeit bei eventuellen Angriffen. Solange Sie diese Distanz einhalten, muss der Abstand zu Ihnen mit einem Schritt des Gegenübers nach vorne überbrückt werden. Diese Anzeichen werden (unbewusst) bemerkt und das leitet eine instinktive Schutz- und Abwehrreaktion ein. Die Wahrscheinlichkeit, dass wir den Angriffsversuch kommen sehen und darauf angemessen reagieren, nimmt bei einer größeren Distanz zu und führt zu einer Erhöhung der eigenen körperlichen Sicherheit. Wir müssen nur vor allem nicht den Blick senken, was einige Menschen reflexartig tun.

Frustrierte Personen kommen uns nicht nur auf einer körperlichen, sondern vor allem auf gefühlsmäßiger Ebene zu nahe, wenn sie zum Beispiel laut herumschreien, schimpfen und Sachen kaputt machen. Das liegt an den verunsichernden und Stress bereitenden Spannungen, impulsiven Handlungen und der Unvorhersehbarkeit der Gesamtsituation. Solange ich den Eindruck habe, nicht aktiv werden zu müssen, halte ich es generell so, dass ich mit angemessener körperlicher Distanz aufmerksam beobachte, wie sich die Dynamik weiterentwickelt und wäge meinen nächsten Schritt ab. Bis dahin ist es jedoch wichtig, sich vor allem im Kopf gegen diese Spannungen und Emotionen anderer abzugrenzen und den Stress, den solche Situation unvermeidlich verursachen, mit der Atmung zu regulieren und ruhig zu bleiben. Es nützt niemandem, diese Spannungen wie ein Schwamm zu absorbieren. Ich stelle den Bezug zu meinem Körper her, ziehe zum Abfangen der Spannungen entweder eine Wand hoch oder eine Jalousie herunter. Dieser Ansatz ist pragmatisch und hat sich als erfolgreich erwiesen. Ich versuche nur die Hinweise, die für die allgemeine Sicherheit und den Umgang mit dem Verhalten wesentlich sind, durchzulassen und selektiv herauszufiltern, als hätte ich ein Sieb vor Augen.

Stressreduktion durch Können und Wissen

Auch auf der Ebene **der Anforderungen selbst, wie wir „darin" stehen, wie wir diese erleben und damit umgehen,** bieten sich Möglichkeiten Spannungen zu reduzieren. Wie wir diese Anforderungen persönlich erleben, ist sowohl mit den tatsächlichen Gegebenheiten, unseren Erfahrungen, der Einschätzung dieser Situationen (**Wissen**) als auch unseren persönlichen Fähigkeiten und erlernten Fertigkeiten (**Können**) für die Bewältigung derselben verbunden. Das Können und Wissen tragen wesentlich zum Abbau von Stress bei. Wir können an diesen Faktoren (selbstständig, aber auch mittels Schulungen) arbeiten und somit indirekt unseren Stresslevel günstig beeinflussen.

Wenn wir zum Beispiel das Verhalten anderer beurteilen, ist das immer subjektiv eingefärbt - manchmal mehr, manchmal weniger. Subjektivität bei der Bewertung wird es so gut wie immer geben. Bei einigen Verhaltensweisen, wie offener Aggression und Handgreiflichkeiten, sind wir uns jedoch grundsätzlich über deren negative Bedeutung einig. Aggressives Verhalten greift tief in unser Basisfundament ein: jenem der basalen Sicherheit. Dennoch, auch bei Aggressionen beurteilen wir so manches individuell und demzufolge erlebt die eine Person mehr Stress als eine andere, was zum Teil auch mit **Wissen** zu tun hat. Fundiertes Wissen ermöglicht etwa, Aggressionsformen voneinander zu unterscheiden und die Gefährdungspotentiale bis in Grenzbereiche einzuschätzen. Verfügt man über dieses Wissen nicht, wird alles, was nach Aggression aussieht, eine persönlich eingefärbte, subjektive Pauschalbedeutung („Es ist gefährlich!") bekommen und sofort entsprechende Befindlichkeiten und Stress auslösen. Koppeln wir das zusätzlich noch an negative, persönliche Erfahrungen, steigt der Stresspegel umso mehr. Ich werde in einem nachfolgenden Kapitel die verschiedenen Aggressionsformen und deren unterschiedliche Bedeutungen und potenzielle Gefahren beschreiben, da erfahrungsgemäß vor allem bei Aggression enorm viel Stress entsteht. Es ist von großem Nutzen, über diese Unterschiede Bescheid zu wissen. Setzt man sich mit der Materie auseinander, wird man vielleicht auch so manche zurückliegende persönliche Erfahrung mit aggressiven Menschen besser einordnen und einiges nuancieren können. Sie kommen möglicherweise zur Einsicht, dass es doch nicht so gefährlich war wie angenommen. Vielleicht wollte die Person nur Aufmerksamkeit oder uns ärgern und herausfordern. Möglicherweise stellen Sie auch fest, dass z.B. das Verständigen der Polizei, das

Geld bei einem Straßenraub herauszugeben oder das Ergreifen der Flucht die richtigen Entscheidungen waren, weil jemand andernfalls wirklich gezielt auf einen losgegangen wäre.

Im Gegensatz zu offenen Aggressionen spielt bei allgemeineren Herausforderungen (verdeckte oder passive Aggressivität, Machtkämpfe und Konflikte) die **persönliche Bedeutungsverleihung eine noch größere Rolle**. Ein Konflikt zum Beispiel lässt mehr Raum für eine persönliche Interpretation. Der direkte Druck auf das Sicherheitserleben ist hier geringer, im Vergleich zu dem bei offener Aggression. Bei etwa Konflikten und Machtkämpfen spielt vor allem **die Vorstellung des Risikos** einer möglichen Entgleisung und des Entstehens aggressiver Reaktionen eine verunsichernde Rolle. Vordergründig geht es dennoch vor allem darum, was diese geringfügigen Herausforderungen für einen selbst, etwa in Bezug zu „höheren" Bedürfnissen (z.B. „Wahren des Gesichts", Stolz, berufliche Position) bedeuten. Genau auf dieser Ebene der persönlichen, höheren Bedürfnisse ist es möglich, Situationen für sich zu entschärfen und den Stresspegel positiv zu beeinflussen. Sie müssen nur darüberstehen und so manches, wie zum Beispiel berufliche Aufgaben und eigene (Macht-) Ansprüche, relativieren können (falls beruflich vertretbar natürlich): Umso eher bleiben Sie gelassen und flexibel. Bei Aggression ist das Relativieren viel schwieriger, weil sie viel mehr an unsere Basis geht: dem Bedürfnis nach Sicherheit. Tatsache ist, dass der negative Stellenwert so mancher Konflikte und Machtkämpfe durch die Fähigkeit zu relativieren und durch Raum zum Reflektieren und Denken eher vorhanden bleibt, ja sogar wieder erhöht werden kann, da die Spannung in dem Fall einfach nicht so hoch ansteigt. Sich zum Beispiel bewusst zu sein, „nur" eine professionelle Rolle zu erfüllen (rationalisieren) oder dass Klienten negative Bilder projizieren, die nichts mit einem persönlich zu tun haben (es in einem anderen Rahmen betrachten, auch als Reframing bezeichnet), weil ähnliche negative Erfahrungen in der Vergangenheit bereits gemacht wurden, hilft schon, eine Klarheit im Denken zu behalten und nicht auf unterschwellige Provokationen und Machtkämpfe einzusteigen.

Werden jedoch immer massiver Ärger und Frustration durch zum Beispiel passive Aggression ausgelöst und neigen Sie vielleicht zu Überreaktionen, ist es sinnvoll, sich selbst folgende Fragen zu stellen: „Woher kommt der Stress und was sagt das über mich aus?", „Was in mir bewirkt, dass ich so viel Stress habe?", „Was ist meine Unsicherheit, was befürchte ich?", „Warum frustriert und ärgert mich das Verhalten so?" Das sind Beispiele selbstreflexiver Fragen, womit die eigenen Ansprüche, Motive, Unsicherheiten und Ängste erforscht und man sich ihrer bewusst wird. Wahrscheinlich finden Sie durch das Stellen der richtigen Fragen Antworten auf eigene, vielleicht unbewusst mithineingebrachte Themen. Nicht alles ist auflösbar und veränderbar, aber das Bewusstwerden hilft, so manch überschießendes Reaktionsmuster aufzulösen oder zumindest sich selbst besser zu kontrollieren und drüber zu stehen. Sobald ich mich aufgrund der Verhaltensweisen von Menschen in meinem Beruf oder privat enorm ärgere, nehme ich diesen Ärger bei mir wahr, aber versuche, mich nicht durch meine Emotionen leiten zu lassen und sie in der Beziehung auszuleben, sondern es rational anzusprechen und Sachen zu klären. Das ist der Anspruch, den ich mir selbst stelle, kann ihm je nach Tagesverfassung aber auch nicht immer gerecht werden. Das ist eine menschliche Realität. Der Umgang mit Herausforderungen in Beziehungen ist und bleibt eine Reise durch die eigenen, musterähnlichen Mechanismen, durch die eigene, einzigartige Persönlichkeit sowie durch die Vergangenheit und die eigenen Beziehungserfahrungen.

Praktische Strategien oder Fertigkeiten **(das Können)** tragen dazu bei, dass weniger Stress entsteht. Die Interventionsleiter zum Beispiel bietet eine klare Handlungsstruktur, an der Sie sich im Trubel der Geschehnisse orientieren können und nicht so schnell im Chaos der Spannungen und Emotionen versinken. Außerdem kanalisiert die praktische Umsetzung dieser Schritte die gesteigerte Leistungsenergie. Die Interventionsleiter ist aber vor allem ein einfaches und effektives Werkzeug, womit Sie Schwierigkeiten pragmatisch bewältigen können und aufgrund der Reaktionen sehen, welche weiteren Interventionen eine angespannte Situation braucht. Sie steuern mit diesen Interventionen aktiv die Dynamik. Die Lage entspannt sich eher und der Stress nimmt demzufolge ab. Beherrschen Sie das Setzen dieser Interventionen einigermaßen, steigert sich das Sicherheitserleben, was sich wiederum stressvermindernd auswirkt. Zum Vergleich: Befindet man sich in einer schwierigen Situation und ist für den Umgang damit unzureichend gerüstet (oder fühlt sich so oder redet das sich selbst ein), bedeutet das eine eindeutige Differenz zwischen dem „Können" und dem, was die Bewältigung der „Situation" verlangt. Diese schiefen Verhältnisse zwischen „Ist" und „Soll" verunsichern und machen Stress. Somit ist das Verfügen über praktische

Strategien auch noch entscheidend dafür, ob wir die Ruhe bewahren können, in Sicherheit bleiben oder aber impulsiv kämpfen oder flüchten und die gesamte Situation sehr unsicher wird. Mit einer Vielzahl erlernter Strategien und möglicher Zugänge treten diese Differenzen weniger rasch auf. Man stellt sich den Herausforderungen grundsätzlich selbstbewusster, sicherer und ruhiger und man sieht buchstäblich besser, was es braucht. Wichtig ist es, nicht zu verkrampfen, nicht in der Macht- und Hilflosigkeit zu landen und vor allem im Fluss und aktiv zu bleiben. Die Leistung wird ja erzeugt und der Stress ist da. Sie müssten ihn nur in dieser Situation für sich nützen.

Das enorm wichtige Einnehmen einer Armlänge Distanz ist ein konkretes Beispiel, wie sehr Können für den Behalt der Ruhe und das Verhindern impulsiver Handlungen entscheidend ist. Mit dieser Intervention verringert sich die konkrete Gefährdung, was einen positiven Einfluss auf das allgemeine Sicherheitsgefühl hat. Indem man selbst **aktiv** und kontrolliert für ausreichend körperlichen Abstand sorgt und nicht gelähmt stehen bleibt, wird außerdem das Leistungspotenzial in eine Handlung umgesetzt und kanalisiert. Durch das aktive Entziehen aus der Dynamik, durch die Signalwirkung und durch das Setzen persönlicher Grenzen beruhigen sich viele Menschen wiederum. Wenn sie sich beruhigen, nimmt der Stress bei Ihnen selbst auch wieder ab.

Raum für das Gegenüber

Im vorigen Textabschnitt wurde festgestellt, dass das Erleben von sowohl körperlichem als auch mentalem Raum für uns generell wichtig ist, um mit Herausforderungen besser zurechtkommen zu können und die Sicherheit zu wahren. Für die Beruhigung und das Finden einer Lösung (für zum Beispiel einen Konflikt) benötigt jedoch ein angespannter Mensch Raum und vor allem keinen zusätzlichen Druck und negative Reize von außen. Diese Einflüsse würden die Stressreaktion andauern lassen und die Kampfhaltung triggern oder aufrechterhalten. Raum zu geben ermöglicht eingeengten und aufgebrachten Menschen, sich von selbst zu beruhigen. Sie können sich besser kontrollieren und sind eher wieder in der Lage, über die Situation zu reflektieren. Je erregter und emotionaler die Person ist und je eingeengter und unsicherer sie sich fühlt, desto weiter sind wir von einer Beruhigung der Gesamtsituation und einem lösungsorientierten Gespräch entfernt.

Es ist und bleibt jedoch situations- und personenabhängig, wie schnell sich Menschen beruhigen werden, auch wenn wir es schaffen, ruhig zu bleiben, Vorhersehbarkeit anzubieten und uns nicht unnötig einzumischen. Menschen, die versuchen, einen in ein Theaterstück (inszenierend) einzubinden, können auch erst einmal frustriert reagieren, falls nicht darauf eingestiegen wird, wonach sie erst wieder zu sich kommen und ansprechbar werden. Erfahrungsgemäß beruhigen sich Menschen bei den meisten Konflikten schneller als bei massiven Krisen und Aggressionsdurchbrüchen. Bei inszenierenden Menschen, die eine Bühne haben, wenn andere zuschauen, kann es auch länger dauern, weil sie hier nur schwer wieder herausfinden, ohne gefühlsmäßig Gesichtsverlust zu erleiden. Vielleicht müssen auch zuerst Grenzen gesetzt oder muss bei etwa gefährlichen Handlungen aktiv durchgegriffen werden, bis Menschen zu sich finden, sich beruhigen und wir Raum aufmachen und eine konstruktive Beziehung gestalten können.

Bei geringfügigeren Herausforderungen ist es ebenfalls wichtig, aufmerksam zu bleiben, Raum zu lassen und nichts zu forcieren. Die Anspannung kann bei Konflikten und Machtkämpfen schon hoch sein. Nur zeigt sich das nicht immer vordergründig in den Verhaltensweisen. Manche können sich sehr gut kontrollieren, obwohl sie innerlich schon längst „kochen", im Denken eingeengt und äußerst negativ eingestellt sind und nur noch wenig ertragen. Unter Umständen wird durch die Gesprächsführung unbemerkt zu viel Druck ausgeübt, eine hoch angespannte Person überfordert und ein negativer Affekt ausgelöst. Eine gute Einschätzung ist somit wichtig, um über das weitere Vorgehen zu entscheiden. Im Zweifelsfall versuche ich immer etwas Zeit und Distanz zu gewinnen und dieses zu meinem Vorteil zu nützen. Die gewonnene Zeit verschafft mir die Möglichkeit, die Situation genauer und besser einzuschätzen und das Gegenüber zu „lesen", bevor ich aktiv werde. Auch baut sich Anspannung meist von selbst ab, wenn man die Zeit für sich arbeiten lässt, nicht sofort reagiert oder handelt und keine negativen Reize setzt. Im Allgemeinen hat man zumeist sowieso mehr Zeit, als man denkt. Für mich gilt die Regel, dass kein sofortiger Handlungsbedarf nötig und Zeit zur Verfügung ist, solange Menschen meine Grenzen nicht aggressiv überschreiten oder sich selbst oder andere akut gefährden: Es muss nicht unbedingt etwas Aktives getan und immer auf Personen eingewirkt werden, wenn es eine Situation nicht erfordert. Im Gegenteil: Menschen sind für ihre Beruhigung nicht per Definition abhängig von anderen. Sie können es oftmals sehr wohl selbständig, nur vielleicht mit unserer ruhigen, selbstbewussten Präsenz in ihrer Nähe.

Wird das sogenannte Deeskalieren (ein Verb) allein oder überwiegend an aktiven Vorgehensweisen und dem Führen von Gesprächen und z.B. dem Appellieren auf Vernunft „aufgehängt", wird schnell Druck ausgeübt und wird es rasch zu „eng". Es wird dadurch genau das bewirkt, was man nicht möchte und zu verhindern versucht, nämlich dass Menschen in einer Kampfhaltung bleiben und unberechenbar werden. Mit einer wohlwollenden Haltung und der Motivation, „nur" helfen zu wollen, kann jemandem sehr wohl der notwendige Raum zur selbstständigen Beruhigung genommen werden. Ist das Erregungsniveau schon sehr hoch, versagen unter Umständen die Kontrollmechanismen.

Ich empfehle immer zuerst aktiv auszutesten, ob eine Gesprächsbasis vorhanden ist. Dieses Austesten erfolgt, indem die Person aktiv, jedoch ohne Druckausübung nur angesprochen wird, um Kontakt herzustellen. Nur durch das Aussprechen des Namens zum Beispiel wird überprüft, ob spontaner Augenkontakt möglich ist und ob die Person noch in der Lage ist, adäquat zu antworten. Sind die Antworten wortkarg, bissig, ablehnend (oder wird überhaupt nicht mehr geantwortet) und ist die Bewegung der Augen sehr unruhig und sprunghaft oder sogar starr, sind das deutliche Hinweise dafür, dass das Erregungsniveau für **ein inhaltliches Gespräch** zu hoch ist und eine Überforderung und Eskalation droht. Ich persönlich nütze diese Technik, um mir Informationen über den Grad der Anspannung oder aber auch jenen der Beruhigung zu verschaffen.

Gesprächstechnisch gesehen besteht bei hoher, gerade noch kontrollierbarer Anspannung mit kurzen, einfachen Sätzen eine kleine Chance, die Person umlenken zu können. Lassen Sie die Person zum Beispiel einen anderen Raum aufsuchen, wo einen Rückzug möglich ist. Eine derartige Situation ist jedoch eine rhetorische Gratwanderung. Sie verlangt enorm viel Fingerspitzengefühl. Der Druck kann sich beim Gegenüber unbewusst erhöhen und das Risiko, dass dann doch ungewollte Affekte durch Kommunikationsstörungen ausgelöst werden, ist ebenso real. Hier sieht man auch, dass Strategien wie die Selbstregulierung, die indirekte Stabilisierung angespannter Menschen durch das Bieten von Ruhe und Halt, durch die Orientierung an Grenzen und manchmal einfach nur durch Abwarten enorm wichtig sind. Diese Fähigkeit zur Selbstregulierung bedeutet unter dem Strich erkennen zu können, was das Gegenüber braucht, oder eben nicht, und somit **„Raum für das Gegenüber"**.

2.3. Partizipative Gesprächsführung

Im Lauf der Zeit entwickelte ich auf Basis meiner Erfahrungen, vor allem im psycho-sozialen Berufsfeld, eine Gesprächsstruktur, die sich für die Deeskalation enorm bewährt. Meine persönliche Vorliebe für klare Handlungsstrukturen, die vielen praktischen Erfahrungen im Umgang mit Klienten, der Input meiner Kollegen (mit ihren unterschiedlichen Hintergründen) und der Fortbildungsteilnehmer haben wesentlich dazu beigetragen. Das Hauptziel dieser pragmatischen Technik ist, einen Raum zu schaffen, worin auf gleichberechtigter Ebene konstruktiv kommuniziert und schlussendlich gemeinsam über Lösungen nachgedacht wird. Mit diesem Ziel vor Augen wird schrittweise der Weg aus dem negativen Teufelskreis gefunden, können die von Spannungen und Emotionen aufgelösten persönlichen Grenzen wieder hergestellt werden. Die partizipative Gesprächsführung bietet die Möglichkeit, die schwierigen Verstrickungen und die sich negativ komplementierende Beziehungsdynamik hinter sich zu lassen.

Folgende Aspekte kennzeichnen die partizipative Gesprächsführung:

- Sie hat eine klare und logische Struktur aus einzelnen Schritten, was hilft, den Stress zu kanalisieren.
- Das Umsetzen dieser Technik liegt nahe an der praktischen Realität.
- Sie schafft Raum, gibt aber auch Raum.
- Die Gesprächsführung unterbricht die gegenseitig aversive Stimulation, entwirrt den destruktiven Teufelskreis und fördert ausgewogene Verhältnisse in der Beziehung.
- Zwischen den einzelnen Schritten werden **bewusst kurze Gesprächspausen gehalten und Pausen zum Denken gelassen**, um die Gesamtdynamik einzubremsen und Zeit für eine bessere Verarbeitung zu lassen.
- Rationalität und Reflexionsfähigkeit werden bewusst gefördert.
- Sie führt strukturiert zur Lösungsfindung.

Nicht die verbalen Inhalte, sondern die Haltung, womit das Gespräch geführt wird, ist wesentlich für deren Ausgang.

Die Komponenten der partizipativen Gesprächsführung sind zum einen das Partizipieren, was miteinbeziehen oder teilnehmen bedeutet, und zum anderen das Führen: Die Partizipation in der Beziehung ist das Ziel, welches aktiv verfolgt wird. Die unterstützende Haltung, auf der diese Gesprächstechnik vordergründig basiert, fördert beim Gegenüber instinktiv die Bereitschaft, an der Beziehungsgestaltung teilzunehmen. Ihm wird die Möglichkeit geboten, auf gleicher Augenhöhe an der Lösung eines Konflikts mitzuarbeiten. Das Ringen um die Kontrolle und das gegenseitige Ergänzen in einem Streit stellen sich durch diese Beziehungsgestaltung idealerweise ein. Das wird durch das Abfallen der Spannungskurve, durch eine Entspannung der Dynamik deutlich bemerkbar.

Die partizipative Gesprächsführung können Sie bei Konflikten und Machtkämpfen direkt anwenden und damit einen Weg heraus anvisieren. Ebenso können Sie auch die Dynamik konstruktiv umlenken und an der Konfliktlösung arbeiten, nachdem Sie bei etwa Aggression mit der Interventionsleiter wieder auf gleiche Augenhöhe gekommen sind oder sich frustrierte Menschen beruhigt haben. Das Timing, wann Sie den aktiven Schritt machen, bleibt jedoch ein wichtiger zu berücksichtigender Faktor, der Aufmerksamkeit und Erfahrung verlangt.

Die Struktur der deeskalierenden, partizipativen Gesprächsführung umfasst fünf Schritte. Bei den ersten Schritten liegt der Fokus auf selbstbezüglichen Mitteilungen, um die Beziehung für beide Seiten zu klären, die nötige Distanz zum Denken zu gewinnen und Vertrauen zu schaffen. Dann folgt ein Wechsel und es wird das Gegenüber aktiv in die Beziehungsgestaltung miteinbezogen, seine Denkprozesse gefördert, das Motiv angesprochen und schlussendlich, falls erforderlich, die Person bei der Lösungsfindung unterstützt. Bewusst eingesetzte kurze Gesprächs- und Denkpausen helfen, die Dynamik zu entspannen.

Bei dieser Gesprächsstruktur muss nicht unbedingt jeder der fünf Schritte befolgt werden. Der Kontext und auch Ihre Tagesverfassung werden mehr oder weniger diktieren, wie viel oder wenig Zeit und Raum Sie für die Gesprächsführung zur Verfügung haben oder ob Sie sich eventuell nur auf das Wesentlichste beschränken. Erfahrungsgemäß sind Schritt 2 und 4 die Wichtigsten, nämlich dass Sie Ihr Motiv benennen und ebenso das Gegenüber seines anspricht. Manchmal habe ich, weil keine Zeit war oder wenn bestimmte Probleme häufig auftraten zum Beispiel, unmittelbar mit dem Umlenken begonnen sowie das Motiv angesprochen, was ausreichend war. Die einzelnen Schritte selbst erfolgen sehr rasch hintereinander. Die Gesprächsführung kostet so gesehen nicht viel Zeit. Es geht bei dieser Technik auch nicht darum, tiefliegende Motive usw. zu erforschen, sondern zu deeskalieren und Richtung Lösungsfindung zu lenken.

Das Ziel ist grundsätzlich, den Gesprächspartner nicht unter Druck zu setzen, sondern ihm Raum zu lassen, sich in der Beziehung wiederzufinden, seine Eigenständigkeit zu fördern und ihn ins Gespräch miteinzubeziehen. Die Spannungen werden in einen konstruktiven Rahmen umgelenkt. Wichtig ist es auch, nicht für das Gegenüber denken zu wollen, wozu man in der Praxis öfters „eingeladen" wird. Menschen neigen manchmal dazu, ihre Probleme bei anderen abzulegen, sich abhängig aufzustellen und davon auszugehen, dass man Verständnis für ihr Benehmen hat. Sie erwarten, dass man auch noch weiß, welche Motive sie verfolgen und was sie möchten. Auch übernehmen manche Menschen gerne die Probleme anderer, um etwa die Situation besser kontrollieren oder bei Stress die Sache schneller erledigen zu können. Im Wesen ist aber jeder Mensch der eigene Spezialist für seine Probleme und Anliegen. Ich helfe gerne Lösungen zu finden, habe aber nicht den Anspruch zu wissen oder zu erraten, was genau andere, schon gar nicht Unbekannte, persönlich brauchen und was ihre Bedürfnisse sind. Daher kommt es auch, dass diese Gesprächstechnik **partizipative Gesprächsführung** heißt: Das Gespräch wird anhand der Struktur moderiert und geleitet. Das Gegenüber wird mit einer ruhigen, rationellen und unterstützenden Haltung durch den Gesprächsprozess geführt und gemeinsam wird eine Lösung gefunden.

Bei der partizipativen Gesprächsführung geht es vor allem darum, dass ein konstruktives Ziel verfolgt wird und Sie währenddessen beharrlich Ihren Plan verfolgen, falls versucht wird, Sie wieder in das Chaos hineinzuziehen. Manchmal reagieren Menschen genau entgegengesetzt, auch wenn ein konstruktives Miteinander angestrebt wird. Manche fühlen sich beim Inszenieren ertappt. Bei anderen ist es genau das, was sie nicht gewöhnt sind, und reagieren deswegen etwas frustriert auf diese Haltung und Gesprächstechnik. Ich habe es kaum erlebt, aber ehrlichkeitshalber: Es passiert hin und wieder. Wichtig ist es, bei dem zu bleiben, was Sie selbst für richtig und adäquat halten, und **eine „gesunde" Realität vorzuleben**, auch wenn andere dieser Haltung gerne mit ihrem Verhalten widersprechen würden. Die Alternative wäre, im Chaos zu versinken und zu hoffen, dass im Trubel ein Weg heraus und eine Lösung zu finden sei. Meistens gelingt das auch irgendwie, aber es kostet wesentlich mehr Energie; nicht Sie stehen am Steuerrad, sondern der Ausgang wird quasi dem Gegenüber überlassen. Es macht auch keinen professionellen Eindruck, wenn Sie kein Ziel und keinen Handlungsplan haben. Außerdem ist Frustration als Reaktion auf ein konstruktives Ziel, das wir mit einer klaren Handlungsstruktur verfolgen, nicht per Definition schlecht. Zu verhindern ist nur, dass das Verhalten ausartet. Frustration bedeutet, dass etwas im Inneren berührt wurde, was jemanden aus der Bahn wirft, da es ihm fremd ist. Menschen tätigen nun einmal auch herausfordernde Verhaltensmuster, weil diese bisher scheinbar für bestimmte Ziele am besten funktioniert haben oder sie haben es nie anders gelernt. Eine andere Erfahrung, eben eine neue Möglichkeit, Beziehungen konstruktiv zu gestalten, tut dennoch etwas mit Menschen, auch wenn sie momentan nicht allzu begeistert sind. Viele Tröpfchen füllen jedoch auch einen Eimer: Angelernte dysfunktionale Muster, etwa um Konflikte auszuleben, Unmut zu zeigen oder mit Frustration umzugehen, brauchen eine Weile, bis sie Platz machen für Neues. Zumeist kommen Menschen nach einem vorübergehenden, emotionalen Ausbruch auch wieder auf einen zu und entschuldigen sich sogar, wonach das Gespräch dann inhaltlich weitergeführt werden kann.

Die Schritte der deeskalierenden, partizipativen Gesprächsführung

Der selbstbezügliche Teil

Den **ersten aktiven Schritt** setzen Sie, solange die Person generell noch gesprächsfähig ist, auf eine Grenzsetzung gut reagiert oder sobald Sie eine Beruhigung beobachten. Beschreiben Sie ruhig und neutral, wie Sie die Situation (aus der Ich–Perspektive) tatsächlich erleben, als würden Sie zu sich selbst sprechen.

„**Ich** habe das Gefühl, dass ich gerade einen Konflikt mit Ihnen habe", „Ich sehe, dass Sie ziemlich angespannt sind" oder: „Ich habe den Eindruck/**Mir** scheint, dass wir uns in einer Situation befinden, die für uns beide schwierig ist", sind Sätze, die sich schon oft bewährt haben.

Ich setze diese sogar bei so manch aggressivem Vorfall ein, wenn mein Stressniveau nicht zu hoch ist und die Person auf Abstand bleibt. Ich ignoriere eine Provokation oder z.B. auch einen Konflikt und lenke diese sofort konstruktiv um.

Der erste Schritt hat drei Effekte:

Erstens: Ich-Sätze und rationelle, selbst- und situationsbezogene Beschreibungen (ich fühle, denke, sehe) heben und bringen die Geschehnisse bei Ihnen auf eine Ebene des Denkens und reflektierenden Sehens: Das ist der Weg, der aus der Emotionalität herausführt und diese übersteigt: Man gelangt wieder in den Bereich des Rationalen.

Zweitens: Die Trennung des „Ich" und „Du" und die Beschreibung der Situation als solche sollten beiden Seiten helfen, sich selbst in der Beziehung wiederzufinden sowie die Orientierung in einer angespannten, turbulenten Dynamik wieder zu erlangen, weil die Verstrickung aufgelöst wird.

Drittens: Die Beschreibung aus der Ich-Perspektive fördert das Reflektieren beim Gegenüber. Das ist zumindest das Ziel. Dabei sollten Sie unbedingt im Auge behalten, ob die Person dazu im Stande ist und der Stress nicht zu hoch ist, oder ob Sie zu viel verlangen und jemanden überfordern. Hinweise dafür wären zum Beispiel unruhige Augenbewegungen, ein erhöhter Körpertonus und eine angespannte Nackenmuskulatur, das Abwenden des Blicks oder Widerstand im Verhalten.

Es ist manchmal auch förderlich, im Sinne der Validation (Wertschätzung, Verständnis zeigen), nach diesem ersten Satz dem Gegenüber empathisch zu vermitteln, dass Sie dessen Gefühlszustand wahrnehmen und Verständnis für die Problematik haben. Das ist auch für die Bewusst-Werdung des eigenen Zustands beim Gegenüber hilfreich. Bleiben Sie dann aber nicht in der Gefühlsduselei hängen. Lösungen finden Sie schlussendlich nur in der Rationalität. Beispiele sind: „Ich kann mir in Ihrer Situation vorstellen, dass Sie nicht erfreut über dies oder jenes sind" oder „Ich kann mir etwas bei Ihren Gefühlen vorstellen".

Der zweite Schritt im Gespräch ist, dass Sie Ihr eigenes Anliegen oder Ihre Motivation im Gespräch authentisch äußern:

„Es ist mir ein Anliegen, dass wir eine Lösung finden", oder: „Ich möchte nicht, dass die Situation eskaliert".

Das Ziel der Beschreibung aus der Ich-Perspektive ist, dem Gegenüber Ihre Absichten zu verdeutlichen und ihm zu zeigen, wie Sie in der Beziehung stehen. Wie Sie das Gegenüber wahrnimmt, wird durch dessen Verunsicherung, feindliche Einstellung und Kampfhaltung subjektiv eingefärbt, was für das Gespräch zumeist nicht förderlich ist. Sie kämpfen gegen diese negativen Projektionen. Die Unsicherheit löst sich auf und Sie gewinnen Vertrauen, sobald klar wird, dass Sie die besten Absichten haben und keine Bedrohung darstellen. Die Kampfreaktion stellt sich ein. Die Beziehung wird ebenfalls geklärt, wenn Sie eine deutliche, transparente Position einnehmen und sich authentisch aufstellen. Für Sie selbst wirkt dieses Benennen der eigenen Motivation ebenfalls strukturierend: Sie machen sich das eigene Ziel bewusst.

In der nächsten Phase des Gespräches, wird das Gegenüber aktiv in die Beziehungsgestaltung miteinbezogen.

Nach einer kurzen Gesprächspause von ungefähr 2 Sekunden, um Zeit für die Verarbeitung zu überlassen und die weitere Entwicklung der Dynamik und die Reaktion vom Gegenüber zu beobachten, folgt der **nächste, dritte Schritt**: Stellen Sie dem Gegenüber die offene Frage, wie es die Situation erlebt:

„Wie sehen Sie das?", oder: „Was ist Ihr Eindruck oder Ihre Meinung dazu?"

Das Ziel ist, dass diese Frage Denkprozesse und die Selbstreflexion („Wie sehen Sie das?") fördert und das Gegenüber beim Bewusstwerden seiner eigenen Lage unterstützt. In dieser Phase des Gespräches erwarte ich keine konkrete Rückmeldung. Ich bilde vor allem sukzessive eine Basis für das inhaltliche Gespräch. Die Hirnmasse wird sozusagen massiert. Im Anschluss an diese Frage wird auch bewusst eine Denkpause von 2 Sekunden gelassen.

Eine Zusammenfassung der ersten Phase der Gesprächsführung:

Sie werden zum Beispiel mit einem Konflikt konfrontiert und haben für sich den nötigen Raum gefunden. Das erste Ziel ist, mit der Gesprächsführung die Beziehung zu klären und die Denkprozesse beim Gegenüber zu fördern.

Selbstbezügliche Mitteilungen:

- **Schritt 1**: „Ich habe den Eindruck, dass Sie die Situation sehr mitnimmt", „Ich bemerke, dass wir miteinander über dieses oder jenes Thema einen Konflikt haben".
  2 Sekunden Gesprächpause.

- **Schritt 2**: Eventuell ergänzen mit: „Ich würde gerne eine Lösung finden".
  2 Sekunden Gesprächpause

Nun der Wechsel: das Gegenüber miteinbeziehen:

- **Schritt 3**: „Wie sehen Sie das?", „Was meinen Sie dazu?" oder „Wie erleben Sie die Situation?"
  2 Sekunden Denkpause

Schritt 4.: Das Motiv ansprechen

Die weitere Gesprächsführung dient dazu, den eigentlichen Konflikt, der eventuell von Aggression überlagert wurde, zu lösen. Das im Gegensatz zu der im vorigen Abschnitt beschriebenen Klärung, Stabilisierung und Förderung der Rationalität oder Reflexionsfähigkeit. Das Ziel **des vierten Schrittes** ist dafür zu sorgen, dass dem Gegenüber klar wird (als inneres Bild sieht), was ihn motivierte, den Konflikt zu führen, sich aggressiv zu verhalten oder kurz: was denn nun eigentlich das Problem „hinter dem Ganzen" ist. Die Ebene des Motivs wird mit diesem vierten Schritt direkt angesprochen. Gleichzeitig wird mit der Haltung Unterstützung angeboten und die Partizipation vom Gegenüber angestrebt. Die Person wird in ein konstruktives Gespräch miteinbezogen. Es wird ihr Möglichkeit und Raum gegeben, die Beziehung mitzugestalten und Einfluss auf den Ablauf als auch den Ausgang des Ganzen auszuüben.

In den meisten Fällen wird einem sofort klar, dass es um etwas anderes geht als das, was den Streit vordergründig ausgelöst hat. Es wird typischerweise gerne ein anderes Thema, eine Forderung („Ich möchte dies oder jenes") vorgeschoben, die das Wesentliche, die Motivation und das, **„um was es geht"**, überlagert; der Konflikt betrifft eine Kleinigkeit und eigentlich steckt etwas Größeres dahinter. Meistens gehen viel Zeit und Energie verloren, wenn man sich zu viel auf das Offensichtliche, aber Nicht-Wesentliche fokussiert. Es wird trotz der Bemühungen keine Lösung gefunden, weil sie eben in den offensichtlichen Problemen nicht zu finden ist. Der Trick ist, eine Frage zu stellen, die den Rahmen für die Antwort vorgibt, dennoch gleichzeitig dem Gegenüber Raum überlässt, selbst einen Zugang zum Kern der Sache zu finden. Es kann selbst dem Motiv auf die Spur kommen und dieses schlussendlich verbalisieren.

Folgende Fragen haben sich in der Praxis bewährt:

„Um was geht es nun eigentlich?", „Können Sie mir sagen, um was es geht?", „Worum geht es Ihnen nun eigentlich?" Andere Beispiele sind: „Um Ihnen helfen zu können, muss ich wissen, worum es geht", „Ich kenne mich nicht aus, worum geht es?", oder: „Gibt es etwas, das ich wissen muss?"

Nach dieser Frage überlassen Sie dem Gegenüber bewusst 2 Sekunden Zeit, um das Ganze wirken zu lassen und sich Bilder von dem, „um was es geht", formen können.

Diese Art des offenen Fragenstellens löst manchmal einen wenig zielführenden Redefluss aus, vor allem wenn Menschen gestresst sind. Der Schwall an Informationen führt selten zu einem deutlichen Bild der Beweggründe der Person. Der Versuch, trotzdem ein Motiv herauszufiltern, kostet enorm viel Energie und kann sogar frustrieren, weil man sich endlos im Kreis dreht und keine zufriedenstellenden Antworten kommen. In solchen Situationen übernehmen Sie aktiv die Führung im Gespräch und lenken es wieder in Richtung des Zieles. Dafür eignen sich folgende Sätze:

„Ich höre, was Sie mir mitgeteilt haben, aber können Sie mir bitte sagen/ich möchte wissen/mir wäre es wichtig zu wissen, worum es nun wirklich geht, was nun Ihr Anliegen ist?"

Oder transparent und etwas ausführlicher: „Ich höre, was Sie sagen, aber habe das Gefühl, mich mit Ihnen im Kreis zu drehen", „Ich würde gern wissen wollen, worum es wirklich geht". Noch kürzer und mehr als Grenzsetzung gedacht wäre: „Kommen Sie bitte zum Punkt!".

Ich war nie ein Liebhaber wiederkehrender, rhetorischer Formeln, jedoch verwende ich die oben angeführten „Worum geht es?"-Fragen ähnlich einem Mantra, da sie einfach sehr gut funktionieren. Die Macht dieser Fragen liegt darin, dass sie ein Motiv suggerieren (ein Motiv gibt es immer, vielleicht nicht immer greifbar und abstrakt). Sie sprechen dieses also indirekt an. Die Frage ist nur, wie konkret und zugänglich dieses für das Gegenüber ist, aber das merken Sie während der Gesprächsführung. Die Haltung, die Sie mit diesen Fragen einnehmen, ist grundsätzlich wohlwollend: Sie möchten gerne unterstützen, aber brauchen dafür etwas, eine Rückmeldung, womit Sie arbeiten können. Auf diese Fragen bekommen Sie meistens eine Antwort, die Ihnen gut weiterhilft. Was als Motiv angeführt wird, ist aber manchmal nicht klar umrissen und mehr eine allgemeine, vielleicht noch etwas emotionale Äußerung von dem, was jemanden ärgert oder Sorgen bereitet. Das reicht aber zumeist schon als Basis für die weitere Gesprächsführung aus. Ansonsten ist es wichtig, mehr Ruhe einkehren zu lassen. Manche Menschen reagieren wie von Hornissen gestochen, wenn umgelenkt, das Motiv direkt angesprochen wird und man nicht auf den Konflikt einsteigt. Wie ist das zu deuten? Motive können zu abstrakt sein, um klar benannt zu werden, wie etwa Geltungsdrang, Frustabbau oder das Generieren von Aufmerksamkeit. Konflikte werden manchmal vorgeschoben und für die eben genannten abstrakten Ziele verwendet. Menschen fühlen sich dann quasi ertappt oder etwas überfordert. Nehmen Sie nach so einem Frustrationsausbruch, je nachdem wie die Beziehung ist und wenn die Ruhe wiedergekehrt ist, das Gespräch wieder auf und verwenden Sie dazu die gleiche Struktur. Sie benennen zuerst Ihren Eindruck und kommen so näher an die Materie heran. In flüchtigen Beziehungen kann es auch sein, dass Menschen, weil diese Motive aufgedeckt wurden, frustriert das Geschehen verlassen und nicht wieder zurückkehren. Das ist dann eben so. Viele Menschen denken erst im Alleingang über ihr Verhalten nach und kommen so vielleicht zur Einsicht, dass das alles etwas übertrieben war. Wichtig ist, dass Sie konsequent bei einer konstruktiven Haltung bleiben.

Allein das Ansprechen des Motivs ist oft vollkommen ausreichend und rundet das Gespräch ab. Viele Menschen bekommen über die spiegelnde Rückmeldung in der Beziehung einen Bezug zu dem Grund ihrer eigenen Verhaltensweisen und sehen sogar für sich selbst die Lösung. In diesen Situationen braucht keine weitere Unterstützung geboten werden. Falls dies nicht der Fall ist, unternehmen Sie folgenden Schritt:

Schritt 5: Unterstützung anbieten

Nachdem Sie das Motiv für den Konflikt hinterfragt haben und dieses, mitunter etwas wenig nuanciert, benannt wurde („Es geht mir darum, dass …"), richten Sie sich direkt auf das Bedürfnis, indem Sie über die Selbstoffenbarungsebene offen nachfragen, welche Hilfestellung erwartet wird und wie Sie bei der Bedürfnisbefriedigung unterstützen könnten. Verwenden Sie dafür Fragen beginnend mit „Wie", „Was", „Wer", „Welche" etc., die bekannten W-Fragen.

Beispiele sind: „Wie ist das für mich zu verstehen?", „Was möchten Sie, dass ich für Sie tue?", „Welche Vorstellungen haben Sie?", „Was würden Sie brauchen?", „Wie kann ich Ihnen helfen?", „Wie können wir das Problem lösen?" oder „Was kann ich in dem Fall für Sie tun?" Diese unterstützenden Fragen geben dem Gegenüber Raum, für sich selbst ein Bedürfnis zu formulieren und an der Beziehung zu partizipieren.

In manchen, beruflichen Funktionen ist es vielleicht kontextbedingt schon klar, was von einem erwartet wird, aber die Lösungsmöglichkeiten für jemandes Bedürfnisse sind nicht deutlich, weil diese Person etwa noch zu aufgeregt ist. Vielleicht sind eventuelle Optionen für eine Lösung nicht zugänglich, weil Menschen keinen Einblick haben, was alles möglich wäre oder sie grundsätzlich kommunikativ nicht so stark sind. In dem Fall ergänzen Sie selbst die Antwort auf: „Wie kann ich Ihnen helfen?" und machen einen pragmatischen Vorschlag: „Soll ich schauen, ob …?", „Hätten Sie gerne, dass ich …?" Mit diesem Weg lenken Sie ohne Umwege direkt in Richtung Problemlösung, überlassen aber dem Gegenüber dennoch Raum, Stellung zu beziehen und mit „Ja" oder „Nein" oder Sonstigem zu antworten. Dieser Raum muss unbedingt zur Verfügung gestellt werden.

Bevor Sie diesen fünften Schritt unternehmen, ist aber Folgendes zu beachten: Falls Sie schon einen Eindruck und ein Bild von dem haben, worum es geht oder was jemand braucht, bevor es dieser Person selbst klar wird, können Sie dieses natürlich nützen. Erfahrungswerte sind sehr wertvoll und Ihre Bilder ebenso. Vorsicht ist aber mit Annahmen und Projektionen Ihrer Vorstellungen geboten. Versuchen Sie deshalb, Ihre Gedanken und Ideen unbedingt durch einfaches Nachfragen auf Wahrheit zu überprüfen. Lassen Sie sich nicht per se von den gewonnenen Eindrücken führen, da eine Fixierung im Denken entsteht und das Gespräch in einer Sackgasse enden könnte. Andernfalls finden Sie eine „Lösung" für Probleme, die es gar nicht gibt. Menschen nehmen eine „Bevormundung" unter Umständen gerne an, auch wenn Ihre Suggestion eigentlich nicht zutrifft, aber verlockend ist (zum Beispiel Kinder oder Erwachsene, die sich abhängig aufstellen), weil sie selbst auf der Suche nach einem Weg aus der Situation sind bzw. sich nicht so schnell behaupten oder nicht gut kommunikativ ausdrücken können. Das oberste Gebot ist, dass die Person selbst wissen oder ein Bild davon haben soll, „was sie braucht". Mit der Frage „Habe ich richtig verstanden, dass …?" oder „Ich habe den Eindruck, dass …" können Sie Ihre Gedanken und Eindrücke überprüfen. Achten Sie gut auf die Mimik des Gegenübers und sonstige nonverbale Hinweise.

Dieses gilt auch für Situationen, in denen Sie bereits einen besseren Zugang zum Gegenüber haben und Sie vielleicht schon vermuten oder erkennen, „worum es geht", was das Bedürfnis ist. Dennoch sollten Sie sich hier nicht blind darauf verlassen. Überprüfen Sie Ihre Vorstellungen auf Richtigkeit. Dieses ist auch in nahen (professionellen) Beziehungen zu Kindern und Menschen mit psychischen Störungen oder kognitiven Behinderungen zu beachten. Diese tun sich (noch) schwer, Bilder zu formen und/oder einen Zugang dazu zu finden oder sich auszudrücken. Es besteht dann die Neigung, dieses für sie zu übernehmen.

Der fünfte Schritt richtet sich mit unterstützenden Fragestellungen direkt auf das Bedürfnis und die Lösungsfindung. Die Praxis hat gezeigt, dass oftmals zu wenig Zeit vorhanden ist, sich der tiefgreifenden Auseinandersetzung mit Bedürfnissen in einem offenen Gespräch zu widmen. Das Ziel dieser Gesprächsführung ist auch, wie schon erwähnt, hauptsächlich die Deeskalation und Umlenkung einer möglicherweise sich aufschaukelnden, destruktiven Dynamik. Falls eine weitere unterstützende Erkundung des zugrundeliegenden Bedürfnisses stattfinden soll, weil die Beziehung mit der

Person oder Ihr Beruf dieses verlangt und Sie die Zeit dafür haben, verwenden Sie etwa weitere, erkundende Fragen beginnend mit „Wer", „Wie", „Welche", „Was" und „Wann. Fragen mit „Warum", „Wieso" und „Weshalb" vermeide ich grundsätzlich. Sie drängen auf Erklärungen und tendieren dazu, Druck zu machen. Das kann dazu führen, dass irgendwelche Erklärungen abgegeben werden, die man vielleicht selbst hören möchte, die vom Gegenüber erahnt werden oder kontextuell gesehen logisch wären. Auch gehen manche Menschen bei Druck in den Widerstand.

In der Praxis läuft es im Gespräch über eine mögliche Lösung häufig darauf hinaus, dass man sich auf einen Kompromiss einigen muss, weil nicht alle Bedürfnisse 1:1 befriedigt werden können. Zu welcher tatsächlichen Lösung Sie kommen oder auf welchen Kompromiss Sie sich einigen, ist kontextabhängig und daher inhaltlich sehr verschieden. Das ist auch mehr eine Formsache. Sie kennen sich am besten in Ihrem eigenen Bereich aus. Manchmal entstehen Konflikte mit typischen, wiederkehrenden Themen, die mit dem Kontext und Ihrer Rolle verbunden sind. Sie können in dem Fall auf diese Erfahrungswerte zurückgreifen.

3. Herausforderungen in Beziehungen

In den vorangehenden Abschnitten habe ich Ihnen gezeigt, was das Raum-Haben für einen selbst und andere bedeutet und wie dieser körperliche und mentale Raum mit stressregulierenden Techniken und praktischen Interventionen gewahrt wird. In nachfolgenden Kapiteln geht es nun darum, wie Sie diese Prinzipien, ergänzt mit der partizipativen Gesprächsführung und weiteren Strategien, für den Umgang mit folgenden Herausforderungen anwenden:

- **persönliche Konflikte**
- **verdeckte und offene Konflikte**
- **Machtkämpfe**
- **passive Aggressivität**
- **forderndes Verhalten**
- **Aggression - aggressive Manipulation, Frustration**

  gezielte psychische und körperliche Gewalt

Das Ziel sollte sein, dass das „Deeskalieren" gelebt und nicht nur theoretisch darüber gesprochen wird.

Konflikte

Ich möchte auf drei Arten von Konflikten näher eingehen. Jede Konfliktart ist an sich schon eine schwierige Angelegenheit, aber sie sind vor allem auch für das Entstehen weiterer Herausforderungen verantwortlich. Diese drei Konfliktformen sind:

- persönliche innere Konflikte
- verdeckte Konflikte
- offene Konflikte

3.1 Persönliche innere Konflikte

Im Leben können wir vor so manche konkrete Herausforderung gestellt werden, wie wir wissen. Wir sehen jedoch auch viele Schwierigkeiten oder werfen Probleme gedanklich auf, die in Wirklichkeit nicht existieren oder sich nicht bewahrheiten werden. Die meisten Unsicherheiten und Ängste, die uns plagen, uns im Leben negativ beeinflussen und Stress machen, sind eher mit Gedanken, Vorstellungen und Bildern von dem, <u>was sein könnte</u>, als mit realen Ereignissen verbunden. Sobald uns diese mit Angst und Unsicherheit besetzten Gedanken und Bilder in eine Richtung drängen, unsere Sehnsüchte und Wünsche jedoch in eine andere, entspricht dieses dem Wesen eines inneren Konfliktes.

Der Grund, warum ich persönliche „innere Konflikte" oder Zwiespalte im Rahmen dieses Buches über soziale Herausforderungen thematisiere, ist, dass sie nicht nur Menschen selbst belasten können und das persönliche Leben beeinflussen, aber sich des Öfteren auch im Verhalten bemerkbar machen und in Beziehungen ausgelebt werden. Die Konflikte, die wir eigentlich ausschließlich mit uns selbst haben, beeinflussen sehr wohl die Wechselwirkungen und Relationen mit anderen. Persönliche Konflikte sind manchmal Keime für gravierende Schwierigkeiten.

Von einem inneren Konflikt (oder Zwiespalt) ist die Rede, wenn das Hingezogen-Fühlen und die gedanklichen Inhalte nicht im Einklang miteinander sind. Beispiele für eine innere Diskrepanz zwischen dem Gefühlten („Ich möchte gerne" bzw. einer „Hingezogenheit" zu etwas oder dem Wunsch etwas umzusetzen) und den möglichen Gedanken über hypothetische, negative Konsequenzen und Unsicherheiten („Ich kann das nicht tun, weil …"), sind:

- Ich ärgere mich massiv über diesen Vorgesetzten. Ich fühle mich ungerecht behandelt. Sie denken: „Ich darf meinen Ärger nicht zeigen, da ich sonst wahrscheinlich meinen Job verliere. Was dann?"
- Oder: „Meine Mutter „nervt" enorm und ich möchte mich einmal aussprechen und Position beziehen", aber gedacht wird: „Ich muss mich anstrengen brav zu sein, sonst könnten diese oder jene Konsequenzen folgen."
- Ein anderes Beispiel: Sie möchten diesen Job unbedingt kündigen. Sie können sich nicht entfalten, fühlen sich absolut nicht wohl und leiden darunter. Sie denken: „Ich kann nicht kündigen, weil dann kann ich vielleicht meine Rechnungen nicht zahlen"

Das Fühlen entspricht der Hingezogenheit zu etwas. Die gedanklichen Inhalte sind besetzt mit Vorstellungen und Abwägungen, was dieser Schritt hypothetisch für die Zukunft bedeuten würde. In den Vorstellungen und Gedanken formen wir oft weniger optimale Szenarien; sie sind von Unsicherheiten geprägt. Dieses Spannungsfeld zwischen einerseits den negativen Bildern und andererseits dem Fühlen (oder zu etwas „Hingezogen-Sein") macht sich als Dissonanz, innere Zerrissenheit, Zwiespältigkeit, Gedankenkreisen und Unstimmigkeit bemerkbar. Wenn wir mitten in einem inneren Konflikt stecken, ist die Entscheidungsfähigkeit, wie wir handeln sollten, eingeschränkt. Wir erleben uns im Vorgehen blockiert und gehemmt, wissen nicht, was wir genau tun sollen. Wir sind quasi nicht hier und auch nicht dort, wo wir sein wollen.

Innere Konflikte brauchen manchmal eine Weile, bevor sie sich im Unbewussten soweit verdichten und im Erleben so eine Qualität bekommen, sodass sie einem über negative Befindlichkeiten, Stress, Gedankenkreisen, Unwohlbefinden oder durch Rückmeldungen aus der Umgebung bewusst werden. Vor allem Themen mit größerer Bedeutung, ein Jobwechsel zum Beispiel, bahnen sich über einen längeren Zeitraum an und beschäftigen einen zunehmend immer mehr. Eine Sensibilität für das, was sich bei einem innerlich „tut", ist ein Faktor, welcher beeinflusst, ob und wann diese innere Dissonanz, Unausgeglichenheit und Zwiespältigkeit bemerkt wird. Stress und zu viel

Ablenkung (suchen) fördern die Aufmerksamkeit für das, was uns innerlich beschäftigt, auch nicht; ganz im Gegenteil.

Bei einem inneren Konflikt ist es so, als würde man an einer Y-Kreuzung stehen. Sie können sich nicht entscheiden, welche Abzweigung Sie nehmen sollten: „Folge ich meinen Gefühlen und Sehnsüchten links oder meinen Gedanken rechts?" Sie schauen nach links und rechts und hoffen, dass sich die Antwort Ihnen, vielleicht sogar von selbst, offenbart. Einen neuen unbekannten Weg zu gehen, wird jedoch immer mit Unsicherheit verbunden sein, weil man nicht weiß, was auf einen zukommt. Die Frage ist, ob man diese Unsicherheit annimmt, sich ihr selbstbewusst stellt, oder aber stehen bleibt, zurückgeht und wieder vertraute Wege aufsucht. Die Wahrscheinlichkeit, dass Sie dann wieder am gleichen Punkt landen, an der Y-Kreuzung, ist groß.

Ein innerer Konflikt beeinflusst das Erleben, die Gedanken und Bilder als auch die Emotionen, im Endeffekt unser Verhalten und schlussendlich die Wechselwirkungen mit anderen Menschen. Manchmal wird ein Punkt erreicht, wo diese inneren Diskrepanzen in eine Beziehung hineinfließen. Das kann sich über negative Übertragungen, über die Haltung, über passive Aggressivität, (inszenierte) offene Konflikte und in weiterer Folge über Aggression offenbaren. Einerseits sind diese herausfordernden Verhaltensweisen als ein genereller Ausdruck von Unwohlbefinden und innerer Zerrissenheit zu deuten. Andererseits scheint es, als würden uns unsere inneren Konflikte erst dadurch bewusst werden, wie sich die eigenen Verhaltensweisen auf Beziehungen auswirken und andere Menschen wiederum auf uns reagieren. Vielleicht werden sogar gedankliche Annahmen und Bilder unbewusst mittels Inszenierungen „ausgetestet" und überprüft; oder aber man sucht nach Bestätigung und sucht so indirekt Antworten auf Fragen und Grundlagen für bevorstehende Entscheidungen. Wenn wir uns davon bewusst sind, dass wir indirekt über herausfordernde Verhaltensweisen mit so manchen inneren Konflikten anderer konfrontiert werden, wird dieses Thema somit auch auf einer anderen Ebene interessant. Es ist außerdem nicht unwahrscheinlich, dass diese Konflikte mit Themen zu tun haben, die in Zusammenhang mit zwischenmenschlichen Beziehungen stehen, wie „Ich habe schlechte Erfahrungen gemacht, aber würde gerne Menschen vertrauen" oder „Ich würde gerne diese Schule machen, aber ich möchte meine Eltern nicht enttäuschen". Durch unsere Reaktionen und wie wir die Erfahrungen anderer

Personen mitgestalten geben wir quasi Antworten auf (Lebens-) Fragen. Dass kann bedeuten, dass wir mit unseren Reaktionen „Annahmen" erhärten und negative Vorstellungen bestätigen. Somit bleibt auch so manches Verhaltensmuster aufrecht, weil das persönliche Konfliktthema nicht aufgelöst wird. Ebenso können die Erfahrungen, die jemand mit uns macht, dem Leben dieser Person eine andere Wendung geben, weil Einsichten und Antworten usw. gewonnen werden konnten.

Aufgrund eines inneren Konfliktes kann sich auch dermaßen viel körperliche Spannung aufbauen, dass dieser Zustand irgendwann nicht mehr aushaltbar ist. Die aufgestaute Erregung kann sich dann mittels eines inszenierten Anlasses und Konfliktes explosionsartig über starke Emotionen nach außen verlagern. Das ist eine Möglichkeit, wie innere Konflikte manchmal ausarten und in Beziehungen große Wellen schlagen.

Wir haben persönlich auch mit unseren eigenen inneren Konflikten zu tun. Das Verweilen in einer repetitiven und nicht zielführenden Gedanken- und Gefühlsschleife kostet, je nach Stellenwert des Themas, enorm viel Energie. Dieses geht auf Kosten der Substanz und kann uns lähmen. Somit fehlen dann manchmal Aufmerksamkeit und mentaler Raum für die wesentlicheren Sachen des Lebens. Die inneren Dialoge, typischen Befindlichkeiten, Gedanken und Reflexionen, die aus diesem Spannungsfeld stammen und auf einen gegenwärtigen, inneren Konflikt hindeuten können, sind zum Beispiel:

- ständige Gedankenspiele und Abwägungen, ob man etwas tun sollte oder eben nicht.
- persönliche und somit oftmals subjektiv eingefärbte Gedanken und Überlegungen, welche Bedeutungen Situationen und Menschen für einen haben. Diese Bilder können zum Beispiel mit Angst und Hass besetzt sein.
- ein Hineinsteigern in diese Befindlichkeiten durch selektive Wahrnehmung und Autosuggestion sowie Projizieren dieser Inhalte auf andere: Es wird in der Beziehung mittels Übertragungsmechanismen und sonstiger Verhaltensweisen ein bestätigendes Abbild der subjektiven Annahme gebildet.
- die Vorstellung von Vorgehensweisen und Entscheidungen in Form mentaler Simulationen („Was folgt, wenn ich diese oder jenes tue?")

- chronischer Stress (Schlaflosigkeit, Reizbarkeit) und ein generelles Unwohlbefinden, bis hin zu Frustration.

Im Kontext dieses Buches ist es für mich in erster Linie relevant, Sie über das Prinzip der persönlichen inneren Konflikte und die möglichen Auswirkungen auf Beziehungen zu informieren. Ich möchte mich, was den Umgang mit den eigenen inneren Konflikten betrifft, auf einige Tipps aus meiner persönlichen Erfahrung beschränken, die innere Konflikte etwas entschärfen, den Druck wegnehmen oder eventuell auflösen:

1. Nehmen Sie eine halbe Stunde Zeit für sich selbst, um in Ruhe wahrzunehmen, wie es Ihnen geht und was vordergründig gefühls- und gedankenmäßig in Ihnen vorgeht, ohne es zu bewerten. Sie können dabei die Augen schließen, aber es ist nicht unbedingt erforderlich. Lassen Sie die Gedanken und Gefühle kommen und gehen, bis von selbst Ruhe einkehrt. Setzen Sie sich irgendwo hin wo es ruhig ist, z.B. im Wald. Sie werden dann auch bemerken, dass eine halbe Stunde nur sitzen, gar nicht so einfach ist, wie es klingt.

2. Sie können auch mit einer Ihnen vertrauten Person offen darüber sprechen, was Sie beschäftigt und welche Gedanken Sie haben. Es geht in dem Fall auch nicht darum, bestimmte Antworten auf Ihre Fragen zu bekommen oder diese zu verlangen, sondern sich nur durch das Aussprechen bewusst zu werden, wo Sie stehen, und sich zu ordnen. Es kommen oft, indem man sich nur ausspricht, Sachen zum Vorschein, die einem gar nicht bewusst waren.

3. Entspannen Sie sich mittels z.B. dem Herstellen des Körperbezugs und dem Achten auf Ihre Atmung (Wo ist sie? Wie fühlt sie sich an? Ist sie eher tief oder flach?) und dergleichen.

Stellen Sie sich die Frage: „Was beschäftigt mich im Moment so sehr?"

Wenn Sie merken, dass Sie sich in einem inneren Zwiespalt befinden, beschreiben Sie nur, was in Ihnen vorgeht („Ich merke, dass mein Gefühl dieses sagt, meine Gedanken jedoch jenes"). Es geht nur darum, dass Sie es wahrnehmen und feststellen, nichts mehr und nichts weniger.

Nun haben Sie die Wahl:

Entweder nehmen Sie nun Ihr Dilemma an, so wie es ist. Sagen Sie zu sich selbst: „Die Antwort wird kommen und ich werde wissen, was zu tun ist". Lassen Sie das Thema los und vertrauen Sie darauf, dass die Antwort auf Ihr Dilemma kommen wird. Sie sind bereits mitten im Prozess und am Weg dorthin („Trust the Process" oder „Vertrauen Sie dem Prozess").

Oder betrachten Sie den inneren Zweispalt aus der Meta-Ebene und vermitteln Sie mithilfe des inneren Beobachters* zwischen diesen zwei Positionen („Ich befinde mich offensichtlich in einem Dilemma."
„Was sagt mein Gefühl, wo zieht es mich hin?"
„Was sagen mir meine Gedanken oder welche Sorgen bzw. Ängste habe ich?"

Mit dieser Strategie lösen Sie die Fixierung. Sie lenken Ihre Aufmerksamkeit weg vom Konflikt selbst und speisen ihn nicht weiter mit Energie.

Sobald der Druck innerlich wegfällt und sich die Fixierung löst, können Sie folgende zwei Seiten näher betrachten: Die Gedanken nehmen diese Position ein und sagen mir das. Meine Gefühle nehmen diese Position ein und ziehen mich dorthin.

---

*Zu unterscheiden sind einerseits das wechselhafte und von negativen Gefühlen betonte Plappern, Zwitschern und Meinungen abgeben des Ichs (oder Egos) und andererseits die ruhige, beständige Anwesenheit des neutralen inneren Beobachters (oder des Selbst).

Lassen Sie diese zwei Seiten für sich „sprechen". Versuchen Sie dann die Rolle eines neutralen Vermittlers einzunehmen; wie zum Beispiel: „Können wir eine Lösung oder einen Kompromiss finden?"

Ist die Antwort „Ja", ist das wunderbar. Zumindest sind sie aus dem Im-Kreis-Denken oder Dilemma ausgestiegen. Die Realität wird zeigen, wie es weitergeht. Vielleicht unternehmen Sie auch aktiv Schritte. Das kommt aufs Thema und Sie persönlich an.

Wenn die „Antwort" auf diese Frage „Nein" ist, weil die Positionen nicht vereinbar sind, akzeptieren Sie das und lassen Sie es gedanklich los. „Kommt Zeit kommt Rat", lautet ein bekanntes Sprichwort.
Der innere Konflikt ist damit nicht gelöst, aber er beherrscht einen weniger.

Meine persönliche Erfahrung ist, dass dem Kern eines persönlichen Konfliktes mittels Aktivitäten, wie etwa Sport und Wandern bzw. Entspannung, Energie „entzogen" wird und das Denken und Reflektieren erleichtert. Sobald Probleme Aufmerksamkeit bekommen und mit Stress genährt werden, erscheinen sie noch größer, als sie tatsächlich sind. Die Natur ist außerdem wie ein neutraler Spiegel und ermöglicht einem wieder zu sich selbst und dem inneren Beobachter zu finden und so manch gedanklichen Inhalt und Sorge bewusster und mit etwas Distanz zu erfassen. Darüber hinaus ist es günstig, die allgemeine Aufmerksamkeit auf andere Sachen zu verlegen, einen anderen Raum „aufzumachen" und so gedankliche Fixierungen aufzulösen. Hierbei können wiederum obengenannte Aktivitäten sowie auch Hobbys usw. helfen. Eine Auflösung gedanklich forcieren zu wollen und sich darauf zu konzentrieren, lenkt die Energie direkt in den Kern des Konflikts hinein. Das macht nur Druck und verstärkt das Unwohlbefinden. Überdies bringt das meist nicht die ersehnte Antwort. Im Grunde führt das Forcieren-Wollen zumeist dazu, dass uns der Konflikt überhaupt belastet. Die meisten Antworten und Lösungen ergeben sich üblicherweise mit der Zeit von selbst oder das Thema ist irgendwann kein Thema mehr, weil sich etwas anderes ergeben hat und wir einen anderen Weg eingeschlagen haben. Vertrauen Sie auf die natürlichen (unbewussten) Prozesse, die sich nicht erzwingen lassen, uns aber irgendwo hinführen. In uns geschieht so viel auf einer nicht bewusst zugänglichen Ebene. Manchmal braucht es einige neue Erfahrungen, spontane Gedankenblitze und Erkenntnisse, damit die Puzzlestückchen auf den richtigen Platz fallen (Aha-Erlebnis). Manchmal komplettieren eine Portion Schlaf, ein offenes Gespräch mit einer außenstehenden Person oder die Wirkung von Entspannung so manch unvollständiges Bild und tragen zur Auflösung der Dilemmas bei. Die Auflistung der Vor- und Nachteile einer Entscheidung hilft unter Umständen auch eine Antwort zu finden. Diese Aktivität vorzunehmen bewegt sich jedoch auf einem schmalen Grat zwischen sich selbst unter Druck zu setzen, einem Forcieren der Antwort und einem entspannten, natürlichen Wahrnehmen, Akzeptieren und Ordnen der Gedanken und Gefühle.

3.2. Verdeckte Konflikte

In Beziehungen entstehen Konflikte, wenn Bedürfnisse nicht befriedigt werden können oder beeinträchtigt werden. Solange diese persönlichen Diskrepanzen noch nicht offen in Beziehungen ausgetragen werden, weil sie vielleicht zu geringfügig sind und/oder unterdrückt werden, sich aber „nur" unterschwellig und durch die Übertragung negativer Spannungen und weiterführend über passive Aggressionen bemerkbar machen, spricht man von verdeckten Konflikten. Im Rahmen dieses Buches über verdeckte Konflikte zu schreiben, ist für mich äußerst relevant. Übertragungen über die Haltung, eine negative Atmosphäre und die „Ansteckung" von Gruppenmitgliedern, die wieder auf ihre persönliche Art reagieren, erzeugen mit großer Wahrscheinlichkeit Frustration bei einem selbst und auch Missstimmungen bei anderen indirekt involvierten Personen. Verdeckte Konflikte verursachen und verstärken somit grundsätzlich eine negative Dynamik in Beziehungen. Außerdem potenzieren sie sich im Laufe der Zeit mitunter zu offenem Streit. Sie sind sogar Ausgangspunkt für aggressives Verhalten und Gewalt.

Im Leben treten häufig Abweichungen zwischen „Soll" und „Ist" oder zwischen dem, was man gerne hätte und dem, was man dann schlussendlich bekommt, auf. Es läuft doch oftmals anders als idealerweise vorgestellt. Ich denke, Diskrepanzen in Bezug zu unseren Bedürfnissen würden wir, wenn möglich, gerne umgehen und uns ersparen. Aber das ist leider nicht möglich. Konflikte und Frustrationen sind Teil unserer menschlichen Existenz und gehören zum Leben. Hiermit ist schon ein Spannungsfeld gegeben, das unvermeidlich beeinflusst, wie wir uns in Beziehungen positionieren. Man weiß ja auch, oder spürt eher, dass das ersehnte „Soll" in den meisten Fällen nicht hundertprozentig „Ist" sein wird. Außerdem ist es, aus einer anderen Perspektive betrachtet, manchmal unvermeidlich, anderen nicht das zu geben, was sie eigentlich erwarten würden, woraufhin diese wiederum auf ihre Weise enttäuscht reagieren. Diese nicht lösbare grundlegende Unsicherheit über den Ausgang so mancher Situation bildet das Motiv, um etwaige Handlungen nicht umzusetzen und bestimmte Begegnungen zu umgehen. Durch das strukturelle Vermeiden und Umgehen von Diskrepanzen, Konflikten und Enttäuschungen werden andererseits Möglichkeiten zum Aufbau einer Widerstandsfähigkeit, auch Resilienz genannt, liegen gelassen. Diese ist generell für den Umgang mit den unausweichlichen Frustrationen und Herausforderungen des Lebens von

Nutzen. Resilienz hilft uns, beispielsweise im Falle des Scheiterns von Wünschen und Sehnsüchten, sich mit einem Kompromiss und neuen Perspektiven abzufinden. Widerstandsfähigkeit verschafft Biegsam- und Anpassungsfähigkeit, die wir im Leben mit all seinen Herausforderungen gut gebrauchen können. Konflikte bieten überdies eine gute Gelegenheit Beziehungen zu klären, sich selbst und gegenseitig kennen zu lernen und einander vielleicht sogar näher zu kommen.

Ob Sie sich im Falle eines verdeckten, schlummernden Konflikts entscheiden zu handeln, ist eine persönliche Entscheidung und wird kontextabhängig mehr oder weniger Priorität haben. Wird Ihre Arbeit eventuell durch negative Spannungen, die sich vielleicht auch noch auf andere übertragen, gestört und schlagen diese Spannungen zum Beispiel in einer (Wohn-)Gruppe größere Wellen, ist es zu empfehlen, etwas zu unternehmen und **aktiv** zu werden. Bleibt es nur bei negativen Übertragungen und Ahnungen Ihrerseits, „dass es da etwas gibt", können (vorübergehendes) Aus-dem-Weg-Gehen, mentales Abgrenzen und die Zeit für sich arbeiten zu lassen die besseren Lösungen sein. Zu berücksichtigen ist nur, dass aufgeschoben nicht per Definition aufgehoben ist. Spannungen fortwährend aus dem Weg zu gehen und einem verdeckten Konflikt immerzu seinen Lauf zu lassen, sind Quellen für hausgemachte Herausforderungen, vor allem bei Beziehungen, die über eine längere Zeit bestehen bleiben. Die Auflösung dieser „offenen" Probleme erweist sich oftmals als schwieriger und kostet viel Energie.

Die partizipative Gesprächsführung bei verdeckten Konflikten

Das Ziel der Gesprächsführung ist die Verhältnisse in der Beziehung zu klären, die Gedankenprozesse beim Gegenüber zu fördern, ihm seinen Zustand selbst bewusst werden zu lassen und schlussendlich eine konstruktive Zusammenarbeit zu bewirken. Manchmal sind nur einfache Hinweise und Rückmeldungen von außen schon ausreichend, um jemanden aus seiner „Trance" und negativen gedanklichen Fixierung zu holen, konfliktbesetzte Projektionen aufzulösen und konstruktiv ins Gespräch zu kommen. Seien Sie sich dennoch bewusst, dass manche aber dennoch eine andere, nicht so positive Reaktion auf das Ansprechen eines etwaigen verdeckten Konflikts zeigen könnten. Es kann um verschiedene Dinge gehen, die mit einem zu tun haben - oder auch nicht. Das gilt es herauszufinden. Es ist wichtig, ehrlich zu sein, keine Scheu zu haben, auch einmal etwas aufzudecken, was es grundsätzlich schon gibt: einen Konflikt mit Ihnen oder eine allgemeine Frustrationen und Unzufriedenheit mit Gott und der Welt. Die meisten teilen einem sofort das eigentliche Problem mit, vielleicht etwas einseitig und unnuanciert. Menschen können aber auch sofort aufbrausend und emotional überreagieren. Solange man für sich bewusst das eindeutige Ziel verfolgt, die Spannungen lösen zu wollen, weil sie Sie sonst weiterhin bei der Arbeit stören oder z.B. eine Gruppe davon negativ beeinträchtigen würden, also auf längere Sicht gröbere Probleme zu erwarten wären, wird man nicht daran entkommen, den verdeckten Konflikt offen zu legen. Dieses Ziel, das Sie dabei vor Augen haben, macht es aber einfacher, eventuelle Frustrationsausbrüche auszuhalten, zu überdauern, sich innerlich abzugrenzen und ruhig zu schauen, was nach Abbau der Spannungen übrigbleibt. Meistens sind Probleme nach kurzer Zeit gut ansprechbar und können geklärt werden. Natürlich bringt ein Gespräch nur etwas, wenn sich etwas besprechen lässt. Ergibt sich kein klar umrahmtes, konkretes Konfliktthema, weil die Person selbst nicht weiß, worum es geht und sich vieles vermischt, macht der Versuch eine Lösung zu finden wenig Sinn. Ist die Beziehung nur flüchtig und kurzlebig oder spüren Sie, dass eine massive, ausufernde Reaktion, die einen voraussichtlich überfordern wird, zu erwarten ist, können Sie sich eventuell dazu entscheiden, der Person vorläufig bewusst aus dem Weg gehen oder die Sache einfach nur wahrzunehmen, aber sonst gar nicht zur Sprache zu bringen.

Die Schritte der partizipativen Gesprächsführung

Wählen Sie einen geeigneten Moment, um den **ersten Schritt** zu setzen: Gehen Sie **aktiv** auf Menschen zu und benennen auf neutraler, rationaler Ebene, was Ihr „Ich" in der Situation wahrnimmt und erlebt. Legen Sie dar, was Sie denken, wahrnehmen und erleben, ohne dabei die Person („Du") direkt konfrontierend anzusprechen. Sie lassen ihr somit Raum, sich selbst in der Situation wiederzufindenden. Beim Vermuten eines verdeckten Konflikts in einer Gruppensituation ist es enorm wichtig, entweder kurz abzuwarten, bis Sie mit der betreffenden Person allein sind oder diese kurz beiseite zu nehmen, um zu verhindern, dass es durch den drohenden Gesichtsverlust vor der Gruppe zu massivem Widerstand oder Aggression kommt.

Die vier Schritte:

Mit dem ersten aktiven Schritt benennen Sie selbstbezüglich, auf neutraler, rationaler Ebene, was das „Ich" in der Situation wahrnimmt und erlebt:

Schritt 1: „Ich habe den Eindruck/das Gefühl etc., dass es Spannungen zwischen uns gibt", oder „Mir ist aufgefallen …".

Als **zweiten Schritt** benennen Sie Ihr Motiv, warum Sie das Gespräch suchen, ebenfalls was Sie damit bezwecken. Das schafft Vertrauen und lässt weniger Raum für Fantasien oder negative Annahmen.

Schritt 2: „Ich würde ganz gerne klären, was Sache ist, damit wir konstruktiv weiterarbeiten/das Programm weiterverfolgen können".

Beim **dritten Schritt** stellen Sie dem Gegenüber die offene Frage, wie es die Situation erlebt. Das Gegenüber wird gleichberechtigt in das Gespräch miteinbezogen und die Gedankenprozesse werden gefördert

Schritt 3: „Wie sehen Sie das?", „Was sagen Sie dazu?" oder „Was ist Ihr Eindruck oder Ihre Meinung dazu?"

Im **vierten Schritt** können Sie die Ebene des Motivs gezielt ansprechen und eine partizipative Haltung des Gegenübers anstreben. Das Motiv sprechen Sie mit zum Beispiel einem der folgenden Sätze an:

Schritt 4: „Worum geht es nun eigentlich?", „Gibt es etwas, was ich wissen soll?", „Ich möchte Ihnen gerne helfen, wenn ich kann, aber dafür müsste ich wissen, worum es wirklich geht?", „Um was geht es nun wirklich?", „Können Sie mir sagen, worum es geht?" und „Ich weiß nicht, worum es geht", „Können Sie mir das sagen?"

Mit dem **fünften Schritt** erfragen Sie, wie Sie helfen könnten und bieten Sie Ihre Unterstützung an.

Schritt 5: „Was möchten Sie, dass ich für Sie tue?", „Welche Vorstellungen haben Sie?", „Was würden Sie brauchen?" oder „Wie kann ich Ihnen helfen?"

In den meisten Fällen wird mit den fünf Schritten der partizipativen Gesprächsführung das Ziel der Deeskalation erreicht. Sie können abschließend eventuell versuchen, gemeinsam eine Lösung für das Problem zu finden, aber manchmal wird es durch das Ansprechen den Betroffenen selbst deutlich, wo sie stehen und was sie für sich zu tun haben. Sie können Ihre Unterstützung anbieten, müssen aber zumeist aber nichts mehr unternehmen.

Mögliche Entwicklungen

Das direkte Ansprechen eines Motivs löst mitunter aber auch offene Konflikte aus, weil sich vielleicht schon zu viel Ärger und Spannung aufgestaut haben. Kommt es zu undifferenzierten Vorwürfen und einem offenen Konflikt zum Beispiel, folgen Sie genau den gleichen Schritten der partizipativen Gesprächsführung. Nur wäre es vielleicht zuvor empfehlenswert, mit der Interventionsleiter und stressregulierenden Techniken Raum für sich und das Gegenüber zu schaffen, damit bei Ihnen der Druck abnimmt, Sie den Überblick behalten, sich die Emotionen des Gegenübers legen können als auch die Rationalität wieder den Fuß auf den Boden bekommt. Wie Sie eine richtige Gesprächsbasis erarbeiten, können Sie im folgenden Abschnitt über offene Konflikte lesen. Das Ansprechen eines verdeckten Konfliktes kann manchmal direkt in einen offenen Konflikt oder sogar in einen Machtkampf übergehen.

Werden Menschen offen angesprochen, passiert es auch recht oft, dass manche verneinen, dass es „etwas", einen Konflikt oder sonstige Probleme gäbe. Interessanterweise löst sich die negative Atmosphäre dennoch scheinbar wie von selbst und verschwinden die Spannungen. Offenes und direktes Ansprechen und die spiegelnde Rückmeldung von außen führen dazu, dass diese Menschen irgendwo einsehen, dass das Ganze nichts mit Ihrer Person zu tun hatte. Diese Menschen finden wieder zu sich und passen sich an. Es kann auch sein, dass sie sich nach dem offenen Ansprechen wieder gut kontrollieren können. Zum Beispiel passiv-aggressives Verhalten wie provokatives Stören oder Hinhalten (möglicherweise auch nur vorübergehend) stellt sich ein, obwohl sie mit irgendetwas, was Sie betrifft, unzufrieden sind. Gesprächstechnisches „Nachbohren" und Druck-Ausüben, um eine (Er-)Klärung zu forcieren, weil man diese selbst unbedingt haben möchte, hat dennoch wenig Sinn. Im Gegenteil: Druck auszuüben, um persönliche Sachen aufzudecken, zu denen sich jemand nicht äußern kann oder möchte, wirkt sich zumeist kontraproduktiv aus. Es kann sein, dass sich Menschen kontrollieren und mit Abwehr (verleugnen, abspalten) reagieren, weil es eben viel zu kontrollieren und abzuwehren gibt: enorme Anspannung, unterdrückte Negativität, sogar Hassgefühle. Es ist dann auch nicht besonders förderlich, diese unterdrückten, negativen Gefühle und undifferenzierten Meinungen anzusprechen. Das könnte zu massivem Widerstand, offenen Konflikten, emotionalen Ausbrüchen und Aggression führen. Nicht alles lässt sich jedoch verhindern.

Verneint jemand, zum Beispiel aus einer schützenden Abwehrhaltung heraus, resolut das Bestehen eines Konflikts und etwaige Schwierigkeiten, ist es wichtig, aufmerksam zu bleiben, wie sich die Beziehung im Laufe der Zeit entwickelt. Manche Szenen mit den gleichen thematischen Inhalten wiederholen sich, vielleicht in leicht veränderter Form.

Sind Menschen schon hoch angespannt und stehen kurz davor zu „kippen", ist es wichtig, dass die erwähnten Interventionen zumindest überlegt und, falls notwendig, mit ausreichend personellen Ressourcen ausgeführt werden, da solche Situationen meist unberechenbar sind. In meinem früheren Beruf im psycho-sozialen Bereich war eine konfrontative Haltung manchmal unausweichlich, um die Beziehung zu Klienten zu klären und einen neuen Ausgangspunkt für die weitere, konstruktive Zusammenarbeit zu schaffen. Einfach ist es jedoch nie, wenn Menschen beim Ansprechen von zum Beispiel verdeckten Konflikten und passiver Aggression heftig ausagieren. Es kann einen „auf dem falschen Fuß" erwischen, überraschen und sogar komplett überfordern.

3.3. Offene Konflikte

Die Lösung eines offenen Konfliktes kann einfach zu finden sein, oder aber der Konflikt gleicht einem Streichholz im Pulverfass. Konflikte führen gelegentlich zu Eskalation und können sogar Gewalt zur Folge haben. Im Moment des Entstehens offener Konflikte kommen des Öfteren aufgestaute Frustrationen und angehäufte verdeckte Konfliktthemen zum Vorschein. Das Thema des Konfliktes und das Ausmaß der aggressiven Verhaltensweisen erscheinen demzufolge zumeist in keinem Verhältnis zueinander. Das sind Situationen, die einen überrollen, überfordern und machtlos fühlen lassen. Konflikte gehen mitunter auch rasch in einen Machtkampf über, welcher noch schwieriger aufzulösen ist. Auf jeden Fall lösen offene Konflikte enormen Stress aus und bringen uns an unsere Grenzen.

Wenn es zu einem Konflikt kommt, dreht es sich bei beiden Parteien zumeist um das gleiche Thema. Die Bedeutung dieses Themas und somit das Motiv für den Konflikt sind für die Konfliktpartner jedoch meistens völlig unterschiedlich. Sie werden folgende Situationen aus eigener Erfahrung kennen:

- Eine Person verlangt für sich „A" und Sie lehnen „A" ab.
- Sie tun oder verlangen selbst „A", obwohl das Gegenüber dieses nicht möchte.

Konflikte können sich auf allgemeine, nicht allzu bedeutsame Bedürfnisse beziehen. In dem Fall kann man gut damit arbeiten und rasch eine Lösung finden. Betrifft der Konflikt ein Bedürfnis mit hohem repräsentativen Wert (Kränkung des Egos, Störungen in wichtigen, sozialen Beziehungen, Beeinträchtigung der Sicherheitsbedürfnisse), kann dies jemanden innerlich komplett destabilisieren, enormen Stress freisetzen und daher massive Reaktionen hervorrufen. Der Weg zur Lösung wird somit auch schwieriger. Auch ist es wahrscheinlich, dass irgendwann aggressive Verhaltensweisen eingesetzt werden, um die Kontrolle zu behalten und das Schicksal abzuwenden, oder Verzweiflung und Machtlosigkeit werden hoch frustriert zum Ausdruck gebracht. Manche werden situativ bedingt unberechenbar und gefährden andere und sich selbst. Wieder anderen steht das Wasser grundsätzlich bis zum Hals; sie sind durch berufsbedingten Stress oder durch die Herausforderungen des Lebens grundsätzlich geladen. Geringste Konflikte über unbedeutende Sachen können diese Menschen zum Kippen bringen sowie hoch aggressiv und gewalttätig werden lassen.

Die Herausforderungen

Ein offener Konflikt verursacht sofort eine enorm angespannte Atmosphäre. Falls die Wogen noch nicht komplett hochgegangen sind, können Sie eventuell noch das Ruder umlegen, die Situation bereinigen und das Problem lösen. Dafür braucht es aber viel Aufmerksamkeit, um sich nicht sofort in den Streit verstricken zu lassen. Sind Konflikte oder sogar Aggression etwa aufgrund Ihrer beruflichen Funktion und des Kontexts zu erwarten, hilft es grundsätzlich, einen mentalen Puffer und etwas Distanz zu Menschen einzubauen, um nicht überrascht zu werden. Ich benützte bei meiner Tätigkeit im Sozialbereich immer die 90/10% Regel. Das bedeutet, dass ich mich darauf einstelle, dass eine 90-prozentige Chance besteht, dass der Tag „normal" verlaufen wird und man auf einer nahen Beziehungsebene arbeiten kann, aber auch eine 10-prozentige Chance, dass massive Konflikte auftreten oder aggressive Handlungen gesetzt werden, die Distanz erfordern*. Dieses 90 : 10 Verhältnis entspricht so in etwa meinem Erfahrungswert in diesem Kontext (in anderen Bereichen könnte diese Regel prozentuell anders aussehen). Mit dieser Einstellung wird der Teufel nicht an die Wand gemalt, aber man stellt sich mental darauf ein, dass realistischerweise ein Konflikt zutage treten könnte. Überwältigt Sie die Situation, weil Sie vielleicht überhaupt nicht damit gerechnet haben oder darauf eingestellt waren, wird es viel schwieriger, einen Konflikt rechtzeitig umzulenken. In dem Fall stecken beiden Parteien erst einmal in einer angespannten Konfliktdynamik fest, die von Emotionalität dominiert wird und rasch in eine Eskalation umschlagen kann. Frustration droht nicht nur einer Seite, sondern beiden, was dazu motiviert, den Konflikt energisch weiter zu führen.

*Im Sicherheitsbereich würde in etwa das Umgekehrte zutreffen: Die mentale Ausrichtung ist, dass zu 90-prozentiger Wahrscheinlichkeit Herausforderungen zu erwarten sind und mit Distanz gearbeitet werden muss; mit 10-prozentiger Wahrscheinlichkeit werden Aufgaben, die eine Annäherung auf Beziehungsebene erfordern, zu erledigen sein. Es geht jedoch nicht so sehr um den Prozentsatz, sondern um eine zum professionellen Kontext passende mentale Einstellung, dass derartige Sachen nun einmal passieren können und man somit flexibel bleiben muss.

Die Standpunkte bezüglich der Thematik eines Streits sind auch hier wieder ganz unterschiedlich. Derjenige, der seine Bedürfnisse gerne befriedigt hätte, seine Bestrebungen aber nicht durchsetzen kann, hat etwas zu verlieren. Fühlen sich Menschen zum Beispiel durch andere negativ beeinträchtigt, ist das Ziel des Konflikts, die unwillkommenen Einflüsse zurückzudrängen und zu „neutralisieren". Die andere Partei im Konflikt wiederum fühlt sich meist ermutigt, nicht von der Stelle zu weichen, weil es einen Grund gegeben hat, etwas zu verweigern, zu wollen oder zu tun.

Nicht nur, dass der Tunnelblick aufgrund von Stress die Flexibilität beeinträchtigt und hochgeschaukelte Emotionen eine rationelle Lösung erschweren, ist das Erkennen einer Alternative, der Aufschub der Bedürfnisbefriedigung bzw. das Anstreben eines Kompromisses kein Thema, solange jede Seite versucht, den Ausgang des Konflikts für sich zu bestimmen. Eine Person, die sich etwa in ihren Bestrebungen beschnitten fühlt, wird nicht einlenken und umdenken, solange sie noch die Kontrolle behalten möchte, im Kampfmodus ist und sich durchzusetzen versucht. Hier zeigen sich die Herausforderungen: eine angespannte „Enge", ein ständiges, emotional betontes Fordern oder Weigern nach- oder aufzugeben. Viele Menschen geben aufgrund der drohenden Frustration und der damit verbundenen Verunsicherung („Was folgt, wenn ich nicht gewinne?") nun einmal nicht schnell auf und bleiben in der Kampfhaltung. Als Basis für die Lösungs- oder Kompromissfindung wäre aber eine Neuorientierung und Annäherung auf gleichberechtigter Ebene erforderlich. Dafür muss erst die neu entstandene Ausgangssituation, die nun endgültig nicht dem entspricht, was man gerne für sich gesehen hätte, akzeptiert werden. Genau an diesem Punkt können wir mit einer ruhigen wohlwollenden Haltung eine Rolle spielen. Es ist wichtig zu begreifen, dass die Beteiligten während eines Konfliktes noch auf irgendeine Weise dazu motiviert sind, die Bedürfnisse mit Druck und (manipulativen) Argumenten durchsetzen oder verteidigen zu können. Sonst würde es den Streit nicht mehr geben. Die Bedürfnisse und das Motiv, um die es in einem Konflikt wirklich geht, werden zumeist durch die vordergründigen Turbulenzen überschattet. Die Herausforderung und gleichzeitig das Ziel ist es, weg vom Konflikt und den halsstarrigen Positionierungen zu kommen, um wieder auf eine gleichberechtigte rationale Ebene und somit zum Wesentlichen zu gelangen.

Wie wird eine Basis für das Gespräch gelegt?

In einer hoch angespannten Konfliktdynamik ist es in erster Linie essenziell, bei sich zu bleiben, nicht in einen verbalen Streit oder ein Hick-Hack verstrickt zu werden oder aber rasch auszusteigen und zu sich zu finden. In weiterer Folge ist das Ziel, die Denkfähigkeit des Gegenübers wiederherzustellen. Um bei sich zu bleiben oder wieder zu sich zu finden, bedeutet dies manchmal auch, dass eine klare Position eingenommen und auf unmissverständliche Weise vermittelt werden muss (Grenzsetzung), dass ein Anliegen nicht befriedigt werden kann oder eine kooperativere Haltung des Gegenübers für eine klärendes Gespräch unbedingt notwendig ist. Raum wird prinzipiell auch geschaffen, indem nachgegeben, eingelenkt und beschwichtigt wird. Manchmal ist es eine gute Option, Konflikten so aus dem Weg zu gehen. Es sollte aber Teil einer bewussten, also nicht unreflektierten und automatisierten Strategie sein. In Berufen, wo mit Menschen gearbeitet wird und gesunde und realistische Grenzen wichtig sind, ist das strukturelle Nachgeben und Beschwichtigen („Ich bin nett zu dir, also dann bist du auch nett zu mir.") aus persönlicher Vorliebe weniger geeignet. Die Probleme werden vertagt oder sogar mit der Zeit größer, weil (gegenseitige) Erwartungen entstehen. Läuft es dann nicht so wie erwartet, kann es leicht zu Verstrickungen, Enttäuschungen und Schuldzuweisungen kommen („Ich war doch so nett, warum tust du so?").

Die Ursachen für das Aufgehen in einer schwierigen Dynamik und den Verlust des eigenen Raums zum Reflektieren und Denken sind mitunter sehr unterschiedlich. Ein Konflikt kann uns von Anfang an auf einer persönlichen Ebene erwischen. Das passiert eher mit uns nahestehenden Menschen, wenn sich zusätzlich persönliche Anteile dazu mischen (private Beziehungen sind ein gutes Beispiel dafür). Dieses fördert emotionale Verstrickungen, in denen sich niemand mehr auskennt oder der Weg heraus in die Rationalität nur noch schwierig zu finden ist.

In eher sachlichen Beziehungen können Konflikte auf einer Projektion negativer Bilder beruhen und uns in eine schwierige Dynamik mitreißen. Vor allem in der Ausübung eines (uniformierten) Berufs wird man diese Art von Konflikten aufgrund von Projektionen vorfinden. Es wird die große Herausforderung sein, die Projektion der negativen Inhalte zumindest zu stören oder zu „zerstreuen" (Diffusing), im besten Fall aufzulösen (Defusing). Eine

Uniform zum Beispiel hat eine symbolische Bedeutung, die mit der Funktion verbunden ist, wie Fürsorge und Vertrauen (Krankenpflege) oder Macht und Autorität (Polizei, Security). Diese Symbolik ist zumeist nützlich, kann aber auch hohe Erwartungen mit sich bringen, oder, bei autoritärer Symbolik, in Frage gestellt oder als Stein des Anstoßes betrachtet werden. Was sich immer wieder bewährt, ist, sich bei negativen Projektionen auf eine persönlichere Ebene zu begeben und als Mensch hinter der beruflichen Fassade oder Uniform zu deklarieren („Ich übe nur meinen Beruf aus und dieses oder jenes sind meine Aufgaben, ich bin nicht privat hier", „Ich kann nur so viel an einem Tag schaffen und ich bitte um etwas Geduld") oder die Gefühle der anderen Person zu validieren bzw. anzuerkennen („Ich kann Sie persönlich verstehen").

Sobald Sie im Konfliktgeschehen entweder durch das Kreieren von Distanz oder das Auflösen der Projektionen wieder Raum erlangt haben, wird der Druck merkbar abnehmen. Sie können mit der gewonnenen Distanz die Situation wieder klarer betrachten. So sind Sie wieder besser in der Lage, sich gegebenenfalls empathisch zu zeigen und auf die Nöte des Gegenübers einzugehen. Indem Sie die turbulente Dynamik nicht ergänzen und eine ruhige, selbstbewusste Haltung einnehmen - etwa mit Unterstützung der Atmung oder dem Finden von Bodenhaftung - beruhigen sich mit der Zeit viele Menschen von selbst: Ihre eigene Sicherheit überträgt sich, Sie bieten Halt und Orientierung. Mit Ihrer klaren, ruhigen und wohlwollenden Haltung und Vorhersehbarkeit vermitteln Sie, was von Ihnen zu erwarten ist, und fällt die Notwendigkeit des Ringens um die Kontrolle eher weg. Somit wird der Stress von selbst abnehmen und demzufolge die Denkfähigkeit allmählich auch wieder zurückkehren. Sich selbst hektisch und angespannt zu verhalten, wiegelt die Dynamik auf. Die eigene Unsicherheit und der Drang nach Kontrolle wird übertragen und „bestätigt" dem Gegenüber spiegelnd, dass es einen Grund zum Kämpfen gäbe. Das Beruhigen-Lassen bzw. „Defusing" der Situation ist bei einem offenen Streit die wichtigste Aufgabe, auf gleiche Augenhöhe zu kommen der nächste Schritt. Erst dann folgen die Aufarbeitung mittels der partizipativen Gesprächsführung und das Erarbeiten einer Lösung. Manchmal schaukelt sich die Dynamik durch falsche Worte, Blicke, Gesten wieder auf, woraufhin man im Prozess erneut ein paar Schritte zurückgehen muss.

Wenn Sie in die Dynamik nicht eingestiegen sind, verändert sich diese nach den anfänglich turbulenten Szenen zumeist recht schnell und Sie können Phasen der Beruhigung beobachten. Diese kurzen Phasen eignen sich ausgezeichnet für einen ersten aktiven Schritt im Geschehen. Für das Erfassen solcher Unterbrechungen in der Dynamik ist Ihre absolute Aufmerksamkeit gefragt. Sonst werden Sie diese oft subtilen Hinweise nicht erkennen. Sie verpassen so gute Gelegenheiten, das Ruder umzuwerfen und die Dynamik in Richtung Ihres Ziels - dem Führen eines konstruktiven Gespräches auf gleicher Augenhöhe - umzulenken. Wichtige Hinweise sind: weniger Hektik im Verhalten und geringer ausgeprägte Emotionalität, das Normalisieren der Gesprächsinhalte, „suchendes" Schweigen, Aufnehmen von Augenkontakt und vor allem, aufgrund reduzierter Anforderung, nachlassender Druck bei Ihnen selbst. Diese Sequenzen und Unterbrechungen in der Dynamik eines Konfliktes treten auf, wenn es jemand energetisch nicht mehr aufbringen kann, sich noch länger aufzuregen oder wenn der Erwartungshaltung (unsereins in einen Konflikt zu verwickeln) nicht entsprochen wird, also ein wenig Macht- und Hilflosigkeit aufkommt. Das Gegenüber <u>erwartet</u> eine bestimmte Antwort oder Reaktion. Diese erfolgt aber nicht. Es muss sich deshalb neu orientieren und (meist unbewusst) eine neue Strategie wählen. Genau diese „Lücke", während der nach einer neuen Strategie „gesucht wird", bietet uns einen guten potenziellen Zugang für ein klärendes Gespräch.

Was bei der Gesprächsführung zusammenfassend zu beachten ist:

- Die allererste Priorität ist, aus den negativen Verwicklungen auszusteigen oder nicht in diese einzusteigen, z.B. mittels (körperlichen) Abstands und beschriebener Atemtechniken oder indem Sie Ihre innere Stabilität über die „Bodenhaftung" finden. Dafür brauchen Sie nur ein paar Sekunden, je nachdem wie gut Sie sich diese Techniken eingeprägt haben. Es geht darum, dass Sie die ersten, eigenen (emotionalen) Impulse überdauern, innehalten und einen Überblick über die Situation bekommen. Ich nenne das <u>Impulsumkehr</u>. Kurzgefasst: Schaffen Sie (immer wieder) körperlichen und mentalen Raum, nützen Sie die Zeit und lassen Sie diese für sich arbeiten. **Etwaige negative Projektionen stören Sie**, indem Sie Annäherung suchen und sich als „Mensch" in einer Funktion (Beruf) deklarieren und/oder eine höhere Ebene benennen, die Ihnen diese Aufgaben zugeteilt hat.

Dies wird auch als „Mental Diffusing" (das mentale Weglenken und Zerstreuen innerer Bilder) bezeichnet, welches die Auflösung der projektiven Fixierung zum Ziel hat.

- **Falls der Gesprächspartner nicht sofort reagiert und weiterhin aufgebracht ist:** Bewahren Sie gegebenenfalls weiterhin die Ruhe und übertragen Sie Ihre Selbstsicherheit. Das Gegenüber wird damit (indirekt) stabilisiert, was aber ein bisschen dauern kann. Das Ziel: Die Stresshormonausschüttung stellt sich sukzessive ein und der Stresshormonspiegel im Blut baut sich ab. Außerdem haben Sie mit Ihrer selbst-sicheren und selbst-bewussten Positionierung einen guten Bezug zu Ihren Grenzen. Die Verhaltensweisen des Gegenübers und etwaige Konsequenzen für Ihre Sicherheit können Sie auf diese Weise klar zuordnen und eventuelle deeskalierende Interventionen setzen.
- Lassen Sie die Zeit für sich arbeiten. Geben Sie dem Gegenüber den Raum, sich selbst zu beruhigen und wieder denkfähig zu werden. Steigen Sie nicht in den Teufelskreis ein.
- Beobachten Sie, wie sich das Verhalten verändert und die Dynamik beruhigt.

Partizipative Gesprächsführung bei offenen Konflikten

Zuerst die selbst-bezüglichen Mitteilungen:

Schritt 1:
- Solange Sie mit dem Gesprächspartner auf gleicher Augenhöhe sind, Sie den Stress selbst aushalten und keine ausgleichenden Maßnahmen notwendig sind (bei Frustration und Aggression zum Beispiel), **benennen oder offenbaren Sie Ihr eigenes Befinden und beschreiben Sie rational, wie Sie die Situation erleben** (Ich-Botschaften): Sie wechseln von der emotionalen auf eine rationale, reflexive Ebene. Der Stress kanalisiert sich „im Denken und Sehen". Die Gesamtdynamik wird indirekt beeinflusst, weil Sie sich ihr entziehen und sie diese nicht länger ergänzen oder spiegeln. Außerdem fördern Sie die Rationalität und Selbstreflexion beim Gegenüber.

Schritt 2:

- **Mit einem zweiten Schritt** benennen Sie Ihre Motivation oder „das, was Sie in der Situation erreichen oder verhindern möchten".
- Sie können die Gefühle des Gegenübers eventuell validieren und ihm seinen Zustand bewusstwerden lassen.

Nun folgt die Phase, in den das Gegenüber in die Beziehungsgestaltung aktiv miteinbezogen wird:

Schritt 3:

- **Der dritte Schritt** umfasst, dass Sie das Gegenüber offen fragen, wie es die Situation erlebt. Diese Fragen dienen nicht dazu, Antworten zu bekommen, sondern dazu, dass sich das Gegenüber ein Bild seiner eigenen Lage macht und seine Denkprozesse gefördert werden. Auf Basis davon erfolgt in den nächsten Schritten die Ausformulierung seines Bedürfnisses.

Schritt 4:

- **Im vierten Schritt** fragen Sie nach dem Motiv für die Verhaltensweisen mit: „Worum geht es nun eigentlich?", „Was ist eigentlich?" usw.
-

Schritt 5:

- **Im fünften Schritt** erfragen Sie mit W-Fragen, welche Hilfestellung erwünscht ist und wie Sie unterstützen können. Beispiele sind: „Was soll ich für Sie tun?", „Welche Vorstellungen haben Sie?", „Was würden Sie brauchen?" oder „Wie kann ich Ihnen helfen?"

Ein praktisches Beispiel

Sie werden mit einem Konflikt konfrontiert:

Eine Forderung des Gegenübers: „Ich muss unbedingt dieses oder jenes (die Forderung)!"

„Ich will ein anderes Zimmer!"

Die eigene Antwort: „Leider geht das nicht."

Die Reaktion des Gegenübers: „Ich will unbedingt (die Forderung wird wiederholt)!"

„Ich will unbedingt ein anderes Zimmer!"

Die eigene, etwas hartnäckige Reaktion: „Es tut mir leid, aber das geht nicht."

Die verärgerte Reaktion des Gegenübers: „Was soll denn das …?!"

Sie realisieren nun, dass Sie sich in einer Konfliktsituation befinden. Sie kennen solche Situationen schon, weil das während Ihrer Arbeit öfter passiert. Leider haben Sie vielleicht auch durch Stress etwas kurzgebunden reagiert.

Versuchen Sie **nicht** direkt aus einem Impuls heraus zu **reagieren** und die Konfliktdynamik zu ergänzen oder sogar zu verstärken. Nehmen Sie, falls notwendig, einen (innerlichen) Schritt Abstand. Dieses Nicht-Reagieren, Bei-Sich-Bleiben und Nicht-Einsteigen in die Dynamik nimmt nur 2 Sekunden in Anspruch und hat einen positiven Effekt auf Sie und Ihr Gegenüber.

Zwei Sekunden Pause, oder länger, helfen grundsätzlich auch die Dynamik zu entschleunigen und das negative Aufschaukeln einzubremsen. Nützen Sie für das Innehalten und Zentrieren Techniken, mit denen Sie über die Aufmerksamkeit einen Bezug zum Körper und zu Stabilität bietenden Regionen wie Bauch, Becken, Oberschenkeln und Fußsohlen bekommen.

Die Schritte der partizipativen Gesprächsführung:

Sie können das Motiv direkt ansprechen (**Schritt 4**), am Bedürfnis arbeiten und eventuell danach rückmelden, dass ein Gespräch auch konstruktiv stattfinden kann und man nicht sofort laut werden muss (**subtile Grenzsetzung**). Vor allem wenn es durch einem bestimmten Kontext häufig auftretende Themen sind, ist das sofortige Ansprechen eine gute Möglichkeit rasch ans Ziel zu kommen und Kräfte zu sparen. Falls das nicht der Fall ist oder Sie mal überrascht werden, können Sie mit folgender Struktur das Gespräch moderieren:

Schritt 1: Sie teilen neutral mit, was Sie gerade wahrnehmen, wie Sie die Situation für sich erleben und eventuell, welche Befindlichkeiten bei Ihnen ausgelöst wurden (evtl. den Zustand der Person validieren):

- „Ich sehe, dieses nimmt Sie sehr mit oder ...
- „Ich bemerke, dass **ich mit Ihnen** einen Konflikt über dieses und jenes Thema habe".
- „Ich höre, dass Sie sagen, mit diesem oder jenem ein Problem zu haben".
- Eventuell validieren: „Ich kann mir vorstellen, dass Ihre Situation nicht einfach ist" oder „Ich verstehe, dass Sie unzufrieden sind".

Schritt 2: Benennen Sie Ihr Anliegen; das, was Sie mit dem Gespräch erreichen wollen.

- „Ich möchte gerne das Problem mit Ihnen lösen und nicht streiten".

2 Sekunden Gesprächspause

Schritt 3: Legen Sie die Frage zurück und beziehen Sie das Gegenüber in das Gespräch ein.

- „Wie sehen Sie das?"

Beobachten Sie währenddessen die Reaktion des Gegenübers. Ein unfokussierter Blick ist ein guter Hinweis dafür, dass jemand Bilder generiert und/oder nachdenkt.

2 Sekunden Denkpause

Schritt 4: Sprechen Sie die Ebene des Motivs an.

- „Worum geht es Ihnen nun eigentlich?" oder: „Ich würde ganz gerne eine Lösung finden, aber dafür muss ich wissen, worum es Ihnen geht"

Mögliche Entwicklungen aufgrund dieser Frage:

Diese Einstellung, auf das Wesentliche ausgerichtet zu sein, nämlich das Motiv, können Sie beibehalten, auch wenn das Gegenüber weiter Druck macht, im Konflikt hängen bleibt und so versucht durchzukommen. Schützen Sie gegebenenfalls Ihre Grenzen.

- „Ich höre Sie/ich höre, was Sie sagen, aber um eine Lösung zu finden, muss ich wissen, worum es wirklich geht"

Eventuell die Beziehung/Relation/Verhältnisse klären und emotionale Verstrickungen auflösen:

- „Ich mache nur meine Arbeit und es ist meine Aufgabe, dieses oder jenes von Ihnen/von Menschen zu verlangen." (Regeln einhalten etc.) „Ich habe diese Regeln nicht persönlich ausgedacht, sondern es sind die Vorgaben meiner Vorgesetzten."

Gesprächspause und beobachten, wie die Person reagiert und ihr Raum für eine Antwort lassen.

- „Es geht darum, dass ..."

- „Ich schlafe sehr leicht und mein Nachbar schnarcht."

Das eigentliche Bedürfnis ist für Sie vielleicht als Bild deutlich genug und ausreichend für eine Lösungsfindung. Ich würde nur noch nachfragen, ob Sie es richtig verstanden haben: „Geht es darum, dass Sie Ihre Nachtruhe bekommen wollen?"

Sonst folgen Sie der Gesprächsstruktur weiter mit:

Schritt 5. Bieten Sie Unterstützung an, zum Beispiel mit: „Was würden Sie von mir brauchen?" oder „Wie kann ich Ihnen hierbei helfen?"

- „Ich würde gerne wissen, ob es ein anderes Zimmer gibt?" In dem Fall ist geht es wiederum um den Zimmerwechsel, nur ist der Ausgangspunkt besser als zu Beginn, als dieser eingefordert wurde.

- „Haben Sie auch Ohrstöpsel?"

Meistens kommt man mit dieser „Weg-vom-Konflikt-Einstellung" und der freundlich anleitenden, unterstützenden Haltung rasch auf die Ebene der Lösungsfindung.

Mögliche Entwicklungen während der Gesprächsführung

Wie schnell jemand (auch Sie) während eines Konflikts wieder zu sich findet und fähig ist, klar zu denken, ist von der Höhe der aufgebauten Anspannung, der Persönlichkeitsstruktur, dem Kontext und den Einflüssen des Umfeldes abhängig. Unter anderem sind Alkoholisierung, manche psychische und psychiatrische Störungen, Drogeneinfluss, schlecht funktionierende oder „unausgereifte" Kontrollmechanismen, stichelnde und sich einmischende, die Schamgefühle fördernde Zuschauer ungünstig. Es ist außerdem abhängig davon, was ein vordergründiger Konflikt an sonstiger Thematik verdeckt. Manche brauchen einige Zeit, bis ein Gespräch wieder möglich ist, andere schaffen es rasch.

Sind uns das Gegenüber und seine Umstände bekannt, können dessen individuelle Eigenheiten und die Einflüsse des Kontextes (Störungsbilder, Kunden und übliche Problemstellungen) wahrscheinlich besser berücksichtigt werden. Sie werden Erfahrungen gemacht haben, wie lange und was es braucht, damit sich jemand beruhigt - und auch was kontraproduktiv ist. Bei unbekannten Personen in einer unvertrauten Umgebung braucht es Einfühlungsvermögen und eine gute Beobachtungsgabe, um deren Zustand und Veränderungen diesbezüglich zu beurteilen und sich anzupassen.

Trotz Ihrer Bemühungen kann es aber auch vorkommen, dass sich das Gegenüber nicht beruhigt, sogar frustriert und aggressiv reagiert, da es „erkennen" muss, dass sein Bedürfnis nicht, wie geplant oder auf seine Art, durchsetzbar ist; oder aber der Konflikt war überhaupt Mittel zum Zweck. Für eine konstruktive Wendung ist es manchmal zu spät. Erst nach dem Ablassen des Überdrucks über die Emotionen entsteht womöglich mit der Zeit eine Basis für das klärende Gespräch. Aggressionen und Frustrationsausbrüche bringen uns jedoch an unsere Grenzen und sind potenziell gefährlicher. Emotional ausagierende und aggressive Menschen machen einen imponierenden Eindruck. Bei Frustrationsausbrüchen und aggressivem Verhalten ist Flexibilität und Anpassungsvermögen unsererseits gefragt, weil sie alternative Umgangsstrategien erfordern, welche ich in den nachfolgenden Kapiteln beschreiben werde.

Nicht selten versucht man, aus Scheu vor Frustrationsausbrüchen und Aggression Konflikte grundsätzlich zu vermeiden. Die Angst davor motiviert dazu, eine kooperative oder beschwichtigende Haltung zu wählen, die verhindern soll, dass jemand so reagieren könnte. Konflikten und potenziell aggressiven Ausbrüchen aus dem Weg zu gehen, kann eine nützliche Strategie sein. Diese Strategie jedoch strukturell als Allheilmittel einzusetzen, ist auf längere Sicht nicht anzuraten, auch wenn sie im ersten Augenblick wirksam erscheint*.

Durch strukturelle Konfliktvermeidung über einen längeren Zeitraum hinweg werden unvermeidlich komplizierte Herausforderungen für einen selbst heraufbeschworen. Man kann ja nicht fortwährend auf seine eigenen Bedürfnisse verzichten, ohne sich selbst irgendwann in die Ecke gedrängt zu fühlen und frustriert oder überfordert zu sein. Außerdem bestärkt man das Gegenüber in der Erwartungshaltung, seine Wünsche und noch mehr erfüllt zu bekommen, nach dem menschlichen Prinzip: Reiche ihm den kleinen Finger und er nimmt die ganze Hand. Somit ergibt sich auf Dauer ein weiteres Konfliktpotential, da irgendwann dieser Erwartung nicht mehr entsprochen werden kann.

Frustrationsausbrüche und Aggressionen können ebenfalls auftreten, wenn Menschen, wie erwähnt, einen Konflikt „vorschieben" und inszenieren. Eine Lösung lässt sich in dem Fall nicht finden, weil der Konflikt das Mittel zum Zweck war. Manche haben gelernt, sich alleinig auf diese Art zu behaupten und gelten zu lassen, Aufmerksamkeit zu bekommen, ihr generelles Unwohlbefinden zum Ausdruck zu bringen, andere in die Machtlosigkeit zu versetzen oder Dampf abzulassen.

*Das gilt auch bei Druckausübung und Dominanz. Vor allem, wenn diese Haltung auf einer grundsätzlichen Machtposition basiert (Polizei, Security usw.), scheinen diese Strategien auf Biegen und Brechen zu wirken, weil sich Menschen gezwungenermaßen anpassen und fügen. Welche Wahl hat man sonst? Nur, was sind die Effekte auf längere Sicht? Keiner unterwirft sich gerne, ohne dass damit negative Sentiments einhergehen, welche sich irgendwann in ähnlichen Begegnungen wieder offenbaren werden. Manchmal werden diese ähnlichen Begegnungen sogar inszeniert, um negative Erfahrungen auszutragen.

Alternative Strategien

Manchmal ist das **rhetorische Umlenken** eines Konflikts, bevor er tatsächlich in eine lautstarke Auseinandersetzung ausartet, sinnvoll. Der Konflikt wird im Anfangsstadium quasi negiert und man steuert direkt auf die Lösungsfindung zu. Bei Machtkämpfen oder sogar bei aggressiven Verhaltensweisen können Sie das Gleiche tun, solange Sie sich sicher fühlen. Dieses Umlenken gelingt, wenn Sie die Ebene des Motivs direkt ansprechen, nachdem Sie etwa 2 Sekunden keinerlei Reaktion gezeigt oder innegehalten haben: „Worum geht es nun wirklich?", „Ich habe den Eindruck, dass es um etwas anderes geht."

Was auch funktioniert, ist, ein paar Sekunden nicht zu reagieren und dann ein komplett anderes Thema anzuschneiden („Was war eigentlich gestern Abend noch?", „Hast du keine Hausaufgaben?"), die Person am „anderen Fuß" zu erwischen und dann wieder zurück zum eigentlichen Thema zu lenken („Und was war eigentlich vorher?"). In der kurzen Verwirrung, die durch Nicht-Reagieren entsteht, gelingt das Setzen neuer Impulse und Steuern.

In der aktiven Phase eines offenen Konflikts, wenn bereits die Emotionen hochkochen und es schon mehr in Richtung Aggression geht, haben solche rhetorische Wendungen keinen Sinn, im Gegenteil. Die Anspannung ist zu hoch, um diese Wendungen annehmen und aushalten zu können. Außerdem sind die Verhältnisse in der Beziehung wahrscheinlich völlig aus der Balance und Sie haben selbst zu viel Stress. Um eine Lösung rhetorisch zu erarbeiten, ist es wichtig, dass Menschen noch in der Lage sind nachzudenken und man sich auf gleicher Augenhöhe befindet.

Auch das **Spiegeln** eines vermuteten Konflikts („Ich habe den Eindruck, dass dich dies oder jenes nervt") und das offene Ansprechen aus der Ich-Perspektive, wenn etwas entgegen Ihren Willen getan werden müsste („Ich muss dies oder jenes verlangen und ich kann mir vorstellen, dass Sie darüber nicht erfreut sein werden"), setze ich im privaten und beruflichen Kontext regelmäßig ein. Das kann helfen, dem Gespräch eine konstruktive Wendung zu geben, bevor es tatsächlich zu einem Konflikt kommt und die Emotionen überhandnehmen.

Ob dies gelingt, hängt jedoch sehr von der Person, ihrem Zustand und der Qualität der Beziehung ab. Manchmal bestätigen Menschen sofort überreagierend, dass es einen Konflikt gibt, beruhigen sich aber wieder rasch.

Eine weitere Option ist **Nachgeben,** wenn das Bewahren der Sicherheit eine höhere Priorität bekommt und eine Eskalation verhindert werden soll. Haben Sie jedoch mit diesem Menschen über eine längere Zeitspanne zu tun, bleiben Sie mit dem Einsetzen dieser Strategie kritisch! Die bei uns durch Konfliktsituationen verursachten Spannungen und Unsicherheiten werden zwar ausgeglichen, aber die Konflikte selbst werden nicht bearbeitet oder aufgelöst. Außerdem entsteht eine Erwartungshaltung in der Beziehung. Die Erfahrung zeigt, dass bei struktureller Konfliktvermeidung selten etwas Gutes herauskommt. Konflikte sind wichtig, wenn es darum geht, Beziehungen zu klären und Grenzen und Strukturen zu bewahren. Sie sorgen damit indirekt für Orientierung und Sicherheit. Genau diese Faktoren tragen zur Prävention bei.

Grenzen schützen

Hört jemand trotz der Bemühungen während eines Gesprächs nicht auf zu fordern und zu manipulieren, sprechen Sie eine Warnung aus. Das Ziel dabei ist, eine konstruktive Gesprächsbasis zu erreichen. Mit einer Warnung wird sachlich dargestellt, was die Konsequenzen sind, wenn jemand nicht kooperieren würde. Der Begriff „Warnung" kann auch gut in einen Satz eingebaut werden. Er hat für die meisten eine klare symbolische Bedeutung und dient als eindeutiges Signal von außen, dass ein bestimmter Rahmen eingehalten werden muss. Wichtig ist, dass Warnungen nicht auf persönlicher Ebene ausgesprochen werden. Eine Warnung überlässt - im Gegensatz zu einer Grenzsetzung - Raum für eine kooperativere Aufstellung.

Ein Beispiel für eine Warnung: „Ich muss Sie warnen, dass diese oder jene Konsequenzen folgen, wenn wir nicht normal miteinander reden können."

Nach dem Warnen wären die nächsten Schritte, als Reaktion auf das ungehaltene, eventuell provokante Verhalten, selbst-bezogen klare Grenzen zu setzen (**2. Stufe**) und zum Beispiel mehr Personal heranzuziehen, einen hausinternen Sicherheitsdienst oder die Polizei dazu zu holen. Dadurch entsteht möglicherweise wieder eine spezielle Dynamik, weil das Auftreten mit mehreren Personen und offiziellen Instanzen im Rahmen ihres

Aufgabenbereichs einen anderen zwischenmenschlichen Zugang und oftmals etwas Eigenes, nicht immer Positives repräsentieren (z.B. Dominanz). Der Einsatz von Sicherheitsdiensten, eine Machtdemonstration (symbolische Grenzen mittels Uniformen) und körperliche Signale (wie etwa eine Hand auf die Schulter legen) können dazu beitragen die Grenzen wiederherzustellen, erhöhen jedoch möglicherweise auch den Druck, lösen eine Kampfreaktion aus und führen zu einer Eskalation. Die Aussicht auf eine Lösungsfindung könnte unter Umständen in weite Ferne rücken. Es ist auch immer die Frage, wie professionell die Personen, die diese Funktionen und Rollen erfüllen, auftreten, was sie persönlich mit hineinbringen und wie flexibel sie sind. Manche können ihre Haltung eventuell anpassen, sich neutral beruhigend aufstellen und die Dynamik konstruktiv lenken, andere wiederum wollen unbedingt die Dominanzkarte ausspielen und mit dem Kopf durch die Wand, obwohl ein empathischer Zugang schon möglich wäre.

Eine **„goldene Brücke"** offen zu halten, ist bei einer Warnung immer eine sinnvolle Ergänzung. Sie dient als eine Art Hintertür oder Joker, die es dem Gesprächspartner ermöglicht einzulenken, ohne sein Gesicht zu verlieren oder Scham ertragen zu müssen. So manche Person manövriert sich unbewusst in eine schwierige Lage, ohne sich dessen bewusst zu sein, was wiederum die Sicht auf einen Ausweg versperrt. Nachgeben, das Hinnehmen von Scham oder Gesichtsverlust beziehungsweise ein Angriff sind dann die einzigen Optionen, die noch gesehen werden. Gegen die Aussicht, eventuell Scham erleiden zu müssen, wird eher energisch gekämpft, vor allem wenn andere Menschen interessiert zuschauen oder der Konflikt überhaupt in einem Gruppenkontext entsteht.

„Ich muss Sie warnen, wenn nicht A, dann B (Implikation), <u>aber</u> Sie können auch ... (Hintertür)", ist ein Beispiel, wo eine Warnung ausgesprochen wird, aber auch die Möglichkeit geboten wird, die Bühne ohne Gesichtsverlust verlassen zu können.

Die Rollen tauschen

Sobald Sie bemerken, in eine unergiebige Diskussion eingebunden worden zu sein, Ihr Stress und Ärger immer mehr zunimmt und eine Lösung nicht absehbar ist, weil sich zum Beispiel das Gegenüber querlegt oder man sich im Gespräch im Kreis dreht, ist es möglich, den Ball dem Gegenüber zuzuspielen. Manche Menschen verwickeln einen gerne in derartige, schwierige, nicht zielführende Gespräche oder stellen sogar unsere Position in Frage. Sie bürden uns das Finden einer Lösung auf, tragen jedoch selbst nichts dazu bei. Manche genießen es regelrecht jemanden aus einer Art Geltungsdrang heraus in die Hilflosigkeit zu treiben. Die Lösungsfindung rückt durch die nicht konstruktive Anteilnahme und mangels des Vorhandenseins und Verfolgens eines roten Fadens im Gespräch in weite Ferne. Es ist sogar wahrscheinlich, dass der Stress noch mehr ansteigt und wunde Punkte berührt werden, bis schlussendlich eine Überreaktion Ihrerseits folgt. Bevor es so weit kommt, ist es wichtig, aktiv aus der Aktions-/ Reaktionsschleife auszusteigen und die Dynamik aktiv in eine andere Richtung zu lenken.

Durch das Stellen der Frage, was der andere an unser statt tun oder welche Lösung er vorschlagen würde, wenn er in unserer Position wäre, können die Rollen auf einfache Weise getauscht werden. Die Person wird mit derartigen Fragen aufgefordert über ihre eigene Position im Geschehen nachzudenken und sich in unsere Lage zu versetzen („Was würden Sie in meiner Position tun?"). Sie entziehen sich so dem Teufelskreis. Der Druck und Zugzwang, etwa ständig über Lösungen nachdenken zu müssen, nimmt merkbar ab. Die Unterbrechung der unergiebigen Diskussion, die kurze Verwirrung beim Gegenüber und das „Aus-dem-Konzept-Bringen" bieten eine gute Gelegenheit, die Führung im Gespräch zu übernehmen und die Dynamik umzulenken.

Eine Variante dieser Strategie ist, selbstbewusst und authentisch mitzuteilen, wie Sie sich in der Situation wirklich fühlen oder dass Sie (das „Ich") eigentlich nicht mehr wissen, wie es weiter gehen sollte. Diese Selbstoffenbarung wirkt dem (vom Gegenüber Ihnen auferlegten) Anspruch, die Lösung zu finden müssen, entgegen.

„Ich weiß nicht mehr, was ich mit der Situation anfangen soll. Haben Sie eine Idee?"

„Ich weiß nicht, wie ich dieses Problem mit Ihnen lösen kann, obwohl ich es gerne würde."

Interessanterweise ist eine derartige selbstbezügliche, offene Mitteilung naheliegend, denn oftmals ist man tatsächlich mit der Weisheit am Ende. Solche Offenheit zu zeigen kann mit einem Gefühl der Verletzlichkeit und der Vorstellung, dass andere dieses aushebeln könnten, verbunden sein. Sich so ehrlich zu deklarieren, verunsichert manche Menschen, wobei rational gesehen wenig Negatives einer offenen, authentischen Positionierung folgen kann. Es zeugt von Selbstsicherheit, sich so authentisch reflektiert äußern zu können, was auf jeden Fall besser ist, als nur vorzugeben, sicher zu sein. Viele Menschen, die wirklich ein Problem mit sich und/oder der Situation haben, „wollen" oder „suchen" gewissermaßen nach Authentizität. Genau das bietet in Beziehungen Halt und Orientierung, was den meisten fehlt.

3.4. Machtkämpfe

Machtkämpfe sind in den meisten Berufen und ebenso im Privatleben ein großes Thema. Nicht immer werden Machtkämpfe als solche wahrgenommen, weil sie mehr unterschwellig mittels Übertragungen ablaufen. Andere wiederum sind durch verbale und nonverbale Hinweise eindeutig erkennbar und sorgen sofort für erhebliche Schwierigkeiten. Ein Machtkampf steht für das Streben nach dem Behalt der einseitigen Kontrolle über eine Situation. Was „dahinter steckt", somit die Motivation für das Führen eines Machtkampfes, ist subjektiv und von der Person und vor allem auch vom Kontext anhängig. Die Herausforderung ist, dass es nur wenig braucht, dass es bei einem Machtkampf zu Aggression und sogar Handgreiflichkeiten kommt. Machtkämpfe sind, wie Konflikte, direkte Auslöser für Eskalationen.

Ein Machtkampf entsteht, wenn Menschen sich z.B. gegen eine Bitte oder Aufforderung etwas zu tun oder zu unterlassen wehren. Kommunikationsstörungen verursachen gelegentlich auch Machtkämpfe. Eine freundliche Bitte kann subjektiv als unwillkommene Fremdbestimmung aufgefasst werden, auf die mit ausgeprägtem Widerstand reagiert wird. Ähnliches erlebt man des Öfteren bei Heranwachsenden, wenn „Autonomiebestrebungen" zum Thema werden und gutgemeinte Botschaften der Eltern als unerwünschte Einmischung und Bevormundung interpretiert werden. Machtkämpfe erfolgen auch gelegentlich, wenn jemand auf sein (Fehl-)Verhalten angesprochen wird. Bevor über das eigene Verhalten nachgedacht wird und man sich anpasst, wird lieber Widerstand geleistet, um die Kontrolle zu behalten und etwa das Gesicht zu wahren. Manchmal ist man aber selbst der Meinung, eine Nachricht neutral verschickt zu haben, wonach dann die Überraschung über einen entstandenen Machtkampf umso größer ist. Vielleicht wurden dann doch unbewusst Ärger und dominierender Druck übertragen, wogegen sich Menschen wehren.

Ein allgemeines Beispiel für einen Machtkampf ist, wenn eine Aufsichts- oder Führungsperson rational jemanden bittet, etwas zu tun oder zu unterlassen („Können Sie ...?). Aufgrund der Autorität, die mit der Ausübung dieser Funktion oder der sozialen Rollenverteilung (Erwachsene versus Kinder und Jugendliche) in einem bestimmten Kontext verbunden ist, wird im Prinzip kooperatives Verhalten erwartet. Wenn aber ausgeprägter Widerstand geleistet wird („Nein, das werde ich nicht!"), befindet man sich schon in einem Machtkampf. Ich denke hier an Situationen, worin Abmachungen oder Regeln nicht eingehalten werden (Rauch- oder Alkoholverbot auf bestimmten Plätzen wie in einer Bahnhofshalle oder allgemeine Vorgaben und Regeln). Sobald die Person darauf angesprochen wird („Sie dürfen hier nicht rauchen oder Bier trinken", „Können Sie das bitte unterlassen", „Es ist Zeit, um in die Schule zu gehen"), entsteht entweder einen statischer Machtkampf und es wird als Reaktion auf die Frage ein klares „Nein" geäußert und mit verschränkten Armen geschwiegen. Manchmal wird er recht lebhaft und emotional geführt, etwa mit Diskussionsinhalten wie, wer, was und mit welchem Recht denn zu bestimmen hätte, was zu tun oder zu unterlassen sei. Wie man in dieser Anfangshase eines Machtkampfes aufstellt und reagiert, bestimmt den weiteren Verlauf der Dynamik enorm.

Ein Machtkampf kann auch regelrecht „aufgesucht" und, so erscheint es, sogar inszeniert werden. Er ist das Mittel zum Zweck. In so einem Fall kreieren Streitlustige einen Anlass oder „suchen" zum Beispiel die Grenzen bei Autoritätspersonen, um sich aufregen zu können oder auszutesten, wie die Verhältnisse sind und wer der (körperlich) „Stärkere" sei. Die andere Seite (in ihrer professionellen Rolle) kann sich wiederum durch den (inszenierten) Machtkampf massiv provoziert fühlen: Man steigt quasi in die offene Bärenfalle. Das Gegenüber sieht in der wütenden Überreaktion wiederum eine Rechtfertigung für einen Gegenangriff und so schaukelt sich die Dynamik hoch. Es kann hierbei sogar zu körperlicher Gewalt kommen.

Typisch für einen Machtkampf ist die Art, wie von Angesicht zu Angesicht kommuniziert wird: undifferenzierte, einseitige Mitteilungen, (Auf-) Forderungen, eine angespannte, rigide Körperhaltung, verschränkte Arme und Beine, Deuten, Gestikulieren und zum Beispiel die gegenseitige Fokussierung im Blickkontakt (niederstarren). Die angespannte Starre eines Machtkampfs lässt beiden Seiten kaum Raum für eine konstruktive Lösungsfindung. Das „Sehen" von Alternativen ist aufgrund des Stresses und des Tunnelblicks erschwert.

Oftmals fließen in die Dynamik eines Machtkampfes Einschüchterungsversuche und Provokationen aus beiderseitiger Richtung hinein. Dieses Manipulieren passt zu einem Machtkampf: Einschüchterungen verunsichern und lösen Angst aus, Provokationen erzeugen Wut, die Fassung und Selbstkontrolle geraten ins Wanken. Starke Gefühle und emotionale impulsive Überreaktionen schwächen den Widerstand und die Kontrolle über die dominierende Position wird verloren. So wird es für die andere Person möglich, die ersehnte Macht und Kontrolle zu erlangen, zu behalten oder sich durchzusetzen. Zumeist wird bei einem Machtkampf darauf gedrängt, dass sich das Gegenüber fügt, auf seinen Anspruch zu bestimmen verzichtet oder sich der gesamten Situation entzieht. Körperliche Auseinandersetzungen zu provozieren kann aber, wie schon erwähnt, auch das Ziel sein. Wer der Stärkere ist, wird dann über diese Schiene ausgefochten.

Machtkämpfe lösen Frustration und mit der Zeit Macht- und Hilflosigkeit aus, weil durch all die Frontalität oder Stress kein Durchkommen möglich erscheint. Vor allem bei einem inszenierten Machtkampf lässt sich kaum ein konstruktiver Weg finden. In solchen Situationen herrschen sehr oft Druck und Sorge, dass die Dynamik entgleisen könnte. Machtlosigkeit und das Gefühl, den Geschehnissen ausgeliefert zu sein, sind wiederum der Wegbereiter für Aggression und fördern sogar die Gewaltbereitschaft. Machtkämpfe stellen somit generell eine große Herausforderung dar. Sie treten außerdem relativ häufig auf.

Eine Variante eines Machtkampfs ist jene, bei der 2 oder mehr Personen einer Gruppe, eines Teams oder Vereins den Anspruch auf dieselbe funktionelle, dominante Position erheben („Ich bin hier der Chef" versus „Warum soll ich mir von dir etwas sagen lassen? Ich habe hier das Sagen!"). Die Unbeweglichkeit und Starrheit der Standpunkte, der Anspruch und das Beharren auf die gleiche, dominierende Position lassen diese Form eines Machtkampfes zu einer echten Herausforderung werden. Keiner möchte nachgeben, denn dann würde die andere Person die dominante Position erlangen. Man müsste sich, entgegen der persönlichen Natur und dem eigenen Gefühl, fügen und erleidet vor der Gruppe wahrscheinlich (subjektiv) Gesichtsverlust und Scham. Diese Form eines Machtkampfes erfolgt in Betrieben zum Beispiel gerne verdeckt, unterschwellig und über Dritte (Intrigieren, Mobbing). In so einem Fall wird kontrolliert an den „Sesselbeinen des anderen gesägt" und versucht, dessen Machtposition, die man selbst anstrebt, sukzessive zu schwächen. Dieses kann sogar mit Hilfe von „Komplizen" oder Mitläufern erfolgen, die möglicherweise wieder andere Motive dafür haben. Für den eigentlichen Kampf um Macht gibt es von außen betrachtet kaum Anhaltspunkte. Er findet vielmehr, ähnlich einem Schachspiel, in den Köpfen und systemisch mittels Positionierungen und indirekter Einflussnahmen statt. Diese Art von Machtkämpfen verursacht enorme Beeinträchtigungen und Spannungen bei den Betroffenen. Dieses hat negative Auswirkungen auf den Arbeitsprozess, weil sich Stress und Frustration übertragen, eine unangenehme Atmosphäre entsteht und Menschen nicht mehr wie gewohnt „funktionieren".

Die Herausforderungen

Angesichts dessen, dass es beiden Parteien um persönliche Bedürfnisse geht, die mit dem Behalten der Kontrolle und dem Anspruch auf die steuernde Position zu tun haben, steckt in Machtkämpfen grundsätzlich eine beachtliche Portion Spannung. Auch durch die provokante Wirkung tragen sie ein realistisches Potential zu offenem Streit, sogar aggressivem Verhalten und Impulskontrollverlust in sich. Es ist manchmal nur eine Frage der Zeit, bis einer der beiden die Selbstkontrolle verliert oder sogar komplett „ausrastet" und, wie im Straßenverkehr, gefährliche Aktionen unternimmt. Eine steuernde und kontrollierende Position innezuhaben und nicht nachzugeben bedeutet, für sich bestimmte Bedürfnisse befriedigen zu können oder zu wahren. Dieser Aspekt beeinflusst die Dynamik enorm und motiviert beide Parteien dazu, bloß nicht einzulenken oder nachzugeben. Die angespannten Fronten halten sich mehr oder weniger die Waage. Es steckt viel Stress hinter dem verbalen Hickhack und der Suche nach einer Schwäche des Gegenübers, um dieses zum Nachgeben oder zum Aufgeben und Einlenken zu zwingen. Die starre, geladene Einstellung führen und bestimmen zu wollen einerseits und der ausgeprägte Widerstand andererseits, oder aber der beidseitige Machtanspruch verursachen einen starken Druck in der Gesamtdynamik, der gut spürbar ist und das Finden von Lösungen auf gleicher Augenhöhe erschwert. Genau dieser Druck, das mangelnde Einschätzungsvermögen, was zu erwarten ist und Fantasien diesbezüglich, lassen einen Machtkämpf zur Herausforderung werden.

Umgang mit Machtkämpfen

Das Ziel ist, einen Machtkampf nicht in einen offenen Streit eskalieren zu lassen, wieder Raum für beide Parteien zu kreieren und im Hier und Jetzt eine rationale Lösung zu finden. Möglicherweise ist der Machtkampf aber auch Mittel zum Zweck. Bei so manchem Machtkampf lässt sich keine Lösung finden, weil er der Befriedigung eines abstrakten Bedürfnisses, wie etwa dem Geltungsdrang, dem Generieren von Aufmerksamkeit oder der Provokation einer körperlichen Auseinandersetzung dient. In dem Fall ist das Verhindern einer Eskalation das Wichtigste. Das Prinzip des Auflösens eines Machtkampfes ist einfacher, als es aus der Sicht jener, die mittendrin stecken, erscheint. Der Druck ist in der Pattstellung enorm hoch und es erscheint durch den fehlenden Raum, als gäbe es kaum einen Weg heraus. Das liegt einerseits an der Positionierung des Gegenübers und andererseits gibt es wahrscheinlich einen persönlichen Grund, warum man selbst eine starre Position bezieht, durch die ein Machtkampf überhaupt entsteht. Würde man diese Position nicht einnehmen und manche Ansprüche relativieren, gäbe es diesen Machtkampf vielleicht gar nicht.

Dass hinter dem Machtanspruch individuelle Bedürfnisse mit sehr unterschiedlichen Perspektiven bezüglich der Bedeutung des Kontexts stecken, ist gleichzeitig der Ausgangspunkt für den Umgang damit: Gehen wir einmal grundsätzlich davon aus, dass das Gegenüber die Situation auf seine eigene ganz persönliche Weise betrachtet. Es ist für die Lösungsfindung nicht wichtig, ob wir dessen Sichtweise persönlich nachvollziehen können. Richten wir uns auf das Ziel, eine konstruktive Gesprächsbasis zu kreieren und nicht auf der Ebene eines unergiebigen Machtkampfs zu bleiben. Hinter der halsstarrigen Positionierung verbirgt sich Unsicherheit, die mit der Vorstellung, die Kontrolle abgeben zu müssen, verbunden ist. Wir sollten uns so aufstellen, dass wir, falls das Gegenüber den Widerstand oder Machtanspruch aufgeben würde, ihm das Gefühl der Sicherstellung seiner Bedürfnisse geben, sodass es nicht an Gesichtsverlust oder sonstige Überforderungen bloßgestellt wird. Für so einen respektvollen Zugang muss man zuerst einmal selbst aus dem Machtkampf aussteigen. Dieser Schritt ist essenziell. Der starre, angespannte Status Quo eines Machtkampfes sollte in einen Raum verwandelt werden, in dem ein Zugang zu dem ursprünglichen Motiv und rationales Denken wieder möglich ist. Mitten in einem Machtkampf selbst ist es kaum möglich, eine konstruktive Gesprächsbasis zu schaffen und auf das Gegenüber empathisch einzugehen.

Partizipative Gesprächsführung bei einem Machtkampf

Die Regulation von Stress hat bei der Konfrontation mit einem Machtkampf die oberste Priorität: Körperlich Abstand nehmen, Atemtechnik anwenden (ausatmen und ruhig weiteratmen) und Körper- und Selbstbezug herstellen (körperliche Stabilität bewirkt mentale Stabilität) schaffen Raum. Wird der Stress kanalisiert, lässt sich der Tunnelblick aufheben, wird der emotionale Druck reduziert und fällt einem das Denken und Sehen leichter. Sie sind buchstäblich wieder in der Lage zu überblicken, in welcher Situation Sie sich befinden.

Das tatsächliche **Aussteigen** aus der Beziehungsdynamik eines Machtkampfs gelingt, indem Sie, wie bei einem Konflikt, benennen oder beschreiben, wie Sie die Situation selbst erleben: **der erste Schritt der partizipativen Gesprächsführung**. Wie erwähnt, dient das **Benennen dessen, was man aus der Ich-Perspektive spürt, sieht und erlebt**, dem Herstellen eines Selbst-Bezugs. Sie werden sich der Umstände bewusst, Sie gelangen wieder in den Bereich der Rationalität und das Reflektieren wird einfacher. Außerdem trennen Sie sich mental vom Gegenüber, lösen sich von der angespannten Pattstellung und entziehen sich dem Machtkampf. Sie fördern damit indirekt auch, dass das Gegenüber spiegelnd den Bezug zu sich selbst wiederherstellen kann und im Optimalfall selbst beginnt zu reflektieren. Das ist zumindest, wo wir mit dem Gespräch hinmöchten.

Folgende Sätze haben sich bei Machtkämpfen als **erster Schritt** bewährt:

„**Ich** bemerke, dass ich mich gerade **mit Ihnen** in einem **Machtkampf** befinde", „**Ich** habe den Eindruck, dass **wir** gerade einen **Machtkampf** haben" oder „Mir kommt vor, dass wir darum kämpfen, wer der Stärkere ist."

Eventuell benennen Sie die eigenen Befindlichkeiten dazu:

„Diese Situation macht bei mir ziemlich viel Druck. Ich habe den Eindruck, dass wir so nicht wirklich weiterkommen."

Nun könnten Sie eventuell die Befindlichkeiten des Gegenübers validieren, indem Sie diese spiegeln:

„Ich sehe, dass Sie diese Situation sehr aufregt."

Was in der Anfangsphase der Gesprächsführung zu beachten ist:

Es ist äußerst wichtig, auf die Beschreibung der Situation aus der eigenen Perspektive eine kurze Gesprächspause von ca. 2 Sekunden folgen zu lassen. Das gilt sowohl für Sie als auch für das Gegenüber. Sie entschleunigen sich selbst und bremsen die Dynamik ein. Mit diesem Ich-bezogenen, narrativen Verbalisieren - Sie bringen damit die Auseinandersetzung auf die Meta-Ebene - wird ein deutlicher Schnitt und eine Wendung in der Dynamik eines Machtkampfes erzielt und der destruktive Teufelskreis durchbrochen. Sobald sich der Machtkampf tatsächlich auflöst, wird sich die Lage spürbar entspannen und der Druck nachlassen. Oben angeführte rhetorische Wendungen verursachen eine kurze Desorientierung beim Gegenüber. Sie können diese Verwirrung buchstäblich in den Augen des Gegenübers ablesen: Der starre Fokus ist weg und der Blick erscheint leer. Diese kurze Sequenz tritt auf, wenn sich in der Dynamik plötzlich und unerwartet etwas verändert. Bei einem Machtkampf tritt diese kurze Desorientierung auf, wenn man mit den richtigen Worten, mit einer „Verschiebung" der Haltung oder einer paradoxen Reaktion das Aktions-Reaktions-Muster und den Teufelskreis unterbricht (anders zu reagieren als erwartet): Menschen werden aus dem Konzept gebracht, weil die Erwartung nicht erfüllt und die Dynamik nicht ergänzt wird. Diese Phase der leichten Verwirrung und Desorientierung eignet sich für neue rhetorische Impulse, vor allem mittels steuernder Botschaften. Das gleiche Prinzip erkennt man auch bei Grenzüberschreitungen, wenn diese mit beispielsweise einer defensiven Grenzsetzung unterbrochen werden. Die Erwartung ist eher, dass ein Gegenangriff erfolgt oder man sich ängstlich zurückzieht und nicht, dass wir selbstbewusst eine Grenze setzen.

Die weiteren Schritte in der partizipativen Gesprächsführung:

Schritt 2. Sie können, wie beim Umgang mit Konflikten, ihre Motivation und Ihr Anliegen äußern:

„Ich möchte nicht, dass es zu einem Streit kommt", oder „Mir wäre es wichtig das Problem zu lösen."

2 Sekunden Gesprächspause

Schritt 3. Sie fragen beim Gegenüber offen nach, wie es die Situation erlebt, erwarten aber keine klare Antwort auf diese Frage. Es dient als Basis für die Ausformulierung eines Bedürfnisses in den nächsten Schritten.

„Wie sehen Sie das?"

2 Sekunden Denkpause

Diese kurze Gesprächspause dient dazu, dem „Sehen" bzw. Reflektieren auch Raum zu geben. Arbeiten Sie nicht zu schnell, aber auch nicht zu langsam, damit das Weglenken gelingt und Menschen nicht wieder etwas anderes einfällt, in das Sie verstrickt werden könnten.

Schritt 4. Den Weg zur Lösungsfindung wählen:

In dem Moment, wo bemerkt wird, dass sich die angespannte Starre des Machtkampfes durch einen Haltungswechsel aufgelöst hat und sich die Lage etwas entspannt, können Sie die Ebene des Motivs gezielt ansprechen und eine kooperative Haltung des Gegenübers anstreben.

Folgende Satzkonstruktionen bringen das Gegenüber zumeist in eine kooperative Haltung und haben sich sehr bewährt:

„Worum geht es nun eigentlich?", „Ich möchte Ihnen gerne helfen, wenn ich kann, aber dafür müsste ich wissen, worum es wirklich geht?", „Um was geht es nun wirklich?", „Können Sie mir sagen, worum es geht?" und „Ich weiß nicht, worum es geht", „Können Sie mir das sagen?"

Diese Fragen überlassen dem Gegenüber genug Raum, um zu sich zu finden. Es wird ihm ermöglicht, ein Bild oder zumindest einen Ansatz einer Vorstellung zu generieren, um was es ihm eigentlich geht, was sein Motiv ist. Dieses kann es schlussendlich deutlich zum Ausdruck bringen. Sie geben ein Stück Kontrolle darüber zurück, wie die Sache ausgehen wird. Es wird mit der Rhetorik auch eindeutig ein anderer Weg eingeschlagen - kein Ringen um die Kontrolle oder sonstige Schwierigkeiten - weg vom Machtkampf, als hätte es diesen nicht gegeben. Oftmals negiere ich häufig wiederkehrende herausfordernde Verhaltensweisen einfach, weil dort die Lösung, rational betrachtet, nicht zu erwarten ist.

Wie beim Umgang mit offenen Konflikten kann es hier auch notwendig sein den Gesprächsrahmen zu schützen, wenn ein wenig zielführender Redefluss ausgelöst wird.

„Ich höre, was du (Beispiel mit einem Kind) mir mitgeteilt hast, aber kannst du mir/können Sie mir bitte sagen, worum es nun wirklich geht? Was ist nun eigentlich dein Anliegen/was brauchst du?"

Die Struktur des weiteren Gespräches

Nach der Auflösung des Machtkampfes bekommen Sie auf die Frage nach dem Motiv („Worum geht es …?") zum Beispiel folgende etwas undifferenzierten Antworten:

„Ich mag nicht in die Schule gehen, weil die anderen mich mobben."

„Wo soll ich sonst rauchen?"

Beim Beispiel über das Rauchen wissen Sie eigentlich schon, was das Problem ist. In dem Fall können Sie überlegen, ob und wie eine Lösung gefunden werden könnte oder ob Sie bei Ihrem Standpunkt bleiben.

Sie können bei der Lösungsfindung auch die Person miteinbeziehen: „Was schlagen Sie als Lösung vor?"

Eventuell kombiniert mit einer Eingrenzung auf Basis der Fakten, die Sie in der Ausübung Ihrer Rolle vertreten: „Berücksichtigend, dass das Rauchen hier absolut nicht geht".

Mit Schritt 5 bieten Sie Ihre Unterstützung mit offenen „Wer-", „Wie-", „Welche-", „Was-" und „Wann-" Fragen an.

„Was kann ich für dich/Sie tun?", „Wie kann ich dir/Ihnen helfen?" oder „Was stellst du dir vor/stellen Sie sich vor?"

Ein Patentrezept zur tatsächlichen Lösungsfindung gibt es nicht. Grundsätzlich gilt jedoch, dass man im Gespräch ein paar Schritte zurückgehen sollte, wenn ein Lösungsvorschlag Einwände und Proteste auslöst. Weitere Fragen zeigen Ihnen vielleicht, ob Sie etwas übersehen haben oder eine Diskrepanz zwischen dem Bedürfnis und der angebotenen Lösung besteht. Vielleicht hat Sie das Gegenüber nicht richtig verstanden, vielleicht haben Sie Assoziationen oder Beurteilungs- und Interpretationsfehler gemacht, wodurch Problem und Lösung nicht vereinbar sind.

Mögliche Entwicklungen

Unsere Bemühungen um die Auflösung eines Machtkampfes oder Konfliktes laufen jedoch bisweilen nicht ideal ab. Es ist auch gut, auf unerwartete Wendungen eingestellt zu sein, um nicht überrascht zu werden. Die Möglichkeit besteht immer, dass eine Person nicht so reagiert wie erwartet und es nicht gelingt, mit Fragen eine konstruktive Ebene und einen Raum für die Lösungsfindung zu öffnen. Auch wenn ich es nicht oft erlebt habe, kann es sein, dass Menschen enorm frustriert oder sogar aggressiv reagieren. Manche ziehen böse und schimpfend ab, wenn der Verlauf nicht in ihrem Sinne ist. Das ist nun einmal die Realität.

Grundsätzlich ist es bei einem Machtkampf das Wichtigste, egal wie sich die Situation entwickelt, das eigene konstruktive Ziel zu verfolgen und auch dabei zu bleiben. Es ist keine Option, aus Angst und Sorge in einem Machtkampf zu verweilen und sich zunehmend macht- und hilflos zu fühlen. Die meisten Menschen, vor allem jene, bei denen es wirklich um etwas geht und die sich selbst nicht zu helfen wissen, reagieren gut auf die zuvor beschriebenen Strategien (Stress regulieren und Raum finden, aktiv den Machtkampf und emotionale Verstrickungen auflösen, das Bedürfnis ansprechen).

Ich selbst kann auch mit unerwarteten Wendungen umgehen und meine Einstellung ist grundsätzlich, dass ich auf solche Wendungen mental vorbereitet bin. Ich brauche nur ausreichend körperlichen Abstand und 1 bis 2 Sekunden Zeit, um unterscheiden zu können, womit ich es nun zu tun habe. Die Konfrontation mit einem provokanten Individuum erfordert einen anderen Umgang als die Begegnung mit einer Person, die Angst hat, ihre Bedürfnisse nicht erfüllt zu bekommen und deswegen einen Machtkampf vom Zaun bricht.

Ich muss zu jeder Zeit flexibel umschalten können. Es ist immer wieder eine Frage des Anpassens und vor allem der Kern der Sache, im Jetzt zu bleiben sowie sich auf das zu richten, was sich tatsächlich in der Situation ergibt. „To go from there", sagen die Amerikaner.

Einige werden frustriert abziehen, wenn man nicht in die Dynamik einsteigt und nur das Motiv anspricht: Sie fühlen sich möglicherweise durch das Offenlegen ihrer Inszenierung ertappt oder sind etwas überfordert. Vor allem wenn das Bedürfnis (z.B. Geltungsdrang oder Aufmerksamkeit) abstrakt ist, kann das passieren; oder aber es wird sofort die Gelegenheit genützt, um die allgemeine Unzufriedenheit und Wut auszuagieren, weil das sowieso die Absicht war. Wird nur ungehalten agiert, ist es wichtig, gar nicht erst darauf einzugehen, sich mental abzuschirmen oder abzugrenzen (erste Stufe der Interventionsleiter), ein „dickes Fell" zu zeigen, bei „sich zu bleiben" und die Situation auszuhalten, bis mit der Zeit die Energie verpufft oder die Person das Geschehen verlässt. Eine lösungsorientierte Haltung hat hier wenig Sinn, weil es kein wirkliches Problem gibt, wofür man eine Lösung anbieten könnte.

Manche Menschen sind zu angespannt oder eingeengt, um eine konstruktive Wendung anzunehmen. Sie bleiben im Machtkampf hängen wie eine alte, zerkratzte Schallplatte. Vielleicht haben Sie das Gespräch dann zu früh angesetzt oder sich nicht realisiert, dass die Person eigentlich zu angespannt war. In dem Fall ist es wichtig, innezuhalten, ruhig zu bleiben und die Zeit für sich arbeiten zu lassen, den Überblick zu bewahren, sich dem Machtkampf mental zu entziehen und diesen nicht weiter mit Energie zu versorgen. Manche beruhigen sich während dieser Zeit weitgehend von selbst und denken erst dann nach; manche verlassen auch irgendwann das Geschehen oder sie geben nach. Es kann sein, dass Menschen versuchen werden, Sie dennoch wieder in den Machtkampf zu verwickeln. Steigen Sie bloß nicht ein, bleiben Sie bei sich und Ihrem Plan und lassen Sie sich nicht mitreißen! Wiederholen Sie gegebenenfalls die Botschaft oder teilen sie mit, was Sie wahrnehmen und dass Sie nicht weiter in den Machtkampf verwickelt werden wollen. Sagen Sie dem Gegenüber, was Sie wollen oder eben nicht wollen: Sie grenzen sich ab, stellen den Selbstbezug wieder her und steigen aus der Dynamik aus. Grenzen zu setzen ist vor allem bei Einschüchterungsversuchen und Provokationen wichtig. Erfahrungsgemäß beeinflusst dies das Gegenüber und die Situation positiv, woraufhin Sie wiederum versuchen können, ein konstruktives Gespräch anzubahnen.

Negative Projektionen auflösen

Bei einem Machtkampf, ebenso wie bei Konflikten, wird man manchmal bei der Ausübung seiner professionellen Rolle als negative Projektionsfläche verwendet, wodurch enorm viel Druck entsteht. Der Stress kann mit der Zeit zu viel werden und emotionale Überreaktionen triggern. Wenn Sie aufgrund solcher negativen Projektionen nicht aus dem Machtkampf herausfinden, zeigen Sie sich von einer persönlicheren oder „menschlicheren" Seite. Sie deklarieren sich aus der Perspektive des Menschen „hinter" der beruflichen Rolle, so wie Sie die Situation persönlich erleben und was diese für Sie bedeutet. Hiermit positionieren Sie sich quasi seitlich, neben der Projektionsfläche. Die meisten Projektionen zerstreuen und lösen sich mit dieser Strategie auf. Sie werden merken, dass der mit derartigen Projektionen verbundene Stress auch wieder abnimmt.

Der Satz: „Ich bin hier in meiner Arbeit und das, dies oder jenes ist die professionelle Aufgabe, die ich erfüllen muss", haben sich in der Praxis des Öfteren bewährt.

Auch „Das ist nur meine Arbeit ...", eventuell ergänzt mit „Die Aufgaben werden von meinem Vorgesetzten vorgegeben", helfen klar zu definieren, dass es nicht ihr persönliches Bedürfnis, sondern „nur" ihre Arbeit, es nur eine Rolle ist, die Sie repräsentieren. Diese Ebene der „Rolle" ist für die meisten kaum zugänglich und als Vorstellung zu abstrakt. Es wird schwierig, die Wut darauf zu richten.

Ich stelle mir während der Ausübung meines Berufes grundsätzlich immer wieder die Frage, wie mich das Gegenüber sieht und versuche mir der unterschiedlichen, jeweiligen Perzeptionen bewusst zu bleiben. Ich bin auf jeden Fall nicht als Privatperson in der Arbeit, das ist ein Fakt. Meine genaue Funktion und professionelle Aufgabenstellung interessieren und kennen die wenigsten, wie ich durch Nachfragen erkannte. Die einfache Frage: „Wie seht Ihr uns?", hat diesbezüglich in meiner Arbeit mit etwa Klienten in der Kinder- und Jugendpsychiatrie interessante Antworten hervorgebracht. Menschen sehen oder erleben eher entweder nur die oberflächlichen Vorteile oder aber die als frustrierend erlebten Diskrepanzen, die für sie mit unserer professionellen Rolle einhergehen. Sie gehen von ihren persönlichen, momentanen Bedürfnissen und der eigenen Perspektive aus. Es ist aber gut, wenn Sie selbst auch zwischen privat und beruflich unterscheiden können. Es hilft beim eigenen Positionieren flexibel zu bleiben. Ich sage zu mir immer wieder: „Ich bin in meiner Arbeit, aber ich <u>bin</u> nicht meine Arbeit."

Die obenstehenden Beispiele von Sätzen, mit denen die Auflösung negativer Projektionen erzielt werden soll, tragen effektiv dazu bei, das „Ich", „Du" und die Situation zu „entwirren", Verstrickungen und aversive Stimulationen aufzulösen sowie die Beziehung zu klären. Wenn es jedoch weiterhin schwierig bleibt, versuchen Sie ruhig zu bleiben, die innere Distanz zu behalten, die Zeit für sich arbeiten zu lassen und vielleicht noch einmal diese oder eine ähnliche Botschaft zu wiederholen. Sie haben prinzipiell Zeit, weil Sie nicht körperlich bedrängt, angegriffen und real gefährdet werden. Sie müssen nicht immer sofort etwas sagen oder reagieren, auch wenn es durch die Einflüsse von Kontext und Stress oder einfach durch den Selbst-Anspruch so erscheinen mag, als müsse alles sofort gelöst werden. Das ist zwar verständlich, nur ist es oftmals wenig hilfreich, sich selbst Stress zu machen. Versuchen Sie sich auf das zu konzentrieren, was sich im Hier und Jetzt abspielt. Setzen Sie bei Stress und den vielen, scheinbar gleichzeitig zu erledigenden Aufgaben Prioritäten. Arbeiten Sie mit den Gegebenheiten, als wären sie eine Zwiebel, deren Schichten Sie nach und nach entfernen. Es schützt vor Überforderung, hilft Ordnung zu schaffen, den Überblick zu behalten, kontrolliert vorzugehen und spart Nerven.

Weitere Möglichkeiten

Es gibt noch andere Strategien auf Machtkämpfe zu reagieren und sie kurz- oder längerfristig aufzulösen. Pauschallösungen bestehen sowieso nicht, nur Aktionen und wahrscheinliche Reaktionen darauf.

Manchmal ist das **Durchsetzen** und (körperliche, verbale) **Unterbrechen** eines Machtkampfs die bessere Strategie. Vor allem in Situationen, wo die eigenen professionellen oder persönlichen Ziele unbedingt eingehalten und Aufgaben erfüllt werden müssen. Ich denke hier vor allem an Situationen, wo es um die Sicherheit geht und jemand vor Gefahr geschützt werden muss (zum Beispiel eine alkoholisierte Person, die zu dicht bei den Gleisen steht) oder an eine berufliche Tätigkeit, wo manchmal im Rahmen der Aufgaben verlangt wird, mit Durchsetzungskraft aufzutreten (Polizei, Sicherheitsdienst). Auch Jugendliche diskutieren gerne, testen die Grenzen aus und möchten gerne wissen, wie weit sie bei einem gehen können oder wie standfest man ist. Durchsetzungskraft und das aktive Setzen von (körperlichen) Grenzen können die notwendige Klarheit vermitteln und durchaus Sinn machen. Heranwachsende „zurückzupfeifen" kann helfen („So, es reicht jetzt, und ab ...", „So geht das nicht!"), um sie von ihren Höhenflügen herunter zu holen, bevor sie sich überfordern und wie Ikarus aus großer Höhe abstürzen. Meistens merkt man auch, dass sich „hinter" einem Machtkampf wenig wirkliches Streitpotential befindet, wenn man sich überzeugend und selbstbewusst durchsetzt: Menschen geben nach und kooperieren.

Falls Sie tatsächlich etwa beruflich **am längeren Ast sitzen** würden, der Person überlegen und in Übermacht sind, ist manchmal die Verlockung da, diese Karte auszuspielen und den Machtkampf mit Druck und der Vorspiegelung von negativen Konsequenzen zu beenden. Das ist vor allem dann ein Risiko, wenn Menschen (Jugendliche oder Betrunkene zum Beispiel) provokant die Grenzen testen, Sie sich aufgrund der Situation machtlos fühlen und keine andere Strategien (erlernt) haben. Der Nachteil ist, wenn Sie diese Dominanz-Karte ausspielen, dass Sie nie wissen werden, worum es wirklich gegangen ist. Außerdem entwickeln Menschen, weil sie sich fügen mussten und ungerecht behandelt fühlten, ein negatives Sentiment in Ihre Richtung oder sogar in Bezug zu Ihrer Berufsgruppe, womit Sie irgendwann vielleicht wieder konfrontiert werden. Sie können diese Karte jedoch auch ausspielen und sofort dazu sagen, dass Sie es für wenig sinnvoll erachten, auf diese Weise miteinander umzugehen, und eigentlich wissen möchten, worum es jetzt geht. Oder Sie sagen, welche Reaktion bei Ihnen durch das Verhalten provoziert wird, aber Sie keinen Sinn dahinter sehen. So machen Sie erstens der Person das Verhalten Ihnen gegenüber bewusst und zweitens zeigen Sie ihr eine konstruktive Alternative. Es geht darum, dass Sie Ihren Aufgaben nachkommen und sich durchsetzen, aber auch bei Ihrem Ziel bleiben, diese Machtkämpfe konstruktiv lösen zu wollen.

Jemanden **abzulenken oder einen Machtkampf zu negieren, sich zu distanzieren oder einfach wegzugehen,** hat unter Umständen seine Berechtigung, jedoch ebenso Nachteile, wie alle Strategien das haben können. Beim **Negieren** und/oder **Ablenken** (mit Humor zum Beispiel) lässt man sich grundsätzlich nicht auf den Machtkampf ein. Es wird ein anderes Thema angeschnitten, man macht einen lockeren Scherz oder geht einfach weg. **Distanzieren** bedeutet, dass man aus der Dynamik eines Machtkampfes aussteigt und eine vom Geschehen distanziertere Position einnimmt.

Dieses Distanzieren kann eindeutig verbal deklariert werden mit: „Ich lasse mich nicht in diesen Machtkampf mitreißen und gehe jetzt."

Ob Sie sich distanzieren können, hängt von eventuellen professionellen Aufgaben und auch den eigenen, persönlichen Ansprüchen ab. Die Vorteile von Negieren, Distanzieren und Ablenken sind, dass Sie nicht in einen Machtkampf verwickelt werden, dass Sie einen Weg herausfinden und eine mögliche eigene Überreaktion verhindern. Es kann immer sein, dass es einem selbst zu viel wird, weil man sich gesundheitlich oder stimmungsmäßig nicht gut fühlt oder schon gestresst ist.

Der mögliche Nachteil dieser konfrontationsvermeidenden und ausweichenden Strategien ist, dass der Machtkampf nicht gelöst wird. Vor allem in länger andauernden Beziehungen wird man mit derselben Person wahrscheinlich wieder in einer ähnlichen Situation landen: Das Ringelspielpferd am Karussell kommt wieder vorbei. Das kann auch zur Folge haben, dass sich die Intensität des Machtkampfes mit der Zeit verstärkt oder man dann erst recht auf dem falschen Fuß erwischt wird. Manche Menschen wollen zum Beispiel (unbewusst) eine Art Antwort auf eine (Lebens-)Frage. Beziehungen können als Resonanzfläche oder Spiegel dienen („Wo stehe ich, wer bin ich?"). Andere suchen vielleicht aber auch eine bestimmte Reaktion Ihrerseits und wollen die Verhältnisse in der Beziehung geklärt haben („Was kann ich von dir erwarten?"), weil das Deutlichkeit und damit Sicherheit schafft.

Wiederkehrende Machtkämpfe können enorm frustrierend sein und zunehmend Stress verursachen. Sie kosten viel Energie. Mit dem Ausweichen und Vermeiden wird mit der Zeit viel Raum auf eigene Kosten geöffnet und es ist die Frage, wohin das führt. Es ist dann wahrscheinlich, dass Sie einmal in

Ihrer professionellen Rolle überreagieren werden, wenn Sie an der Wand stehen, das Ausweichen keine Option mehr ist und der Stresspegel schon hoch ist. Erfahrungsgemäß ist es irgendwann sinnvoll, sich dem Machtkampf zu stellen. Werden Machtkämpfe oder Konflikte strukturell vermieden, kann man sich auch die Frage stellen, warum man diesen stets aus dem Weg geht. Geht es darum, den Frieden zu bewahren oder hoffen Sie, dass die Person es selbst irgendwann kapiert und ihr Verhalten ändert?

Eine Variante des Umgangs mit einem Machtkampf zeigt manchmal verblüffende Ergebnisse: **die Irritation.** Das bedeutet, dass Sie sich zum Beispiel selbstbewusst schweigend in der Nähe (in der Sicherheitszone) hinstellen oder hinsetzen, nicht auf das Thema eingehen und die Person nur aus den Augenwinkeln betrachten, Sie sich scheinbar Ihren eigenen Sachen widmen (am Handy oder in die Luft schauen). Das wäre eine Intervention gemäß der ersten Stufe auf der Interventionsleiter: mit der Präsenz arbeiten. Einerseits hat dies den Effekt, dass die erwartete Reaktion nicht gezeigt wird (Paradoxon), andererseits bleiben Sie aufgrund der Nähe dennoch in Kontakt. Diese Strategie kann Menschen aus der Bahn werfen, verunsichern, irritieren und sukzessive vom Machtkampf wegleiten, bis Sie dann das Gespräch eröffnen. Es kann dennoch immer passieren, dass Menschen einmal frustriert reagieren. Manchmal ist das genau, was es braucht, damit sie für sich selbst einsehen, dass das Ganze etwas überzogen war. Ein Gespräch können Sie später nach der „Abkühlung" stattfinden lassen. Es ist jedoch auch eine Strategie, die behutsam angewendet werden sollte: Die Spannung darf nicht all zu hoch sein. Menschen dürfen nicht schon emotional an der Kippe stehen. Es könnte sonst zu impulsiven Handlungen in Ihre Richtung kommen.

Ob und wann bestimmte Strategien angewendet werden, bedarf einer sorgfältigen (intuitiven) Einschätzung, was auch für das Einsetzen von **Humor** gilt. Solange das Erregungsniveau nicht all zu hoch ist, lässt sich die Aufmerksamkeit noch vom Thema weglenken, die Fixierung lösen und die Inszenierung unterbrechen. Bei diesen sanften Methoden der Handhabung von Machtkämpfen ist aber ebenso zu berücksichtigen, dass sie damit zumeist weder gelöst noch Informationen über das Motiv gewonnen werden konnten. Hierfür können die schon zuvor beschriebenen bedürfnisorientierten Fragen („Worum geht es?", „Um was geht es wirklich?" u. ä.) gestellt werden.

<u>Ein Beispiel aus der Praxis:</u>

Das Entstehen eines Machtkampfes:

Eine Bitte Ihrerseits: „Könnten Sie bitte dieses oder jenes tun?"

Die Reaktion mit deutlichem Widerstand: „Nein, das mache ich sicher nicht!"

Der Umgang:

Vermeiden Sie eine direkte Reaktion, aus einem Impuls heraus, und versuchen Sie 2 Sekunden Zeit zu gewinnen. Hiermit unterbrechen Sie die Aktions-/Reaktions-Schleife. Atmen Sie aus und mit der Bauchatmung ein, stellen Sie den Körperbezug her, schaffen Sie Bodenhaftung und nehmen Sie, falls notwendig, selbstbewusst einen Schritt Abstand. Es geht darum, dass Sie ausreichend Distanz bekommen, die Situation gut überblicken können und Stress und Zugzwang gefühlsmäßig abnehmen.

Stellen Sie fest, in welcher Situation Sie sich befinden→ Machtkampf.

Die 5 Schritte der partizipativen Gesprächsführung:

Schritt 1. Nachdem sich Ihre ersten Impulse gelegt haben, teilen Sie neutral mit, was Sie soeben faktisch erkannt haben und beschreiben Sie eventuell, wie Sie die Situation erleben und welche Befindlichkeiten Sie bei sich innerlich wahrnehmen:

- „Ich bemerke, dass **ich mich** gerade in einem **Machtkampf mit Ihnen** befinde", „Ich sehe, dass Sie meine Bitte verweigern", eventuell ergänzt mit „Dieses ärgert mich gerade/erzeugt Druck bei mir."

2 Sekunden Gesprächspause, die Dynamik „einbremsen" und beobachten, wie die Person reagiert.

Schritt 2. Ihre Motive eventuell benennen:

- „Ich möchte nicht streiten, sondern vernünftig das Problem lösen", „Ich möchte nicht, dass die Situation mit Ihnen eskaliert."

Schritt 3. Die Person miteinbeziehen oder partizipieren lassen:

- „Wie sehen Sie das?", „Wie erleben Sie diese Situation?", „Was meinen Sie dazu?"

2 Sekunden Denkpause

Schritt 4. Die Ebene des Motivs führend und unterstützend ansprechen:

- „Können Sie mir sagen, um was es wirklich geht, damit wir aus diesem Machtkampf kommen können?", „Worum geht es nun eigentlich?" oder „Können Sie mir sagen, worum es geht?"

Raum und Zeit für eine Antwort lassen

- Die Antwort: „Ihr glaubt, Ihr habt immer was zu sagen und könnt immer über mich bestimmen".

Das wäre ein frustrierter Versuch, Sie wieder in den Machtkampf „hinein zu ziehen". Es wird generalisiert und negative Bilder werden auf Sie projiziert. Bleiben Sie beim Ihrem Plan und behalten Sie Ihr Ziel vor Augen.

<u>Eventuell</u> die Beziehung klären und die emotionale Verstrickung auflösen, falls jemand negative Bilder (Projektionen) äußert.

- „Ich mache nur meine Arbeit und meine Aufgabe ist es, von Ihnen dieses oder jenes zu verlangen." (Regeln einhalten etc.), „Mein persönliches Bedürfnis ist es nicht."
- Oder: „Es ist meine Aufgabe zu…" und „Es geht nicht um meine Person."

2 Sekunden nachwirken lassen.

Entweder beobachten Sie, dass die Person aus dem Konzept gebracht wurde und stehen bleibt oder aber sofort frustriert reagiert, vielleicht sogar das Geschehen verlässt, weil Sie nicht darauf eingehen. Falls die Person stehen bleibt, sprechen Sie wiederum die Ebene des Motivs an. Falls es wirklich „um etwas geht", wird eine Antwort folgen.

Andernfalls wird vielleicht versucht das Ganze über eine andere Schiene zu lenken. Manche zeigen sich umgehend kooperativ und freundlich, tun zum Beispiel, was Sie verlangt haben, und suchen so einen Weg raus.

- Können Sie mir sagen, um was es wirklich geht, damit wir aus diesem Machtkampf kommen können?", „Worum geht es nun eigentlich?" oder „Können Sie mir sagen, worum es geht?"
- Die Antwort: „Wissen Sie … usw. "

Je nachdem in welchem Kontext dieser Machtkampf stattfindet, können Sie entweder das Gespräch inhaltlich weiterführen (Privat oder in einer Wohngemeinschaft) oder Sie lassen es dabei und sind damit zufrieden, dass getan wird, was Sie verlangt haben (Sicherheitsdienst usw.).

Für die weitere Gesprächsführung folgen Sie der Struktur mit **Schritt 5**: Ihre Unterstützung mit W-Fragen anbieten.

Sowohl Machtkämpfe als auch offene Konflikte sind Auslöser für Eskalationen und Aggressionen. Sie können in diesem Stadium der Beziehungsdynamik meistens noch effektiv das Ruder umlegen, weil die Emotionalität und Spannungen noch nicht allzu sehr im Vordergrund stehen und Menschen sich kontrollieren. Ob und wie Sie auf diese Herausforderungen reagieren und vorgehen, wird einen großen Einfluss auf die weitere Entwicklung der Gesamtsituation haben. Das betrifft nicht nur das Verhalten des Gegenübers, aber auch Ihre weitere Vorgehensweisen. Bei Eskalationen und mit einer Zunahme der Spannungen wird es schwieriger, die Contenance zu behalten, und sind impulsive Handlungen wahrscheinlicher.

3.5. Passive Aggressivität

Übertragungsaggression oder passive Aggressivität kommt recht häufig vor. Sie macht sich durch Botschaften bemerkbar, die mit subtilen Verhaltensweisen im Beziehungskontext übertragen werden. Typische Beispiele für passiv aggressives Verhalten sind: Stören, Zuspätkommen, Bevormunden, Abhängigkeiten in Beziehungen schaffen, Hinhalten und ausdrückliches und unüberhörbares Gähnen in bestimmten Rahmensituationen (Vorträge, Besprechungen), Pseudohumor („War nur ein Scherz!") und freundliches Kooperieren mit einem ablehnenden Unterton. Was ist nun die Motivation für diese Übertragungsaggression? Die passive Aggression dient dem Behalten der Kontrolle und der (Macht-)Position mittels indirekter, „verdeckter" Einflussausübung und passivem Widerstand gegen Leistungsanforderungen. Das Verhalten wird zumeist durch einen persönlichen oder verdeckten Konflikt, durch unterdrückte Frustration oder durch einen Machtkampf mit Ihnen oder etwas, was Sie für die Person repräsentieren, motiviert. Der Kontext und die zwischenmenschlichen Verhältnisse üben, wie auch in den anderen Fällen, einen maßgeblichen Einfluss darauf aus, wie diese negativistischen Botschaften bewertet werden. Sitzen Sie neben jemandem, der im Unterricht andauernd mit dem Mobiltelefon beschäftigt ist und mit dem Verhalten offensichtlich Widerstand gegen den Unterricht zeigt, stört es Sie wahrscheinlich nicht. Sind Sie LehrerIn, werden Sie das sehr wohl als passiv aggressiv und provozierend auffassen.

Passiv aggressive Verhaltensweisen haben vorwiegend Auswirkungen auf einer unbewussten Ebene und bleiben anfänglich unbemerkt, bis sich Ärger und Frustration allmählich steigern. Passive Aggression wird in erster Instanz selten angesprochen, da sich zu wenige konkrete Anhaltspunkte bieten. Dabei kann Übertragungsaggression mit der Zeit die Stimmung negativ prägen, tatsächlich zu offenen Konflikten führen und große Wellen in einer Beziehung schlagen. Ich vergleiche die Auswirkungen von z.B. ständigem Stören mit einem Eimer, der durch einen tropfenden Wasserhahn solange gefüllt wird, bis er schlussendlich übergeht.

Die Tropfen stehen hier für die sich summierenden, negativen Erfahrungen, die kaum bemerkt werden, bis es schlussendlich, manchmal beim geringsten Anlass, zu einer Überreaktion kommt. Diese impulsiven, emotionalen Ausbrüche treffen unter Umständen Personen, die wenig mit der eigentlichen Sache zu tun hatten*.

Es ist eine Frage des Zusammenhangs mit den eigenen Bedürfnissen und der Sensibilität, wann und ob die Auswirkungen passiver Aggression bemerkt und wie darauf reagiert wird. Hinhalten, strukturelles Zuspätkommen, Stören usw. widersprechen im beruflichen Kontext oft den eigenen Zielvorstellungen. Man fühlt sich nicht respektiert und verspürt ein „Kratzen" an den persönlichen Grenzen und der Autorität. An manchen Menschen geht es aber vorbei und sie bleiben gelassen. Andere Betroffene fühlen sich rasch provoziert, falls sie, etwa in ihrer Arbeit, mit Übertragungsaggressionen zu tun bekommen. Das kann daran liegen, dass der Stresslevel vielleicht schon erhöht oder man gereizt ist. Fühlt man sich in einer Situation selbst schon unsicher, hat ärgerliches Stören, während eines Vortrags zum Beispiel, größere Auswirkungen. Es ist aber auch möglich, dass es einem genau aufgrund von Stress und einem Tunnelblick anfänglich gar nicht auffällt, bis schlussendlich, bei geringstem Anlass, eine impulsive Überreaktion erfolgt.

Der Umgang mit passiver Aggressivität

Bei passiv aggressiven Menschen steht die Emotionalität nicht im Vordergrund. Diese Personen haben sich noch unter Kontrolle. Das ist ein Vorteil, denn dadurch ergeben sich gute Möglichkeiten, effizient und über mehrere Zugänge Interventionen zu setzen und die Verhältnisse auszubalancieren. Wofür Sie sich entscheiden und ob Sie intervenieren, hängt von der konkreten Situation ab, was diese mit Ihnen tut. Sobald Sie selbst negative Auswirkungen verspüren, es Ihre Arbeit erschwert und Sie mit diesen Menschen länger zu tun haben, ist es erfahrungsgemäß sinnvoll, proaktiv konstruktive Schritte zu unternehmen. Zu berücksichtigen ist generell dennoch, dass die passive Aggression für „etwas steht".

*Typischerweise lässt man auch mal gerne Ärger und Frustration an nahestehende Menschen aus, weil man irgendwo weiß, dass die Beziehung und die Person es aushält. Das klingt irgendwie paradox; „gute" Beziehungen bieten uns jedoch eine Art Vorhersehbarkeit auf die Reaktion des anderen und somit ein Stück Sicherheit.

Es kann sich um einen rein persönlichen Konflikt oder allgemeinen Widerstand gegen alles und jeden handeln, der nicht direkt mit Ihnen zu tun haben muss, sondern sich nur auf Sie überträgt. Möglicherweise verbirgt sich hinter der passiven Aggression jedoch ein größeres Konfliktpotenzial, welches sehr wohl mit Ihnen zu tun hat. Falls Sie einen verdeckten Konflikt, etwa hinter dem Stören, vermuten und Sie den Eindruck haben, dass der Widerstand gegen Sie persönlich gerichtet ist und eine heftige Reaktion auf das Ansprechen vermutet wird, sollte das kein Grund sein, das Verhalten zu akzeptieren oder zu bagatellisieren.

Verspüren Sie durch zum Beispiel Verweigern der Teilnahme oder wiederholtes Verspäten ansteigenden Stress und Ärger, versuchen Sie bei sich zu bleiben und mindestens 2 Sekunden innezuhalten. Grenzen Sie sich mental ab. Stellen Sie sich dann die Frage: „Womit habe ich gerade zu tun?" oder „Wodurch wird der Ärger bei mir ausgelöst?" Meistens bekommen Sie mit der inneren Distanz und indem Sie sich diese Frage stellen einen guten Eindruck vom Geschehen und ein deutliches Bild von dem, was Personen so treiben. Danach können Sie Ihre weiteren Optionen abwägen. Das Interessante ist, dass Sie durch das Sich-Bewusst-Machen der Situation und durch Innehalten schon eine erste Intervention „setzen": Sie unterbrechen das, womit Sie gerade beschäftig waren und nehmen innerlich Abstand. Vielleicht brauchen Sie keine weiteren Schritte mehr machen. Es mag unwesentlich erscheinen, aber diese Strategien haben eine deutliche Wirkung. Menschen spüren es, weil sich in der gesamten Atmosphäre etwas Signifikantes verändert, wenn zum Beispiel der Unterricht unterbrochen und ruhige Präsenz gezeigt wird. Diese Strategien entsprechen jenen **der ersten Stufe auf der Interventionsleiter.** Das Ziel ist der passiv aggressiven Person das Verhalten bewusst zu machen und deren Selbstkontrolle zu aktivieren. Die Alternative wäre, abgelenkt und mit dem Ärger im System weiter zu arbeiten: Man ist nicht hier und nicht dort und eigentlich vom passiv aggressiven Verhalten mit allen negativen Konsequenzen auf die eigene Arbeit gegeißelt.

Sie können aber auch <u>aktiv</u> mit der Präsenz arbeiten. In dem Fall tun Sie das Gleiche (innehalten, zentrieren usw.), aber nun positionieren Sie sich aktiv in der Nähe der störenden oder provokant nicht teilnehmenden Person (oder Personen), sodass diese Sie bemerkt und auf Sie aufmerksam wird. Dieses Herantreten hat zumeist zur Folge, dass nach einiger Zeit die Selbstkontrolle des Gegenübers zurückkehrt und sich das unerwünschte Verhalten einstellt. Dieses ist genau das Prinzip, das wir wahrscheinlich alle noch aus der Schulzeit kennen: Sie unterhalten sich mit dem Nachbarn und der/die Lehrende stellt sich zu Ihrem Tisch oder bewegt sich nur in Ihre Richtung. Ich denke, die meisten werden mit dem Plaudern aufgehört haben. Lassen Sie Ihre Funktion, etwa als Lehr- oder Führungsperson, und den Kontext für sich arbeiten. Sie müssen sich nicht immer als Führungsperson oder Autorität konkret deklarieren, weil Sie schon implizit in dieser Position sind. Ist dieses unklar, wird genau diese Position strittig gemacht (Machtkampf). Manche Menschen vergessen, wo sie sind, passen sich nicht an und gehen rein von sich selbst und ihren eigenen Bedürfnissen aus.

Es kann auch sein, dass Ihnen - schon bevor Sie sich ärgern - bewusst auffällt, dass Sie einem passiv aggressiven Menschen gegenüberstehen. Vielleicht konnten Sie zuvor schon Erfahrungen mit solchen Personen sammeln und Sie sind sensibilisiert. Der Vorteil ist, dass in einem frühen Stadium die Grenzen wahrscheinlich noch nicht zu stark verschoben sind und man es eher schafft, rational und flexibel zu bleiben. In so einer Situation „braucht" man das Arbeiten mit der Präsenz oder die defensive Haltung noch nicht so sehr. Sie können direkt die führende Haltung einsetzen, um die Dynamik konstruktiv zu beeinflussen. Das bedeutet, dass die Rahmenbedingungen und Spielregeln im Allgemeinen in der Gruppe oder an die Person gerichtet offen und rational angesprochen werden und, wenn es gut ist, sich das Gegenüber an diese anpasst. Das Hauptaugenmerk dieses Zugangs ist, dass Sie sich als die Person positionieren, die die Führung im (Gruppen-) Geschehen hat.

„Kommen Sie bitte das nächste Mal rechtzeitig zum Unterricht", „Schalten Sie Ihre Smartphones bitte aus", oder „Nehmen Sie bitte auch an der Übung teil", sind Beispiele eines Einsatzes einer führenden Haltung.

Falls Menschen stören, (provokant) einschlafen oder sonstiges, könnten Sie ebenfalls direkt führend und wohlwollend nachfragen, ob es Themen gibt, die vielleicht Ihre Aufmerksamkeit bräuchten:

„Braucht Ihr meine Hilfe?", „Falls Sie müde sind, können Sie auch gerne kurz Luft schnappen oder wollen alle eine Pause?"

Indirekt verfolgen Sie Ihr Ziel, hier zum Beispiel, dass der Unterricht ohne weitere Störungen abgehalten werden kann.

Eine andere Option im Anfangsstadium wäre auch noch **das Verhalten** „trocken" oder humoristisch zu **spiegeln**. Der Vorteil ist, dass Menschen sich durch derartige Spiegelungen der eigenen Verhaltensweisen bewusst werden und sich zumeist anpassen. Es geht ja nicht immer um große Sachen und manchmal werden Frustrationen etwa in den Unterricht mit hineingebracht, die nichts mit Ihnen zu tun haben. Das sehen die meisten schon ein.

„Ist es gestern spät geworden, (weil Sie so gähnen)?", oder „Haben Sie es eilig?"

Falls diese Interventionen nicht die erwünschte Wirkung erzielen, die Dynamik zu fortgeschritten ist oder etwa droht in einer Gruppe überhand zu nehmen, erfordert dies Interventionen auf der **zweiten Stufe der Interventionsleiter**. Selbstbewusst vermitteln Sie mit „Ich"-Botschaften Ihre Grenzen: Wo Sie in dem Ganzen stehen sowie was Sie wollen oder eben nicht wollen, nicht mehr und nicht weniger.

Beispiele einer neutralen Grenzsetzung sind: „Ich möchte, dass ihr rechtzeitig zum Unterricht da seid"; oder wenn es die gesamte Gruppe betrifft: „Ich möchte, dass eure Smartphones in der Tasche bleiben."

Wenn Sie im Gruppenkontext jemandem eine Grenze setzen müssen, ist jedoch zu beachten, dass manche offenen Widerstand leisten werden, um das Erleiden von Gesichtsverlust zu verhindern. Vielleicht kommt zusätzlich sogar auch noch ein schlummernder Konflikt an die Oberfläche. Jemanden unter einem Vorwand kurz herauszunehmen oder in der Pause oder während einer kurzen (spontan eingebrachten) Unterbrechung anzusprechen, ist bei größeren Spannungen in Gruppen als Strategie zu bevorzugen. Andernfalls besteht die Möglichkeit, dass sich die gesamte Gruppe gegen Sie kehrt.

Das Ziel dieser Intervention ist: das Wiederherstellen von Grenzen und die Klärung der Verhältnisse in der Beziehung. Diese grenzsetzende Intervention ist schlussendlich in beiderseitigem Interesse, wenn, was anzunehmen ist, ähnliche Ziele verfolgt werden, wie Lernen, Heilen u. ä. Mit dieser neutral sachlichen Grenzsetzung möchte man bewirken, dass sich die

Person (oder Gruppe) ihres Verhaltens bewusst wird, sich anpasst und die Spielregeln respektiert. Würde man hier gekränkt emotional überreagieren, weil man zu lange abgewartet hat und frustriert oder gestresst ist, entsteht wieder eine ganz andere, konflikthafte Dynamik. Manche Individuen oder Gruppen werden diese Reaktion aus Überforderung dann sogar versuchen auszuhebeln, indem sie Druck ausüben. Sie könnten sich aber auch von Ihnen persönlich angegriffen fühlen, was keine gute Basis für ein konstruktives Gespräch ist. Nach einer Grenzsetzung kann <u>eventuell</u> geklärt werden, was die eigentliche Motivation für das Verhalten war. Angesichts dessen, dass das Verhalten nicht ausgeprägt aggressiv und Ihre Grenzsetzung ein nicht allzu großer Einschnitt in das Geschehen ist, ist diese Intervention meistens ausreichend. Nicht alles muss immer durchbesprochen und unbedingt aufgearbeitet werden. Wichtig ist, dass Sie nicht in der Defensive „hängen bleiben", sondern wieder mit den Dingen weitermachen, mit denen Sie beschäftigt waren. Das Grummeln und Genörgel im Hintergrund müssen Sie manchmal im Kauf nehmen. Es ist besser, es zu negieren.

Falls Sie doch den Eindruck haben, dass etwas geklärt werden muss, können Sie dafür die partizipative Gesprächstechnik anwenden, wie schon beim Umgang mit Konflikten usw. gezeigt wurde. Um sich einem ausführlicheren Gespräch aufmerksam widmen zu können, bräuchten Sie natürlich etwas Zeit und Raum; beides steht mitunter nicht ausreichend zur Verfügung, etwa in einer Fortbildungs- oder Gruppensituation. Sie können das Gespräch vertagen und ein anderes Mal führen, wenn keine anderen Menschen anwesend sind, auch um Einmischungen und dergleichen zu verhindern. Erfahrungsgemäß ist auch hier in der Praxis zumeist das direkte Hinterfragen des Motivs mit: „Worum geht es?", oder „Ist etwas offen zwischen uns?" ausreichend, um sich aneinander anzunähern und eventuelle Probleme zu klären.

Mögliche Entwicklungen

Wenn Sie passiv aggressive Menschen auf ihr Verhalten ansprechen, werden manche frustriert, vielleicht sogar aggressiv reagieren. Das Potenzial dazu war jedoch bei der Person schon zuvor vorhanden, ebenso die Spannungen. Das Ansprechen bringt dies zum Vorschein. Eine Gruppe kann das aufgebrachte Verhalten auch noch verstärken. Vor allem wenn Sie aus Unachtsamkeit

„wichtige" Individuen vor der versammelten Mannschaft direkt konfrontieren, kann das die Dynamik zu einer großen Herausforderung werden lassen. Deswegen sind der Faktor „Gruppendynamik" und das Berücksichtigen gegenseitiger Einflussnahmen in der Gruppe bei Ihrer Strategiewahl wichtig, wenn die Spannungen groß sind.

Nach dem Ausagieren und dem Druck-Ablassen entsteht meistens wieder eine gute Basis für ein klärendes Gespräch auf rationaler Ebene. Sie müssen es nur eine gewisse Zeit lang aushalten und etwas Geduld haben, bis allmählich wieder Beruhigung eintritt. Vielleicht ziehen diese Personen einfach frustriert ab oder Sie können die Situation im Nachhinein oder am nächsten Tag besprechen, sobald sich die Gemüter etwas gelegt haben; oder aber man sieht sich überhaupt nicht mehr wieder. Es ist auf jeden Fall wichtig, sich durch diese (möglichen) Reaktionen nicht schon im Vorfeld abschrecken zu lassen, auch wenn Sie schon spüren und vermuten, dass es so weit kommen könnte. Man kann nicht immerzu Dinge kompensieren, übernehmen und ihnen aus dem Weg gehen, nur weil ungehaltene Reaktionen im Raum stehen. Falls Sie dennoch unsicher sind und zweifeln, können Sie sich natürlich bewusst dafür entscheiden, nicht aktiv vorzugehen. Eine andere Möglichkeit, Unsicherheit zu kompensieren, ist, Unterstützung (im Hintergrund) zu organisieren und Ihre Kollegen bzgl. Ihres Vorhabens zu informieren, damit Sie sich wieder ermutigt fühlen, den aktiven Schritt zu wagen.

4. Offene Aggression – die größten Herausforderungen in sozialen Beziehungen

Offene Aggressionen wie forderndes Verhalten, aggressive Manipulation, Frustrationsausbrüche und gezielte Gewalt zählen zu den größten Herausforderungen in sozialen Beziehungen. Im folgenden Kapitel werden diese Aggressionsformen aus der Perspektive des Aggressors als auch die der Betroffenen erklärt und außerdem die Bedeutung für die Beziehung beschrieben. Dieser differenzierte und praxisnahe Zugang macht deutlich, welche praktischen Strategien für den Umgang gewählt werden können, um Raum zu schaffen, Lösungen zu finden und in Sicherheit zu bleiben.

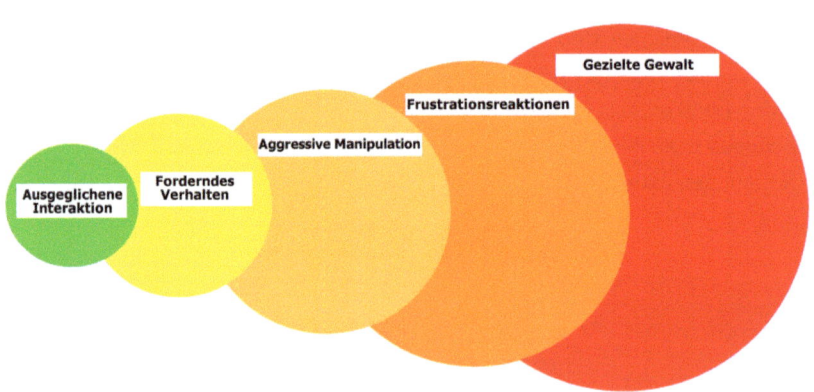

Bild 4.1. Die Aggressionsformen

Auf diesem Bild sehen Sie, mit einer ausgeglichenen Beziehungsgestaltung als Ausgangspunkt, den Zusammenhang zwischen den vier Aggressionsformen. Anhand der Farben und dem Umfang der Kreise sind deren Auswirkungen auf Menschen und Beziehungen ersichtlich. Diese Grafik zeigt auch, wie hoch die Anforderungen bei der Deeskalation sind und welches Gefährdungspotenzial von der jeweiligen Aggressionsform ausgeht.

4.1. Forderndes Verhalten; Grenzbereich der offenen Aggression

Die Dynamik in einer sozialen Beziehung beruht darauf, dass zwischen Menschen gegen- und wechselseitig ein gewisses Ausmaß an Druck und anziehender Wirkung ausgeübt wird. Alltägliche Einflussnahmen, bei denen die Waage einigermaßen in Balance bleibt und das innere Gleichgewicht mehr oder weniger erhalten bleibt, nehmen wir jedoch kaum bewusst wahr. Ist das Gleichgewicht in der Beziehung nicht vorhanden oder verloren gegangen, wird eine derartige Wechselwirkung von Spannungen, negativen Gefühlen, Gedanken und Bildern gekennzeichnet. Was bei jemandem Stress oder Frustration auslöst, ist und bleibt eine individuelle Sache. Manche geraten schon beim geringsten Konflikt oder der bloßen Vorstellung, dass jemand böse werden könnte aus dem Gleichgewicht. Andere haben sich wiederum an einen rohen Umgangston oder sogar Aggression gewöhnt. Jeder hat seinen persönlichen Ausgangpunkt, was Wechselwirkungen in Beziehungen bei einem auslösen, was zu respektieren ist. Gleichzeitig kann dieser aber auch als Basis für neue Erfahrungen und das Verlegen persönlicher Grenzen dienen.

Sobald unsere persönlichen Grenzen unter Druck geraten oder sogar überschritten werden, verändert sich unser Bezug zu anderen Menschen deutlich. Diese Verhaltensweisen erleben wir als negativ oder sogar aggressiv. Zwischen alltäglichen „normalen", ausgewogenen Begegnungen und solchen, die von eindeutigen Schieflagen durch offene Aggression bis hin zu Gewalt geprägt sind, befindet sich ein Übergangsbereich: das fordernde Verhalten. Mit forderndem Verhalten wird offensiver Druck ausgeübt, um das eigene Anliegen zu forcieren. Grenzen werden jedoch nicht eindeutig überschritten, so wie das bei aggressiven Verhaltensweisen der Fall ist. Sie werden jedoch andererseits auch nicht ausreichend respektiert und berücksichtigt. Forderndes Verhalten spielt sich buchstäblich entlang der persönlichen Grenzen ab. Es ist daher enorm sinnvoll, forderndes Verhalten genauer zu betrachten und Strategien für den Umgang damit zu entwickeln. Erfahrungsgemäß löst forderndes Verhalten sukzessive viel Stress und Frustration aus.

Auch spannungsgeladene, offene Konflikte, ausgehend von einer fordernden Person, die mit ihrer Druckausübung nicht durchgekommen und ihr Ziel unbedingt durchsetzen möchte, sind möglich. Manche Menschen sind aus irgendeinem Grund strukturell daran gewöhnt, keine Rücksicht auf andere zu nehmen und mit Druck und Egoismus immer durchzukommen. Sie haben eine dementsprechende Erwartungshaltung: Es ist ihr Verhaltenshorizont. Wird dieser Erwartung, was für diese Person eine Art subjektive Normalität ist, nicht entsprochen, führt das zu einem Konflikt, der in Aggression ausarten könnte.

Ich sehe forderndes Verhalten als eine subtile Aggressionsform. Die meisten Betroffenen bemerken die negativen Auswirkungen nicht sofort, manchmal auch gar nicht, weil sie unbewusst mitgehen und kooperieren. Der Druck wird somit kompensiert und deswegen kaum bemerkt. Die negativen Auswirkungen offenbaren sich zumeist erst später. Die Konfrontation mit Druck ausübenden Menschen ist eine häufig anzutreffende Herausforderung in einer Welt voller Stress, Individualisierung, Egozentrik und Problemen bei der sozialen Erziehung von Kindern und Jugendlichen und, meiner Meinung nach, von zunehmend fehlenden und verkümmernden analogen sozialen Kompetenzen. Persönliche Grenzen anderer Menschen werden oftmals strukturell gar nicht mehr wahrgenommen und respektiert. Es wird hauptsächlich das eigene Anliegen auf andere Personen projiziert. Diese sollen und müssen diesen einseitigen Vorstellungen entsprechen.

Wenn Sie über eine gewisse Sensibilität und einen guten Bezug zu Ihren Grenzen verfügen, können Sie die Auswirkungen von forderndem Verhalten auf Ihr Gefühlsleben gut bemerken. Auch hier ist Ihr Ausgangspunkt entscheidend. Wie und in welchem Ausmaß Spannungen und negative Gefühle aufkommen, hängt mit dem betroffenen Individuum, seinen Bedürfnissen und den Umständen der Begegnung zusammen. Die persönlichen Grenzen repräsentieren immerhin Bedürfnisse und diese fallen für jeden Menschen kontextuell bedingt unterschiedlich aus.

Die Verhaltensmerkmale einer fordernden Person

Forderndes Verhalten zeigt sich in respektlosem, rücksichtslosem und wiederholtem Drängen und Nötigen. Die begleitende nonverbale Kommunikation ist offensiv und eindringlich, was genau den Druck bei anderen verursacht. Typische Merkmale sind: ein Einbruch in die Intimzone bzw. zu nahes Herantreten, Gestikulieren, unerwünschter Körperkontakt und eine hohe, körperliche Anspannung. Diese übersetzt sich in eine rigide Körperhaltung, in einen erhöhten Muskeltonus oder eine ausgeprägte

Spannung im Nackenbereich. Die verbalen Botschaften werden auf einer Appellebene ausgedrückt. Sie sind inhaltlich einseitig, auffordernd und dominierend und werden als schroff, respektlos und ungehalten empfunden. Das anhaltende, repetitive „Ich will, ich will, ich will", „Sie müssen, sollen usw." ist kennzeichnend für forderndes Verhalten. Dieser Druck hält an und lässt nicht nach, bis man nachgibt. Das kann bedrängend, einengend und sogar verunsichernd wirken, weil immerhin schon viel Spannung im Spiel ist und ein massiver Konflikt auf der Lauer liegt. Fordernde Personen verlangen für sich enorm viel Raum und nehmen keine Rücksicht auf die persönlichen Grenzen anderer. Die Befriedigung ihrer Bedürfnisse steht an erster Stelle. Es wird auf die Funktionalisierung und Instrumentalisierung des Gegenübers gedrängt.

Diese Form der Aggression kann übertragungsmäßig eingesetzt werden. Deutliche verbale und nonverbale Hinweise fehlen dann zwar, aber der Druck ist dennoch deutlich spürbar. Persönliche Bedürfnisse werden über diese Schiene nicht offensichtlich, dennoch äußerst effektiv forciert. Sie kennen diese Menschen wahrscheinlich. Es sind diejenigen, die einem körperlich zu nahe kommen, während Sie eindeutig mit andere Dingen beschäftigt sind. Sie drängen sich auf, stören, dominieren fast unbemerkt das Geschehen und sie ziehen die Aufmerksamkeit an sich heran. Jedoch auch augenscheinlich normales „Bitten" mit einer unterschwellig bestimmenden Haltung ist ein Beispiel, wie Bedürfnisse forciert werden. Oftmals wird durch die subtile Wirkung des Drucks reflexartig kooperiert und der Erwartungshaltung entsprochen. Das Ergebnis kann sein, dass die eigenen Ziele aus dem Auge verloren werden: Man lässt sich fremdbestimmen.

Was löst forderndes Verhalten aus?

Früher oder später wird man bei einer Konfrontation mit forderndem Verhalten das Gefühl bekommen, in die Enge getrieben zu sein. Dauerhaftes, frontales Fordern und Äußern von Bedürfnissen stellen massive Anforderungen dar. Wird man über eine längere Zeitspanne mit derartigen Verhaltensweisen konfrontiert, wird es immer mehr zu einer Herausforderung, diese zu ertragen.

Erfahrungsgemäß wird bei forderndem Verhalten zumeist mitgegangen und kooperiert, auch um Konflikte zu vermeiden. Die Auswirkungen bekommen mitunter Arbeitskollegen oder Angehörige zu spüren, wenn derartige

Erfahrungen mit fordernden Personen aufgearbeitet werden, der Druck abgelassen und Psychohygiene betrieben wird. Man unterhält sich zum Beispiel unter Kollegen über diese „schwierigen" Menschen. Das ist eine typische menschliche Strategie, um wieder innere Distanz zu dem zu schaffen, was uns innerlich negativ berührt und aus der Balance bringt. Die Auswirkungen können jedoch auch eine Zeit lang unbewusst in uns arbeiten, weil wir vielleicht durch zusätzliche Angelegenheiten abgelenkt werden oder längere Zeit mit einer konfliktvermeidenden Haltung reagiert haben. Diese Spannungen und Frustrationen machen sich jedoch mit der Zeit immer mehr bemerkbar. Sie äußern sich in einem generellen Unwohlbefinden und führen zu Unausgeglichenheit, Negativität oder überaus gereiztem Reagieren auf Kleinigkeiten. Was oftmals fehlt, ist Bewusstsein und Aufmerksamkeit dafür, was Herausforderungen wie forderndes Verhalten für uns bedeuten, was sie mit uns innerlich tun. Denn damit könnten wir derartige negative Auswirkungen auf uns selbst und die Beziehungen eventuell verhindern. Ideal wäre es sofort zu erkennen, wenn uns jemand fordernd unter Druck setzt. So wird der Stress in der Situation selbst genützt, die Leistungsenergie in eine aktive Handlung kanalisiert und zur Selbstbehauptung verwendet.

Warum ist uns manchmal wenig bewusst, wie es uns wirklich geht?

Dass uns die notwendige Sensibilität für unsere Befindlichkeiten fehlt, liegt vielfach an dem strukturellen Stress, worunter wir in dieser modernen Gesellschaft leiden. Der Zustand struktureller Anspannung ist zur Normalität geworden, unser Ausgangspunkt und Horizont sind auf dieses Niveau angehoben. Chronischer Stress sowie ein fehlender Bezug zu innerer Ausgeglichenheit und einem entspannten Zustand haben auch Einfluss darauf, wie wir die Welt betrachten und ab wann wir auf Dinge aufmerksam werden, die uns innerlich berühren. Ein entspannter, ausgeglichener Zustand hilft, sich dieser subtilen Einflüsse und Einwirkungen auf das innere Erleben bewusst zu werden: Es fördert die Sensibilität, Aufmerksamkeit und eine kritische Haltung.

Viel Stress ist hausgemacht und hat mit den Ansprüchen und vor allem Unsicherheiten im Leben zu tun. Bei vielen Menschen fehlt die Motivation, sich mit den Ursachen ihres Stresses auseinanderzusetzen, sich zu motivieren und hier etwas bei sich zu verändern. Tatsache ist jedoch, dass chronischer Stress ein Faktor ist, der uns mannigfaltige körperliche und psychische Probleme bereiten kann und das Entstehen von Herausforderungen in Beziehungen begünstigt. Kurzgefasst: Stress nimmt uns direkt oder indirekt einen Teil unserer Lebensqualität.

Sie wissen sicherlich, dass es sinnvoll ist, Stress mit diversen Aktivitäten regelmäßig abzubauen. Das Tückische an Stress ist aber, dass er manchmal das In-Angriff-Nehmen entspannender Aktivitäten blockiert, uns sogar lähmt. Aus einem Zustand einer kontrollierten Anspannung heraus müsste man es aufbringen, sich zu entspannen, diesen anhaltenden Zustand der Anspannung aufzuheben. Das ist nicht naheliegend und passt nicht gut zusammen, weil man sich eben stark kontrolliert und der Blickwinkel eher fixiert und eng eingestellt ist. Außerdem ist es an sich nicht unangenehm, eine dermaßen hohe Leistungsfähigkeit zu haben, hyperalert zu sein und viel Arbeit erledigen zu können. Sich unter Einfluss von (chronischem) Stress zu entspannen, verlangt daher, diesen entspannten Zustand als wichtiges Ziel für sich selbst vor Augen zu haben, und neben der regelmäßigen Umsetzung entspannender Aktivitäten außerdem ein Stück Selbstdisziplin und Selbststrukturierung. Zum Beispiel Aktivitäten wie Lesen, Wandern, Sport usw. helfen, den Teufelskreis einer Chronifizierung von Stress zu durchbrechen.

Meine Erfahrung ist, dass die Motivation zur Auseinandersetzung mit Stress erst dann erweckt wird, wenn sich Menschen dieser Mechanismen mehr bewusst werden, die negative Auswirkung auf Beziehungen und sich selbst begreifen und auch selbst kennengelernt haben. Oftmals passiert das erst dann, wenn man auf harte Weise mit den Fakten konfrontiert wird. Bei mir ist es auch nicht anders gewesen: negative Auswirkungen auf meine Gesundheit durch erhöhten Blutdruck und Schlaflosigkeit sowie ständige Gereiztheit. Irgendwann stand ich aufgrund von Bluthochdruck mit einer Überweisung zu einem Internisten da. Ich kann mich natürlich untersuchen lassen, mir den Bluthochdruck bestätigen und Medikamente verschreiben lassen und einfach weiterleben und arbeiten wie zuvor. Ich habe mich dafür entschieden zu überlegen, woher der Stress kam. Ich habe mich angepasst, meine Ansprüche und meine Haltung zu manchen Sachen verändert sowie mein Leben umgestellt. Meine Haltung in Bezug zu den Anforderungen des Lebens: Ich tue, was ich kann, und gebe 100 %, nicht mehr und nicht weniger.

Im beruflichen Rahmen strukturell an schwieriges und aggressives Verhalten bloßgestellt zu sein und damit einhergehend fehlende Strategien etwas dagegen unternehmen zu können, sind Faktoren, die anhaltenden Stress fördern. Es gibt auch genug Betriebe, wo mehr oder weniger erwartet wird, immer nett, freundlich und bedingungslos kooperativ zu sein, wobei das mentale Abgrenzen, Präsenz zeigen, eine punktuelle neutrale Grenzsetzung und das Umlenken und Übernehmen der Führung in der Dynamik dem nicht unbedingt widersprechen würden. Fehlen Flexibilität und Anpassungsvermögen und wird eine Haltung verkrampft beibehalten, wird es problematisch die Belastungen zu reduzieren und etwas zu verändern. Schwierige respektlose Menschen machen so auch nie die Erfahrung, dass ihr Verhalten unangebracht ist und sie sich anpassen sollten.

Für einen die Energieressourcen und die Psyche schonenden sowie effektiven Umgang mit forderndem Verhalten haben sich grundsätzlich folgende Faktoren bewährt:

- eine realistische Vorstellung der eigenen professionellen Aufgaben und eine kritische Haltung bzgl. der Selbstansprüche
- die Fähigkeit zwischen beruflicher und privater Identität zu unterscheiden
- ein gesundes Selbst-Bewusstsein
- Selbst-Sicherheit und ein Bezug zu den eigenen Grenzen
- praktische Fähigkeiten zur Stressregulation wie z.B. Atemtechnik

All diese Faktoren erleichtern es einem, sich (mental) abzugrenzen, sich klar zu positionieren, die eigenen Grenzen zu wahren, sich selbst zu behaupten, flexibel zu bleiben sowie manchmal auch Konflikte zu relativieren, da sie einen zwar persönlich berühren, aber nur die professionelle Funktion betreffen. All dies schafft mehr Raum, Ausgeglichenheit und Wohlbefinden. Außerdem verringert sich das Risiko einer impulsiven Reaktion auf (eventuell provokant wirkende) Verhaltensweisen.

Der Umgang mit forderndem Verhalten

Solange der Druck nicht allzu hoch ist, können Sie die Dynamik direkt zu Ihrem Vorteil rhetorisch umlenken. Dieses gelingt durch führendes und wohlwollendes Eingehen auf das Gegenüber und seine Bedürfnisse, zum

Beispiel mit: „Nehmen Sie kurz dort Platz. Ich kümmere mich sofort um Ihr Anliegen". Mit dieser Intervention wird <u>mit</u> und nicht gegen oder in dem Druck gearbeitet. Sie lenken ihn nur in eine andere Richtung um. Der Vorteil ist, dass man den Weg in dieselbe, in eine für beide Seiten befriedigende Richtung einschlägt.

Manchmal macht es auch Sinn, auf einseitige Aufforderungen 2 Sekunden lang nicht zu reagieren, innezuhalten, sich nur mental abzugrenzen und innerlich vom Geschehen zu distanzieren (**erste Stufe der Interventionsleiter**). Sie arbeiten in dem Fall passiv mit der ruhigen Präsenz. Das Ziel ist, dass fordernde Personen Sie wahrnehmen bzw. respektieren und daraufhin ihr Verhalten besser kontrollieren und es adäquat auf Ihre Grenzen abstimmen.

Bei forderndem Verhalten und dem Arbeiten mit der Präsenz lässt sich Stress auch gut zusätzlich etwa mittels positiver Affirmationen kanalisieren. Affirmationen sind bestimmte Satzkombinationen, die Sie sich innerlich vorsprechen. Der Begriff „Ich" wird mit imaginierten Bildern oder Redewendungen sowie mit einem entspannten Zustand im Jetzt kombiniert. Zum Beispiel: „Ich bin ruhig", „Ich bleibe bei mir" oder „Es geht vorbei". Zeitliche Begrenzungen wie „Noch bin ich ruhig" oder eine Konstruktion, die eine zukünftige Erwartung beinhaltet, wie „Ich werde ganz ruhig", sollten vermieden werden. Der Satzinhalt sollte sich an der Gegenwart und einer tatsächlichen Gegebenheit orientieren.

Bei einer Begegnung mit einer <u>stark</u> fordernden, unsere Grenzen durch das Ausüben von Druck beeinträchtigenden Person empfiehlt sich eine verbale Grenzsetzung (**zweite Stufe**) als erster Schritt. Das Ziel ist, zuerst die schiefen Verhältnisse in der Beziehung zu „resetten" und einen gleichberechtigten Ausgangspunkt zu schaffen, wonach weiter das Gespräch konstruktiv aufgebaut wird. Für einen selbst hat eine Grenzsetzung den Effekt, dass der Stress deutlich abnimmt, wieder Raum verspürt wird und Überreaktionen vermieden werden.

Beispiele für eine Grenzsetzung in der Kommunikation sind:

„Ich bin gerade in einem für mich wichtigen Gespräch, warten Sie bitte kurz/ich bitte Sie, kurz zu warten".

„Ich verstehe oder habe gehört, dass Sie etwas von mir brauchen, aber ich fühle mich dabei gerade unter Druck gesetzt".

Nachdem Sie auf diese Weise einen Ausgleich oder Reset der Beziehung erreicht haben und der Druck nachlässt, ist es enorm wichtig, sofort Ihre Haltung zu wechseln und Aussicht auf die Befriedigung der Bedürfnisse zu geben („Ich kümmere mich in etwa 2 Minuten um Ihr Anliegen"). Die Kombination dieser beiden unterschiedlichen Haltungen, abgrenzen und dann wohlwollend auf jemanden eingehen, verhindert, dass die Person nach dem Abgrenzen und Stoppen in eine „Leere" gerät und frustriert reagieren könnte. Ihrer Erwartung ist nicht entsprochen worden und nun hat die Person vielleicht Schwierigkeiten, sich neu zu orientieren und zum Beispiel Alternativen zu finden. Die meisten wollen irgendetwas von einem und haben ein deutliches Anliegen, auf das sie fixiert sind. Vor allem gestresste Menschen, Kinder und Jugendliche tun sich manchmal schwer, sich nach dem Abstoppen neu zu orientieren, und sind verunsichert. Ein „Kippen" solcher Situationen ließe sich einfach verhindern, wenn wir die Voraussicht auf ein Entgegenkommen vermitteln, an dem sie sich festhalten könnten.

Beispiele für eine Kombination aus Grenzsetzung und dem darauffolgenden Bieten einer Voraussicht auf Bedürfnisbefriedigung sind:

„Ich bin gerade in einem für mich wichtigen Gespräch. Warten Sie bitte kurz, ich werde mich in fünf Minuten um Ihr Anliegen kümmern", „Ich verstehe oder habe gehört, dass Sie etwas von mir wollen, aber ich bin gerade beschäftigt", „Wenn Sie fünf Minuten dort warten/sich dort hinsetzen und etwas zu trinken nehmen, komme ich zu Ihnen."

Diese Sätze klingen logisch und wahrscheinlich machen Sie es unter bestimmten Umständen schon. Nur werden sie unter dem Einfluss von Alltags- und Arbeitsstress und dem Ringen um den Behalt der Kontrolle über sich selbst, über andere sowie die Umstände dennoch oft vergessen und nicht ausgesprochen. Auch wenn der Druck (subjektiv) zunimmt, wird man eher dazu neigen, sofort instinktiv zu kooperieren, wonach man sich ärgert.

Manche Personen reagieren dennoch frustriert, wenn sie bemerken, dass sie mit dem Druckausüben nicht „durchkommen". Diese Überreaktionen könnten prinzipiell verhindert werden, indem man im fordernden Druck mitgeht oder solchen Menschen ausweicht. Auch hier gilt, dass das auf Dauer hinsichtlich der eigenen Bedürfnisse keine gute Strategie ist, ebenso nicht für die Entwicklung der Beziehung selbst. Was das betrifft, bieten Transparenz und Klarheit auf längere Sicht den besseren Ausgangspunkt, um Beziehungen konstruktiv zu leben und ein ruhiges Umfeld zu schaffen. Auch kommen die meisten Menschen wieder auf einen zu, nachdem sie erst einmal frustriert ausagiert haben, wonach das Denken und Abstimmen auf ein Gegenüber wieder besser gelingt

4.2. Aggressive Manipulation

Opfer einer Manipulation geworden zu sein, bedeutet, dass die eigenen Entscheidungen und Handlungen von außen beeinflusst wurden, zumeist ohne sich dessen bewusst zu sein. Bei manipulativen Verhaltensweisen ist die nonverbale und verbale Kommunikation so gestaltet, dass das Verhalten der manipulierten Person gezielt beeinflusst wird. Diese Signale und Botschaften wirken auf das Gefühlsleben ein, wodurch sich die Haltung verändert und beim richtigen Opfer emotionale (Über-)Reaktionen ausgelöst werden. Emotionen werden auch die „Beweger" genannt. Sie vereinigen das Erleben oder Fühlen, das Bewerten und die Handlungsbereitschaft: Die Emotionen übermitteln nach außen, wie es uns innerlich mit einer Situation geht.

Manipulative Handlungen können sehr unterschiedlich sein. Manche Formen werden weniger negativ gesehen als andere und gehören zu einer Art Normalität. Sie zeigen sich in einer Bandbreite von Sympathie erwecken, Flirten, Habgier erzeugen usw. bis hin zu eindeutig aggressiven Vorgehensweisen, wie zum Beispiel Androhungen und gezielten Beleidigungen. Grundsätzlich ist es so, dass wir Menschen uns gegenseitig, vielfach unbemerkt, durch verbale und nonverbale Signale und Botschaften beeinflussen und „in-Bewegung-bringen". Zu unseren Bedürfnissen in Widerspruch stehende Signale aber verursachen Stress und können schlussendlich zu impulsiven Handlungen führen. Inwiefern diese erfolgen, hängt davon ab, wie sehr Bedürfnisse unter Druck gekommen oder beeinträchtigt worden sind.

Mit aggressiven manipulativen Verhaltensweisen werden gezielt Kampf- oder Fluchtreaktionen ausgelöst. Das zugrundeliegende Motiv ist das Ausüben von Macht und das Kontrollieren-Wollen. Offensives Manipulieren zielt zumeist auf Einzelpersonen ab, kann aber das gesamte Umfeld, ja ganze Gruppen mitreißen, wenn diese verärgert oder verunsichert werden. Wird über jemanden Macht ausgeübt und jemand kontrolliert, bedeutet das, dass die Person so handelt oder tut, wie es sich der Manipulator im Rahmen der eigenen Ziele vorstellt: Er generiert Mitspieler für seinen „Film", in dem er die Regie führt, aber auch die Hauptrolle verkörpert. Für das Opfer bleibt die Rolle des Komparsen und es „darf" als Statist mitspielen. Das Ausüben von Macht und das Kontrollieren-Wollen dienen dazu, dass gefühlsmäßige Bedrohungen in Bezug zu den eigenen Bedürfnissen neutralisiert werden, wenn etwa

Frustrationen und Konflikte auftreten oder sich solche anbahnen oder vermutet werden. Aggressive Manipulationen werden häufig eingesetzt, um Verunsicherung präventiv zu verhindern, im Sinne von: Ein Angriff ist die beste Verteidigung.

Alle Formen der Manipulation - Flirten, Habgier bewirken, Provokationen sowie die Manipulation mittels des Übertragens mentaler Modelle - können als Herausforderungen zwischenmenschlicher Beziehungen gesehen werden. Es hängt jedoch sehr von der Art und Intensität der Manipulation und vom Betroffenen und dessen Sensibilität ab, wo die Grenze gelegt wird und derartige Einflussnahmen als negativ empfunden werden: Manche mögen es nicht, von einem Autoverkäufer mit verlockenden Angeboten bombardiert und verführt zu werden, für wiederum andere sind Muskelprotze mit einem Kampfhund, lautstarke Beschimpfungen bedrohlich oder einseitige Berichterstattung über die Nachrichten, Medien etc. unerwünscht. Einschüchterung und Provokation sind abgegrenzte Formen der Manipulation, die die meisten Menschen als „aggressiv" empfinden. Einschüchterung und Provokation sind auch diejenigen Formen, die aufgrund offensichtlicher Grenzüberschreitung am ehesten negative Folgen für Menschen und Beziehungen haben.

*Wenn wir provokante oder einschüchternde Verhaltensweisen verstehen wollen, wäre es interessant, in unsere Überlegungen miteinzubeziehen, was von Menschen übrigbleiben würde, wenn sie nicht Macht ausüben könnten und keine Kontrolle haben würden. Versuchen Sie sich bildlich vorzustellen (zu „mentalisieren"), die obere Schicht des vordergründigen Verhaltens visualisierend „wegzuwischen"/ „wegzuschieben". Sie können dann das darunterliegende Motiv erkennen, das vom Verhalten überlagert wird.

Einschüchterung und Provokation

Einschüchterungen sind effektiv, sobald jemand verunsichert oder in einen Zustand der Angst, manchmal auch Furcht versetzt wird. Außer dass Einschüchterungen unterschwellig über die Haltung erfolgen können, sind verbale und nonverbale einschüchternde Botschaften, Gesten und sogar körperliche Einwirkungen generell ausgeprägt offensiv und bedrohlich. Durch diese Form der Manipulation wird das Sicherheitsgefühl der Betroffenen erheblich unter Druck gesetzt und sogar invasiv beeinträchtigt. Bei massiven Einschüchterungen kann das auch zu einer akuten Überforderung, Machtlosigkeit, sogar zum Erleiden psychischer Gewalt führen. Bei einem erfolgreichen Einschüchterungsversuch eines Manipulators entziehen sich viele Betroffene instinktiv und fluchtartig der bedrohlichen Situation. Andere wiederum erstarren und reagieren mit einer bedingungs- und widerstandslosen folgsamen Haltung. Diese Auswirkungen auf das Verhalten eines Opfers zeigen, dass die Manipulation effektiv war und das Ziel erreicht wurde: das Ausüben von Macht und Kontrolle. Manche aber reagieren auf Einschüchterungen selbst mit einer Angriffshaltung und Aggression. Es kann für denjenigen, der einschüchtern wollte, so gesehen auch nach hinten losgehen.

Einschüchterungen sagen viel über die Art und Weise aus, wie Beziehungen vom Aggressor erlebt werden und welche Bedeutung andere Personen subjektiv für ihn haben. Bei Einschüchterungen wird versucht, über die Macht und Kontrolle die eigene drohende Machtlosigkeit und Angst zu verhindern. „Du sollst Angst haben, damit ich nicht so viel Angst haben muss, wenn ich die Kontrolle verliere oder diese nicht habe" ist das Motiv hinter dem einschüchternden und drohenden Verhalten. Meistens dient es als letzter Versuch, das Scheitern der Bedürfnisbefriedigung abzuwenden. Manche Menschen zeigen einschüchterndes Verhalten strukturell, es gehört zu ihrem Verhaltensrepertoire; in so einem Fall komplett wahllos auf Menschen oder Gesamtsituationen gerichtet, die real wahrscheinlich keine Bedrohung darstellen oder darstellen werden. Hinter diesem Verhalten steckt, wie Sie vielleicht erahnen, Unsicherheit oder wenig Selbstsicherheit und somit das Bedürfnis, Beziehungen stets zu kontrollieren, und mit der Haltung, dominieren zu müssen. Andere Menschen nützen einschüchterndes Verhalten zur Stärkung ihres Egos etwa im Gruppenkontext und zum Erhöhen des Selbstwerts: „Ich bin mächtiger als du!"

Der Begriff **Provokation** ist vom lateinischen „provocare" abgeleitet und bedeutet hervorrufen, herausfordern oder austesten. Provokatives Verhalten bedeutet, dass jemand mittels gezielter Beleidigungen, Kränkungen und irritierender körperlicher Berührungen in die Enge getrieben und frustriert wird. Auf diese negativen Auswirkungen reagiert der Provozierte wiederum. Das Opfer versucht, sich selbst zu behaupten, es wird von Emotionen überrollt und wird eventuell sogar selbst aggressiv. Genau dieser Verlust der Contenance und das Übergehen in eine Kampfhaltung führen direkt oder indirekt zur Befriedigung der Bedürfnisse des Provokateurs. Einige Beispiele davon sind im unteren Abschnitt aufgelistet.

Provokationen als auch Einschüchterungen können subtil ausfallen und unterschwellig ausgeübt werden. Nicht-Betroffene nehmen dieses wahrscheinlich überhaupt nicht wahr. Provokative Verhaltensweisen zeigen sich jedoch auch als eindeutige, von außen gut erkennbare offensive Gesten. Typisch für Provokationen ist, dass persönliche Grenzen gezielt unter Druck gesetzt, „angekratzt" oder beeinträchtigt werden. Diese persönlichen Grenzen geben uns Sicherheit und wir versuchen sie instinktiv zu wahren. Unser Ego repräsentiert diese persönlichen Grenzen und schützt uns gegen das, was zu viel ist. Genau bei diesem wichtigen Sicherheit bietenden Teil unseres Wesens setzen die Provokationen an und lösen beim „richtigen" Opfer heftige Reaktionen aus. Vor allem wenn das Ego einen hohen Stellenwert hat, zum Beispiel vieles kompensiert und latente Unsicherheit oder wenig Selbstsicherheit überlagert, können Provokationen wütende Reaktionen hervorrufen.

Eine Provokation ist vergleichsweise weniger tiefgreifend als eine Einschüchterung. Provokationen orientieren sich an den äußeren Grenzen oder am Ego einer Person und zielen nicht direkt auf das Sicherheitserleben „dahinter" ab. Bei einer Provokation wird ein Angriff nicht vollständig bis zum basalen „Kern" eines Opfers durchgesetzt. Diese Art, eben an den persönlichen Grenzen „herum" zu manipulieren, ist auch daran erkennbar, dass nach den Beleidigungen, Beschimpfungen und körperlich irritierenden Beeinträchtigungen oftmals ein (rascher) Rückzug des Provokateurs stattfindet, etwa durch das Abwenden des Blickes oder durch körperliches Zurückziehen. Genau diese Kombination aus offensivem Beeinträchtigen, dem „Ankratzen" des Egos, der Druckausübung auf die Grenzen und dem anschließenden

„Rückzug" macht diese Manipulationsform enorm effektiv („Ich greife dich an und lade dich dann zu einem Gegenangriff ein", „Die Lage ist sogar günstig", „Komm dann, wenn du dich traust"). Bei erstmaliger eventuell unerwarteter Konfrontation mit einer provokanten Person, die den Hebel an einem wunden Punkt ansetzt, den wir alle irgendwo haben, ist es schwierig, nicht darauf einzusteigen und nicht verärgert oder wütend zu reagieren. Manche Leute verstehen es nur allzu gut, mit ihren Äußerungen jemanden persönlich zu treffen und zu kränken. Durch pulsierenden Druck auf die Grenzen, respektlosem Beleidigen, vielleicht sogar Zerren an der Kleidung wird man instinktiv zu einem kämpferischen Gegenangriff bewegt, der dazu dienen soll, die Kontrolle über die Situation wiederherzustellen.

Die Provokation hat, ebenso wie die anderen Manipulationsformen, viel mit dem (unbewussten) Ausüben von Macht und/oder dem Kontrollieren einer Beziehung und was diese subjektiv repräsentiert, zu tun. Persönlich habe ich den Eindruck, dass häufig diejenigen Provokationen einsetzen, die grundsätzlich ambivalent und unsicher in Beziehungen stehen. Sie können die Beziehung und deren Bedeutung für sich schwer einschätzen und müssen die Verhältnisse ständig austesten („Muss ich mich bei dir unsicher fühlen oder kann ich bei dir sicher sein?"). Anders gesagt: Sie sind sich darüber im Unklaren, was sie selbst und die gegenseitigen Verhältnisse in der Beziehung betrifft, und verlangen und suchen nach ständiger Resonanz. Eine Provokation dient als Strategie, um wieder eine subjektive Sicherheit für sich zu erlangen („Ich kenne mich wieder aus!"). Bei Kindern und Jugendlichen sieht man es häufig als einen normalen Teil der notwendigen Prozesse (hoffentlich) zur Entwicklung einer stabilen Persönlichkeit. Dennoch gibt es auch noch andere Motive für provokative Verhaltensweisen.

Einige andere Beispiele, wofür Provokationen eingesetzt werden können:

> Eine Provokation dient manchmal dazu, starre persönliche Beziehungen mit zum Beispiel distanzierten und/oder angespannten Menschen aufzulockern und über die Reaktionsweisen eine Verbindung herzustellen.
> Eine eventuelle, durch eine Provokation ausgelöste (körperliche) Auseinandersetzung kann eine Aufwertung des Selbstwerts (Ego) bedeuten.

> Provokationen können bei starkem Frustrationserleben zur Abfuhr der Anspannung über die entstandene Angriffsfläche dienen.

> Es lässt sich mittels einer Provokation und den daraus folgenden Reaktionsweisen Aufmerksamkeit für das Anliegen generieren.

> Provokationen stellen mittels des Erlebens von Macht über das Gegenüber etwas Lustvolles (Sadismus) dar, vielleicht auch deswegen, weil man erkennt, dass der Betroffene keine Möglichkeit hat zu reagieren und machtlos ist, wie in so manchem professionellen Bereich, wo verlangt wird, sich zu jeder Zeit korrekt zu verhalten.

> Auf indirekte Weise führen Provokationen zur Bedürfnisbefriedigung, wenn der Verlust der Contenance, „des klaren Blicks", im Tätigkeitsbereich zum Beispiel, Konsequenzen darauf hat, wie die Aufgaben in diesem Rahmen erfüllt werden. Auf diese Weise werden Möglichkeiten für den Manipulator geschaffen.

Was aggressive Manipulationen bei uns auslösen

Bei aggressiven Manipulationen wird mit offensiven, verbalen und nonverbalen Botschaften und körperlichen Grenzüberschreitungen „absichtlich" und gezielt auf das Gefühlsleben einer Person eingewirkt. Beim Opfer wird ein Zugang zu den Verletzlichkeiten „gesucht" und, wenn gefunden, der Hebel dort angesetzt. Zum Vergleich: Die Konfrontation mit „kalten", gewaltbereiten Menschen verursacht bei vielen Furcht. Das ist eine logische Konsequenz, die von der realen Gefahr („im Jetzt") ausgeht. Furcht zu verbreiten ist jedoch nicht das Ziel dieser gewaltbereiten Menschen, sondern ein Effekt der konkreten Gegebenheiten. Bei Konfrontation mit Frustrationsausbrüchen wiederum wird so mancher durch die beeindruckenden, lautstarken Verhaltensweisen oder prägenden negativen Erfahrungen mit etwa Impulsdurchbrüchen rasch unsicher, ängstlich und fühlt sich machtlos. Das Ziel des emotionalen Ausagierens des „Aggressors" ist hier die Spannungsabfuhr und nicht so sehr die Gewaltausübung. Dass Frustrationsausbrüche manchmal zu Impulsdurchbrüchen führen und in körperliche Gewalt ausufern, bleibt immer ein potenzielles Risiko. Diese reale Unberechenbarkeit muss dann auch beachtet werden und man sollte sich auf Eventualitäten einstellen. Bei Frustrationsausbrüchen fehlt die manipulative Absicht (Macht ausüben und Kontrollieren-Wollen), kann aber mit hineinfließen. Das gilt vor allem auch, wenn diese Verhaltensweisen, die Menschen in die Machtlosigkeit versetzen sollen, inszeniert werden. Das Vorführen eines Theaterstücks mit dem Titel „Macht - Machtlosigkeit" ist keine Seltenheit, wo auch immer das herkommt und erlernt wurde. Oft hat es etwa mit der Biografie zu tun und sind es Menschen die selbst an Macht-/Hilflosigkeit bzw. an Gewalt (strukturell) bloßgestellt waren.

Zusammenfassung:

- Bei **einschüchterndem Verhalten** ist das Verhalten aufgebracht, dennoch zumeist einigermaßen kontrolliert. Manche äußerst geladene Menschen sind sehr wohl noch in der Lage, verbal zu kommunizieren. Die nonverbale und verbale Kommunikation und die Inhalte der Botschaften sind bedrohlich und grenzüberschreitend und es können sogar invasive körperliche Berührungen stattfinden. Effektive Einschüchterungen lösen Angst, manchmal sogar Furcht und „Lähmung" aus.

- Bei **Provokationen** sind die Botschaften weniger invasiv und offensiv als bei Einschüchterungen. Charakteristisch ist das gezielte „pulsierende" Kränken, Abwerten, respektlose Beleidigen und „Kratzen" an den persönlichen (körperlichen) Grenzen, wonach gelegentlich ein deutlicher Rückzug (Augen wegdrehen) stattfindet, der einen Gegenangriff fördert. Eine Provokation zielt darauf ab, dass das Opfer die Fassung verliert und wütend reagiert. Manchmal geht es auch darum, eine körperliche Auseinandersetzung zu provozieren.

Umgang mit aggressiven Manipulationen

Für den Umgang mit aggressiven Manipulationen gibt es, wie auch für die anderen Herausforderungen, mehrere „Lösungswege" oder -varianten. Nachfolgend geht es um die Beschreibung von verschiedenen Strategien und deren Folgewirkungen, jedoch nicht um „richtig" oder „falsch".

Was einen Ausgleich bewirkt, hängt bei provozierendem als auch einschüchterndem Verhalten davon ab, wie intensiv und ausgeprägt diese sind. Bei geringfügigeren Beeinträchtigungen oder nicht allzu imponierendem Verhalten können das mentale Abgrenzen (**Stufe 1**) und das Arbeiten mit Präsenz ausreichen, um handlungsfähig zu bleiben und einen Ausgleich in der Beziehung zu erreichen. Manchmal ist es auch möglich, das Verhalten quasi zu negieren und sofort umzulenken mit: „Worum geht es nun eigentlich?" Sie können eventuell danach noch rückmelden, dass Sie das Verhalten nicht in Ordnung finden (**Stufe 2: Grenzsetzung**).

Falls sich die Intensität steigert, (körperliche) Grenzen deutlich überschritten werden und einem die Dynamik über den Kopf zu wachsen droht, sind eine deutliche Grenzsetzung und ein Stopp-Signal (**2. Stufe)** in Kombination mit dem Schaffen einer passenden Distanz für einen Ausgleich am besten geeignet, so meine Erfahrung. Die Kombination aus Offensivität (grenzüberscheitender Manipulation) und Grenzen wahrender Defensivität stellen eine Balance in der Dynamik her und gleichen die Verhältnisse in der Beziehung aus. Solange Provokationen oder Einschüchterungen andauern, ist es oberstes Gebot, sich so lange wie möglich nicht mitreißen und in Emotionen und impulsive Handlungen treiben zu lassen. Sonst gilt, dass dem Distanzieren und zum Beispiel dem kontrollierten Verlassen des Geschehens, im Gegensatz zu einer impulsiven Reaktion, der Vorzug zu geben ist. Es ist andererseits auch keine Option, die Situation wie gelähmt über sich ergehen zu lassen, in der Hoffnung auf ein gutes Ende.

Erfolgt keine Reaktion auf eine (wiederholte) deutliche Grenzsetzung, kann noch eventuell ein lauter Appell abgegeben und das Gegenüber zur Einhaltung der Grenzen aufgefordert werden (**3. Stufe**). Damit soll sich die aggressive Fixierung lösen. Eine lautstarke Aufforderung von sich zu geben, sollte unemotional und sachlich erfolgen. Mit emotionalen Ansagen landet man recht schnell in einem gegenseitigen „Aufboxen", was unter Umständen in Handgreiflichkeiten ausartet. Ich würde bei extremen Einschüchterungen generell eher auf ausreichende Distanz und Sicherheit achten. Hier jemanden sachlich in die Schranken zu weisen und die Kontrolle übernehmen zu wollen ist in der Praxis recht schwierig.

Ihre Grenzen können Sie, wie gesagt, mit der Körperhaltung (Bodenhaftung) und nonverbalen Botschaften (das wohlbekannte „Hände vorm Körper" und „Stopp" deuten) aufzeigen. Es kommt jedoch nicht unbedingt auf die Form an, wie Sie Ihre Grenzen setzen. Wichtig ist vor allem, dass Ihre mentale Einstellung oder Haltung defensiv ausgerichtet ist und Sie sich mit einer inneren Überzeugung vor den aggressiven Einwirkungen schützen und nicht überreagieren. Die Erfahrungen zeigen, dass es manchmal gar nicht erforderlich ist, sich verbal zu äußern oder mit den Händen zu gestikulieren, solange man von sich überzeugt ist und die innere Haltung ganz deutlich „Stopp, das ist meine Grenze", „Bis hier und nicht weiter" oder „Es ist genug so" vermittelt.

Klare neutrale Grenzen, selbstbewusstes Auftreten und das Bewahren der Ruhe beruhigen die meisten manipulierenden Menschen. Man kommt wieder auf gleiche Augenhöhe. Die Selbst-Kontrolle ist bei diesen Personen noch einigermaßen vorhanden. Mit einer defensiven Haltung üben Sie außerdem nicht direkt Einfluss oder Druck auf jemanden aus. Sie setzen die Grenze für sich. Die Dynamik wird indirekt positiv beeinflusst, im Gegensatz dazu, wenn man das Gegenüber direkt mit Du- oder Sie- Botschaften auf sein Verhalten ansprechen und sofort verbal frontal auffordern würde, Abstand zu nehmen und Grenzen einzuhalten, oder vielleicht sogar weggestoßen werden würde. Es wird nichts getan, was diese Personen unter Zugzwang bringt, noch weiter für das Bewahren der Kontrolle zu kämpfen, wodurch sie noch aggressiver werden würde. Freundliches Bitten, die Grenzen einzuhalten oder zu hoffen, dass Menschen nett zu einem sind, funktioniert andererseits auch nicht mehr, wenn die Personen schon so weit sind, dass sie einen aggressiv und respektlos „angehen". Grenzen werden als logische Reaktion auf eine aggressive Grenzüberschreitung aufgezeigt. Sie dienen dazu, sich selbst zu schützen und zu verlangen, dass Ihre Grenzen respektiert werden. Eine manipulierende Person wird feststellen, dass sie bei Ihnen nicht „durchkommt", Sie nicht mitspielen. Oder anders gesagt: Sie zeigen nicht, dass es sich lohnen könnte, sich Ihnen gegenüber weiterhin so zu verhalten. Die Person wird auf sich zurückgeworfen.

In dem Moment, in dem die aggressiven Manipulationen gestoppt werden, sich die Dynamik etwas beruhigt, der Kontakt jedoch fortdauert, ist es wichtig, nicht zu warten, sondern sofort zu beginnen, die Dynamik mit der partizipativen Gesprächsführung umlenkend zu deeskalieren. So lässt sich der Dynamik in dieser kurzen Unterbrechung eine neue Wendung geben, eventuell sogar der Konflikt lösen. Diese wohlwollende Haltung hat ausgeprägte, aufbauende Eigenschaften und fördert einen rationellen Zugang für beide Seiten. Sie bringt das Gegenüber zumeist in eine partizipierende Haltung, weil es sein eigentliches Problem, das es zu aggressiven Handlungen motivierte, auch gelöst haben möchte. Eventuell entschuldigt sich die Person überhaupt und geht wieder ihres Weges. Prinzipiell vergesse ich der Deeskalation und Lösungsfindung zuliebe recht schnell, dass mich zum Beispiel kurz zuvor noch jemand provozieren wollte, und nehme es nicht persönlich. Diese Einstellung ermöglicht es, flexibel zu bleiben, rasch umzuschalten und nicht wieder Salz in die frisch geheilte Wunde zu streuen.

Die Reaktionen des Manipulators auf eine Grenzsetzung hängen sowohl von der Person, mit der man es zu tun hat, als auch vom Kontext ab. Solche, die einen auf der Straße anpöbeln und provozieren, drehen sich vielleicht um oder gehen schimpfend davon, wenn Sie Ihre Grenzen aufzeigen. Personen, die etwas von einem wollen, die Beziehung somit eine Funktion hat (wie im Dienstleistungs- oder Sozialbereich), könnten eventuell Ihre Unterstützung brauchen. Auch ist es möglich, dass Aggressoren gezielt angreifen, weil das in deren Kopf schon zuvor eine Option war. Deswegen hat immerzu die Beachtung der eigenen Sicherheit Vorrang. Seien Sie nicht naiv oder gleichgültig, was das Potenzial so mancher Menschen anbelangt. Wenn Sie die Personen persönlich kennen, ist deren Einschätzung eher möglich. Auf der Straße spielt der Faktor „Unbekannt" und damit der Unberechenbarkeit eine zusätzliche zu berücksichtigende Rolle für die Sicherheit und ich ziehe es vor, solchen Dingen eher aus dem Weg zu gehen. Auch ist das Ausweichen oder das Verlassen des Geschehens einfacher als im Vergleich dazu, wenn Sie im Job sind und es vielleicht sogar Ihre Aufgabe ist, mit den schwierigen Verhaltensweisen umzugehen, wie etwa bei der Polizei, aber auch im Dienstleistungs- und Sozialbereich.

Plan B

Manche Menschen reagieren dennoch frustriert und äußerst irritiert, wenn sie mit Manipulationen keinen Erfolg haben. Es besteht das Risiko auf unkontrollierte Frustrationsausbrüche. Das lässt sich mitunter nicht verhindern und verlangt wieder andere Anpassungsstrategien. Es ist aber auch keine Lösung, <u>sich selbst</u> aus Angst vor eventuellen Überreaktionen schachmatt zu stellen. Der Ausgangspunkt ist: Versuchen Sie im Jetzt zu arbeiten und sich an dem zu orientieren, was sich tatsächlich im Verlauf der Dynamik ergibt. Diese Einstellung verlangt Selbstsicherheit, Selbstbewusstsein und ein Stück Erfahrung. Das ist schlussendlich das Ziel, woran gearbeitet werden muss. Was ist die Alternative? Sich strukturell von Sorgen und Unsicherheit über das, was möglicherweise passieren könnte, leiten zu lassen, ist für den professionellen Umgang nicht sinnvoll. Vor allem auch, wenn es fortwährend dazu führt, dass man die eigenen persönlichen, aber auch professionellen Grenzen aufgibt, sehr viel Unklarheit in der Beziehung entsteht und somit wieder das Aggressionspotential gefördert wird. Das Gefühl, das Einschüchterungen hervorruft, ist sicherlich nachvollziehbar. Andererseits kann daraus auch die Ermutigung entstehen, sich zu behaupten.

Die Wahrscheinlichkeit ist erfahrungsgemäß nicht allzu groß, aber falls die Impulskontrolle verloren geht, könnten Situationen wirklich gefährlich werden. Solange Basisverhaltensregeln wie Abstand halten, Ausgang freihalten usw. beachtet werden, ist grundsätzlich ein Sicherheitspuffer vorhanden, durch den Sie Zeit und Raum bekommen, um sich, falls notwendig, für die eigene Sicherheit zu entscheiden. Das Ganze bleibt immer eine Gratwanderung und der Umgang mit Aggression stellt eine große, persönliche Herausforderung dar, das ist mir schon bewusst. Auch sind wir alle an unsere individuellen Grenzen, was aushaltbar ist und den Stress betrifft, gebunden. Diese persönlichen Grenzen sind ernst zu nehmen und zu respektieren. Es ist wichtig, ein realistisches Selbstbild zu haben, das eigene Können einzuschätzen sowie auch zu wissen, wo die eigenen Grenzen diesbezüglich sind. Wenn Sie an Ihre Grenzen stoßen, Überforderung droht, Sie zu verunsichert oder verärgert sind oder falls Sie eine hohe Gewaltbereitschaft erkennen, ist es sinnvoll, Hilfe zu holen, das Ganze an jemanden anderen zu übergeben oder sich der Gegebenheiten kontrolliert zu entziehen. Alles was über die eigenen Grenzen hinausgeht, wird eher gefährlich. Außerdem hinterlassen Überforderungen tiefe Spuren in der Psyche und benötigen viel Zeit zur Aufarbeitung. Sie können dem Aggressor auch bewusst ausweichen und ihm damit das Gefühl geben, die Kontrolle zu haben.

Situationen zu steuern, verlangt Selbstsicherheit; Kontrolle ausüben zu wollen, ist ein Zeichen von Unsicherheit.

Ein Beispiel aus der Praxis:

Das Entstehen eines Machtkampfes:

Eine Bitte Ihrerseits: „Könnten Sie bitte dieses oder jenes tun?"

Die Reaktion mit deutlichem Widerstand: „Nein, das mache ich sicher nicht!"

Es folgt sofort eine Provokation, die Person bleibt aber auf Distanz: „Wer sind Sie überhaupt?", „Sie kennen sich doch gar nicht aus", „Sie mit Ihrer Uniform glauben, dass Sie was Besseres sind, oder?"

Der Umgang:

Versuchen Sie nicht direkt aus einem Impuls heraus zu reagieren und 2 Sekunden Zeit zu gewinnen. Falls jemand Ihnen körperlich zu nahe gekommen ist, gehen Sie selbstbewusst auf Abstand. Atmen Sie aus und mit der Bauchatmung ein, suchen Sie Ihre Bodenhaftung und passen Sie, falls notwendig, Ihre Position im Raum an, damit Sie sich z.B. nicht in einer Ecke befinden, falls die Situation eskaliert.

Stellen Sie fest, in welcher Situation Sie sich befinden.

Stufe 1: Bleiben Sie ruhig und achten Sie auf sich. Sie vermitteln nonverbal: „Ich lasse mich nicht aus der Ruhe bringen".

Option A: Die Person versucht Sie weiterhin aus der Ruhe zu bringen und zu provozieren. Sie hält aber weiterhin Abstand.

Stufe 1: Bleiben Sie weiterhin ruhig, achten Sie auf sich und grenzen Sie sich mental ab. Das Ziel ist, dass die Person bemerkt, dass kein Durchkommen bei Ihnen möglich ist. Falls Sie eine kurze ruhige Phase bemerken, lenken Sie sofort um mit etwa: „Worum geht es nun eigentlich?", gefolgt von: „Ich möchte nicht, dass die Situation eskaliert. Ich möchte mit Ihnen normal reden können".

Die Antwort: „Wissen Sie, …" (Motiv usw.).

Wenn eine Deeskalation auf diese Weise gelingt, können Sie eventuell danach noch rückmelden, dass das Provozieren nicht wirklich hilfreich und besser zu unterlassen wäre (eventuell ergänzt mit hypothetischen Konsequenzen). Zumeist erkennt dies das Gegenüber nach einem konstruktiven Gespräch von selbst, weil es sich irgendwo schuldig für sein Verhalten fühlt oder ein bisschen für sein ungehaltenes Benehmen schämt: „Und meine Entschuldigung noch für …"

Option B: Die Person kommt zu nahe und provoziert massiv.

Stufe 2: Gehen Sie selbstbewusst mit Erhalt des Bodenkontaktes auf eine Armlänge Abstand, finden Sie Ihre Bodenhaftung. Zeigen Sie für sich Ihre Grenzen auf: „Ich möchte, dass Sie auf Abstand bleiben", eventuell ergänzt mit: „Ich möchte, dass Sie mit diesen Provokationen aufhören".

Der Provokateur ist etwas irritiert, kommt jedoch wieder zu nahe.

Stufe 2 wiederholen: Gehen Sie selbstbewusst mit Erhalt des Bodenkontaktes auf eine Armlänge Abstand, finden Sie Ihre Bodenhaftung. Zeigen Sie noch einmal Ihre Grenzen auf: „Ich möchte, dass Sie auf Abstand bleiben", eventuell ergänzt mit: „Ich möchte, dass Sie mit diesen Provokationen aufhören".

Der Provokateur bleibt nun stehen und Sie bemerken, dass er seinen nächsten Schritt abwägt. Zögern Sie nicht und lenken Sie mit der partizipativen Gesprächsführung um. Der Ablauf der Gesprächstechnik kann gekürzt werden, falls der Ausgangspunkt angespannt ist oder man wenig Zeit hat.

Zum Beispiel: Sie nehmen den 2. Schritt und benennen Ihr Motiv: „Ich möchte nicht, dass die Situation eskaliert und ich will mit Ihnen normal reden", gefolgt von Schritt 4 (das Ansprechen des Motivs): „Worum geht es nun eigentlich?".

Die Antwort: „Wissen Sie …(Motiv usw.). "

Wenn sich der Provokateur wieder Ihnen annähert und Sie bedrängt:

Stufe 3: Geben Sie ein Appell ab: „Stehen bleiben!" oder „Bleiben Sie jetzt auf Abstand!"

Bleibt die Person stehen, folgen **Stufe 2**: die Grenzsetzung: „Ich möchte, dass Sie Abstand halten" und dann **Stufe 1:** mit der Präsenz arbeiten.

Der Provokateur bleibt nun endgültig stehen und Sie bemerken, dass er seinen nächsten Schritt abwägt. Zögern Sie nicht und lenken Sie um mit: „Worum geht es nun eigentlich?" oder „Was ist nun eigentlich los?" gefolgt von Ihrem Motiv: „Ich möchte nicht, dass die Situation eskaliert. Ich möchte mit Ihnen normal reden können".

Die Antwort: „Wissen Sie …usw. "

Wenn sich der Provokateur nach einem Appell weiterhin auf Sie zu bewegt /sich annähert:

In manchen Bereichen, z.B. bei der Arbeit mit Kindern und Jugendlichen in einer Wohngemeinschaft, kann eine Grenzsetzung oder ein Appell durch Körperkontakt aktiv verstärkt werden, etwa durch das Legen der Hand auf die Schulter. Jedoch besteht die Gefahr auf impulsive Schläge. Dies müsste berücksichtigt werden: Dementsprechend können Sie, während die eine Hand auf der Schulter des Gegenübers liegt, mit der freien Hand die Botschaft gestisch verstärken, gleichzeitig aber auch einen Schlag abwehren.

Grundsätzlich ist die Situation aber schon recht unberechenbar, wenn sogar auf ein Appell nicht reagiert wird. Konzentrieren Sie sich jetzt mehr auf Ihre Sicherheit und eventuell auf die der anderen. Machen Sie sich Ihre Position und die der anderen Anwesenden im Raum bewusst, passen Sie sich an und behalten Sie das Gegenüber im Auge. Je nach Kontext, stellen Sie sich jetzt mental auf eine 90-prozentige Chance auf Gewalt und eine 10-prozentige Chance, dass die Person sich doch beruhigt oder weggeht, ein.

Wie es weitergeht und was von Ihnen verlangt wird, hängt vom Gegenüber, aber auch Ihrer Funktion ab. Auf der Straße ist ein kontrollierter Abzug gewalttätigen Vorkommnissen vorzuziehen. In manchen Berufen, wie dem Sicherheitsdienst, muss man vielleicht bleiben und kann es notwendig sein, dass die unberechenbare Person unter Kontrolle gebracht werden muss. Bei einem konkreten körperlichen Angriff und Gewalt sind die Indikation und die „Gefahr im Verzug" deutlich. Bei Unberechenbarkeit ist es eine Einschätzungssache und erfahrungsbedingt, ob präventiv „zugepackt" wird oder nicht.

4.3. Frustrationsausbrüche

Der Begriff Frustration ist auf das lateinische „frustratio" zurückzuführen und bedeutet „Enttäuschung einer Erwartung". Frustration lässt das Leistungspotenzial zunehmen und erweckt die Handlungsbereitschaft. Dieses ermöglicht prinzipiell eine Anpassung an verunsichernde Umstände. Verunsicherungen tun sich auf, wenn Erwartungen und persönliche Vorstellungen, wie es hätte sein sollen, nicht entsprochen wird. Üblicherweise tendieren die Auswirkungen mehrerer geringfügigerer Frustrationen dazu, sich in unserem System in Form von Spannungen, Sorgen und negativen Befindlichkeiten anzuhäufen. Oftmals bemerkt man gar nicht, dass Sachen nicht so laufen, wie man es gerne hätte, und welche Spuren Frustrationen mit der Zeit bei einem hinterlassen. Sogar Fantasien und Gedanken darüber, dass Erwartungen möglicherweise nicht erfüllt werden könnten, tragen das Potential in sich, dass Spannungen immer mehr zunehmen, bis sich diese nach außen entladen. Das Ausmaß des Ausbruchs steht daher oft nicht in Relation zum auslösenden Konfliktthema.

Frustrationserleben ist mit Angst und bei Überforderung mit Macht- und Hilflosigkeit verbunden. Angst entsteht durch ein Gefühl des Exponiert-Seins oder durch die „Leere" und Orientierungslosigkeit aufgrund des Scheiterns der Bestrebungen. Die Angst steht für „Was kommt auf mich zu, wenn ich dieses oder jenes nicht bekomme?" oder „Was passiert, wenn ich dieses oder jenes nicht schaffe?" Macht- und Hilflosigkeit entstehen, wenn das Anpassen nicht gelingt, die Situation nicht beeinflusst werden kann und man ihr ausgeliefert ist. Falls die Kompensation von Frustrationserleben mittels adäquater Selbstbehauptung oder sogar eines Versuchs, das Gegenüber wütend und aggressiv einzuschüchtern oder zu provozieren, nicht erfolgreich sind und die Kontrollmechanismen versagen, können sich die Spannungen und negativen Gefühle in Form starker Emotionen und Affekte unkontrolliert nach außen verlagern. Wut (persönliche Kränkungen) und Zorn (auf allgemeine Bedürfnisse bezogen) in Kombination mit einem hohen Erregungsniveau, sind typische Merkmale von Frustrationsausbrüchen. Es zeigen sich wechselhafte und unvorhersehbare Aktionen sowie potenziell gefährliche impulsive Verhaltensweisen.

Bei einem unkontrollierten Frustrationsausbruch wird eine hohe körperliche Erregung über Affekte und Emotionen abgeführt. Somit bewirken diese heftigen Reaktionsweisen einen Druckablass auf einer energetischen Ebene. Der Effekt davon ist, dass allmählich ein inneres Gleichgewicht und die Rationalität wiederhergestellt werden; ein Ausgangspunkt für eine Anpassung an die neuen Umstände entsteht. Andere Sichtweisen entstehen erst nach Abbau der übermäßigen Spannungen und nach Auflösung des Tunnelblicks. Dieses Ablassen von Erregung dient nicht nur der Neuorientierung, es ist auch für das körperliche System notwendig. Irgendwann muss der Körper von der hohen Anspannung befreit werden. Ein Zustand der Daueranspannung wird irgendwann dem Körper schaden und sorgt auch für psychische Beschwerden.

Die Herausforderung liegt darin, dass diese Frustrationsausbrüche in Beziehungen enorm hohe energetische und emotionale Wellen schlagen. Sie verursachen massiven Druck. Auch Grenzen werden mitunter durch wütendes Schimpfen und zorniges Verhalten (gefühlsmäßig) überschritten. Außerdem besteht die Gefahr, dass solche angespannten Situationen ausarten und es zu einem Impulsdurchbruch und Gewaltausübung kommt. Viele Menschen neigen dazu, sich den Frustrationsausbrüchen aufgrund der hohen Belastungen entweder zu entziehen oder diese aktiv, jedoch oft blind für die Konsequenzen, zu beeinflussen. Im Allgemeinen tun sich die meisten schwer, solche Vorkommnisse zu ertragen.

Wie verhalten sich Menschen bei Frustrationsausbrüchen?

Ein Frustrationsausbruch hat charakteristische Eigenschaften. Oftmals verursacht nur ein geringfügiger Konflikt oder Machtkampf eine plötzliche heftige Entladung. Es wird lautstark gebrüllt, geschrien und getobt. Menschen äußern Beschwerden, geben anderen die Schuld für ihren Zustand, gehen in einen Angriff über und beziehen Opposition. Manchmal finden auch Sachbeschädigungen statt und manche Menschen gefährden sich selbst durch ihre impulsiven Handlungen. Es besteht die Gefahr auf gewalttätige Angriffe wie Schläge und Tritte, sobald die Selbstkontrolle durch innere Faktoren (nicht länger fähig sein, sich zu kontrollieren), vielfach in Kombination mit äußeren Faktoren (Einmischungen, unbemerkt Druck erhöhen usw.) verloren geht.

Falls ein Konflikt auftritt und die Bedürfnisse für die Person enorm wichtig sind, können Frustrationsausbrüche sofort auftreten. Zumeist geht dem jedoch eine gewisse Zeitspanne voran, während der immer stärkere negative Gefühle, Gedanken und Bilder entstanden und sich die Anspannung potenzierte. Es wäre ideal, diese Ausbrüche im Vorfeld abzufangen. Meistens fallen einem die subtilen Hinweise, die auf eine zunehmende Frustration hinweisen, wie körperliche Anspannung und negative Übertragungen, aber nicht auf. Bei Menschen, die man länger kennt oder die einem nahe stehen, ist es tendenziell etwas einfacher, minimale Veränderungen im Verhalten wahrzunehmen (Wortkargheit oder Rückzug), da die Bedeutung für einen selbst größer ist. Es stellt sich dennoch die Frage, ob man sich ermutigt fühlt pro-aktiv vorzugehen, um diese emotionalen Ausbrüche abzufangen. Mein Eindruck ist, dass eher zu lange gewartet wird, weil schon die bloße Vorstellung heftiger Reaktionen abschreckend ist.

Die Erfahrung hat gezeigt, dass ein frühzeitiges Ansprechen des Wahrgenommenen, Gefühlten und Gedachten aus der Ich-Perspektive („Ich habe den Eindruck, dass …", „Mir kommt vor …"), in Kombination mit dem Benennen des eigenen Motivs („Ich möchte verhindern, dass es zu einer Eskalation kommt" oder „Ich möchte nicht, dass es zu einem Streit kommt. Ich möchte die Sache klären") zur Entschärfung beiträgt und einige Ausbrüche verhindert. Sie sollten jedoch berücksichtigen, dass genau dieses direkte Ansprechen einen Ausbruch auslösen kann. So ein unmittelbarer Ausbruch ist aber meistens immer noch besser, als es noch länger schleifen zu lassen, bis die Person selbst einen „geeigneten" Anlass findet und sich in der Zwischenzeit noch mehr Druck aufbaut. Es erwischt Sie zumindest nicht auf „kaltem Fuß", wenn Sie selbst diesen aktiven Schritt machen und dabei das Ziel verfolgen, eventuelle Konflikte zu klären. Auch ist der Ausbruch zu diesem früheren Zeitpunkt zumeist weniger heftig. Der Kontext spielt übrigens eine wichtige Rolle, ob und wann Sie es ansprechen sollten oder nicht. In manchen Berufen, wenn Sie mit Menschen über einen längeren Zeitraum zu tun haben, ist das Ansprechen sinnvoller als bei flüchtigen Begegnungen. In so einem Fall können Sie so einem Gespräch einfacher aus dem Weg gehen. Im Gruppenkontext oder wenn unbeteiligte Menschen anwesend sind, ist es eher besser, darauf zu verzichten. In dem Fall ist es besser, einen geeigneten Moment abzuwarten oder einen solchen zu kreieren.

Das Ziel des Ansprechens und Kontakt-Aufnehmens ist, dass sich Menschen ihres eigenen Zustands bewusst und aus einer Art „Trance" oder negativer gedanklicher Einengung geholt werden. In diesem tranceartigen Zustand, ebenso durch eine selektive Wahrnehmung, potenzieren sich subjektiv eingefärbte Gedanken und Bilder. Diese lassen die körperliche Anspannung immer mehr ansteigen, bis es aufgrund eines (inszenierten) Konfliktes mit einem geeigneten „Opfer" zu einem Ausbruch kommt. Es trifft oft die Personen, mit denen eine gute Beziehung besteht, weil diese es aushalten und deren Reaktionsweisen vorhersehbar sind. Diese Vorhersehbarkeit schafft einen sicheren Rahmen, sich „gehen lassen" zu können, was für die Person eine hoch verletzliche Situation bedeutet.

Bei unterdrückten Konflikten, Frustrationen und negativer, gedanklicher Einengung sind erfahrungsgemäß folgende Hinweise erkennbar:

- Rückzugstendenzen
- leichte Provokationen (Trigger und Anlass suchen, um auszuagieren zu können)
- passiv aggressives Verhalten (Widerstand gegen Anforderungen, Konflikte generieren und inszenieren)
- ein Gespräch wird abgeblockt bzw. ist nur beschränkt möglich
- Augenkontakt wird kaum aufgenommen
- agitiertes „Grummeln"
- im Sitzen: Wippen mit den Beinen

Ebenso ist manchmal zu bemerken, dass Menschen mittels Übertragungen und mimischer Signale (Blickkontakt) die Aufmerksamkeit an sich heranziehen wollen („Sehen Sie mich an, es geht mir nicht gut"). Diese Hinweise deuten darauf hin, dass sich jemand gerade noch kontrolliert bzw. es nur einen geringfügigen Konflikt braucht, um den Ausbruch auszulösen, diese Person aber auch Unterstützung oder Beachtung sucht.

Ein Frustrationsausbruch steht unmittelbar bevor, wenn Sie Folgendes wahrnehmen:

- einen deutlich gesteigerten Antrieb
- (unterschwellige) Diffamierungen und das offene Abwerten von Personen
- heftigen Widerstand, um negative Reize und Anforderungen abzublocken
- allgemeine „aggressive" verbale und nonverbale Hinweise wie Schimpfen, hektisches Gestikulieren
- nahes Herantreten und Grenzen überschreiten
- provokantes und einschüchterndes Verhalten
- leichte Sachbeschädigungen
- das Gegenüber ist kaum mehr in der Lage, adäquat zu kommunizieren.

Diese konkreten Hinweise deuten auf eine hohe, innere Erregung und ein Nachlassen der Kontrollmechanismen. Die Möglichkeiten, aktiv zu intervenieren, sind schon geringer. Mit einfachen Sätzen könnten Sie versuchen, eine Beziehung herzustellen (zuerst Ansprechen und die Reaktion beobachten, bevor Sie auf jemanden einreden).

Sobald die Kontrollmechanismen versagen, sind hilfloses Geschrei, zornige und wütende Schimpftiraden, Sachbeschädigungen, auch impulsive, unkontrollierte körperliche Übergriffe und Tätlichkeiten wie Festpacken, Ohrfeigen, Schubsen, Kratzen, Schlagen und Treten möglich. Eine verbale Kommunikation ist kaum bis gar nicht möglich. Es auszuhalten und die allgemeine Sicherheit im Auge zu behalten, ist das Wichtigste.

Was Frustrationsausbrüche bei uns auslösen:

Bei vielen Menschen lösen diese emotionalen Ausbrüche Macht- und Hilflosigkeit aus. Das liegt daran, dass es oftmals während des tunnelblickartigen und unkontrollierten Ausagierens kaum realistische Möglichkeiten gibt, die Situation aktiv zu beeinflussen und die hoch frustrierte Person zu beruhigen. Ein Satz wie „Beruhigen Sie sich bitte!" hilft zumeist nicht.

Es wird mit dieser Aufforderung suggeriert, dass jemand es in der Hand hätte. Offensichtlich haben aber schon die Kontrollmechanismen versagt und dominieren die Emotionen*. Der Satz „Beruhigen Sie sich!" entspricht eher den eigenen Bedürfnissen und ist ein Versuch, die Situation, trotz aller Machtlosigkeit, durch Einflussnahme auf das Gegenüber doch noch unter Kontrolle zu bringen. Durch den hohen Erregungszustand sind Interventionen kaum wirksam und unsere Botschaften können nicht adäquat verarbeitet und verstanden werden. Daher werden unsere Unterstützungsangebote auch nicht angenommen. Bei ausagierenden Menschen muss allmählich die Erregung abnehmen, müssen somit erst die Kontrollmechanismen wieder greifen und sich die Emotionen stabilisieren, damit die Denkfähigkeit zurückkehrt und wieder Licht am Ende der Tunnels sichtbar wird. Währenddessen ist man aber als Betroffener dem aufgebrachten Verhalten ausgesetzt. Einfach weg zu gehen, ist gefühlsmäßig auch schwierig, weil die Dynamik dann meistens umschlägt. Frustrierte Menschen finden in unserer Anwesenheit Stütze und halten so noch gerade den Kopf über Wasser. Dieses führt insgesamt zu enorm viel Stress. Unsere Macht- und Hilflosigkeit führt überdies rasch zu eigener Frustration. Genau das macht es in der Praxis so schwierig, die Situation auszuhalten und selbst innezuhalten. Kontraproduktive Handlungen sind somit vorprogrammiert. Derartig hoch angespannte und emotional labile Menschen sind außerdem immer unberechenbar und sollten nicht unterschätzt werden.

Sobald die frustrierte Person Unterstützung sucht, diese wieder annehmen kann und wir wieder eine aktivere Rolle einnehmen sollten, werden bei uns Mitgefühl und die Bereitschaft zu helfen ausgelöst: Man fühlt sich zu der Person wohlwollend hingezogen. Zwischen aller Verzweiflung, Traurig- und Hilflosigkeit ist es möglich, den Bedarf zur Unterstützung herauszufiltern. Nonverbale Ausdrucksweisen (fragender Blick, Verzweiflung in den Augen, Weinen, mit dem Kopf in den Händen hinsetzen) geben ebenso viele Informationen darüber, in welcher Phase der Dynamik man sich befindet.

*Dieses gilt für authentische Frustrationsausbrüche aufgrund großer Verunsicherung. Wenn ein Frustrationsausbruch gesteuert und inszeniert wird, geht es darum, noch mehr Druck zu machen, das Anliegen durchzudrücken oder aber um Aufmerksamkeit und Geltungsdrang. In so einem Fall ist es eher wahrscheinlich, dass Sie verbal durchkommen. Mit dem einfachen Ansprechen bekommen Sie viele Information über den Zustand und können somit das Verhalten besser lesen und zuordnen.

Der Umgang mit Frustrationsausbrüchen

Frustrationsreaktionen gehen im Prinzip auf die Person zurück, bei der das Frustrationserleben aufgetreten und es nicht so gekommen ist, wie er oder sie sich das vorgestellt oder erwünscht hätte (aus welchem individuellen Grund auch immer). Möglicherweise haben wir sogar einen direkten Beitrag dazu geliefert, weil etwas untersagt oder verlangt wurde, wovon der andere nichts hält. Bei einem Frustrationsausbruch ist es hauptsächlich wichtig (innerlich), Abstand zu wahren, Raum zu finden, die Zeit für sich arbeiten zu lassen und auf die körperlichen Grenzen zu achten. Mit einer **mental abgegrenzten Haltung** und dem Anbieten von Präsenz wird das Geschehen passiv ausgehalten und überdauert. Das bedeutet, dass man sich vor allem auf sich selbst konzentriert und eine Position einnimmt, in der man keinen direkten Einfluss auf die frustrierte Person ausübt, trotzdem anwesend ist und sich die Möglichkeit des eigenen Rückzugs offenhält (präsent, aber auf Abstand, neben einer Tür zum Beispiel). Währenddessen wird der Stress (mit der Atmung, Bodenhaftung suchen) kanalisiert und die Entwicklung beobachtet, jedoch ohne zu erstarren. Machen Sie sich bewusst, in welcher Situation Sie sich befinden und schauen Sie auf Gefahrenquellen (Wurfgeschosse und scharfe Gegenstände zum Beispiel) und nehmen Sie diese gegebenenfalls ruhig weg, ohne die Aufmerksamkeit an sich heranzuziehen. Überlegen Sie sich Ihren nächsten Schritt oder einen Plan B, falls die Sache eskalieren würde. Mit dieser ruhigen, selbstbewussten, zurückhaltenden Haltung schafft man Raum für sich und das Gegenüber. Sie können Ihre Ruhe so besser bewahren und auch die aufgebrachte Person kommt durch Ihre Halt und Sicherheit bietende Präsenz zur Ruhe. Das Aushalten, Da-Sein, Innehalten und Übertragen von stiller Kraft und Sicherheit* („Ich habe die Situation unter Kontrolle") wirken indirekt deeskalierend. Menschen beruhigen sich eher, wenn das hoch aktive Stresssystem von außen keine Signale mehr bekommt, dass die Lage unsicher ist und es einen Grund zu kämpfen gäbe.

*Dieses gelingt sogar gezielt, wenn man sich selbst zum Beispiel mittels Atemübungen beruhigt und diese Ruhe im Raum ausstrahlt oder auf aufgebrachte Personen überträgt.

Das ist das Ziel dahinter: Die Stressreaktion stellt sich ein, die Ausschüttung von Stresshormonen lässt nach bzw. werden diese Hormone im Blut abgebaut. Druck und unerwünschte Einmischungen (auch wohlgemeinte Bemühungen können in diese Kategorie fallen) bewirken genau das Gegenteil. Faktisch gesehen ist es auch nicht unbedingt zwingend erforderlich, aktiv zu werden, solange jemand nicht zu nahe herankommt, aggressiv Grenzen überschreitet oder sich selbst oder andere gefährdet. Eventuell organisieren Sie Unterstützung, falls Sie sich nicht sicher fühlen. Achten Sie immerwährend auf die generelle Sicherheit.

Solange eine Person nicht Sie als hauptverantwortlich für deren Zustand (negative Besetzung) betrachtet, funktioniert diese haltbietende Einstellung und das Arbeiten mit der passiven Präsenz. Ein klarer Hinweis, dass man weggehen soll, da die Person allein gelassen werden möchte, muss andererseits ebenso ernst genommen werden. Das kann darauf hinweisen, dass man als „Stein des Anstoßes" gesehen wird, für die Person negativ besetzt ist oder sie sich allein einfach besser beruhigen kann, beziehungsweise dieses so gewöhnt ist.

Das Verhalten frustrierter Menschen pendelt sich in den meisten Fällen mit der Zeit wieder ein. Es dauert erfahrungsgemäß bei richtigen, affektiven Ausbrüchen nicht länger als 3-5 Minuten. Das im Vergleich zu inszenierten Szenen, die länger dauern können, weil sie der Kontrahent steuert und dessen Nerven dadurch nicht komplett blank liegen: Sie dienen anderen Zwecken wie das Versetzen in Hilflosigkeit oder manipulative Absichten. Bei einem Frustrationsausbruch können Menschen nach einem ein- oder zweiminütigen Zorn- und Wutausbruch auf einmal weinerlich, verzweifelt, depressiv und resignierend wirken. Ab diesem Moment ist es an der Zeit, behutsam auf das Gegenüber zuzugehen. Versuchen Sie einen ersten Kontakt zu machen, indem Sie testen, in welchem Zustand sich das Gegenüber befindet, zum Beispiel durch Ansprechen der Person mit ihrem Namen (Ist die Person überhaupt ansprechbar? Kann Augenkontakt hergestellt werden?). Versuchen Sie langsam wieder eine Beziehung herzustellen. Reagieren Menschen (Augenkontakt, kurze Reaktion) und haben Sie das Gefühl wieder eine Beziehung hergestellt zu haben, setzen Sie die Gesprächstechniken, wie schon in Kapitel 2.3 beschrieben, aufmerksam ein.

Beachten Sie hierbei unbedingt, dass die Person in der Lage ist, die Unterstützung anzunehmen, und der Bedarf danach vorhanden ist. Unterscheiden Sie sorgfältig, ob es Ihr Bedürfnis ist, aktiv auf die Person einzuwirken, oder es das Bedürfnis des Gegenübers ist, Unterstützung zu bekommen. Diese subtilen Unterschiede dürfen wir nicht verwechseln. Machtlosigkeit auszuhalten und einen geeigneten Moment abzuwarten (falls dieser überhaupt kommt), ist für die meisten nicht einfach: Es braucht etwas Geduld und unter diesen erschwerten Umständen, wenn gefühlsmäßig alle Optionen offen sind, einen kühlen Kopf. Aus dem Gefühl der Macht- und Hilfslosigkeit heraus entwickelt sich bei vielen Menschen rasch Frustrationserleben („Wohin geht die Dynamik?", „Was passiert, wenn ich nichts tue?" „Was sagen andere dazu?", „Wenn ich nichts tue, wird es eskalieren?", „Wie lange dauert das noch?", „Ich habe noch so viele andere Sachen zu tun"). Sobald aus der eigenen Frustration heraus, wohlwollend oder schon verärgert, auf eine labile, angespannte Person eingewirkt wird mit dem Ziel, das Geschehen für sich aktiv unter Kontrolle zu bringen, sind heftige Reaktionsweisen vorprogrammiert. Meine Erfahrung ist, dass die meisten Verletzungen deswegen passieren, weil in Krisensituationen, etwa durch Stress und Einflüsse des Kontexts (Einmischungen, andere Aufgaben und Leistungsdruck) zu früh impulsiv, unreflektiert und unbedacht eingeschritten wird. Unsere Vorgehensweisen können jemanden, der sich gerade noch unter Kontrolle hat und den Kopf über Wasser hält, unter Druck setzen, negativ berühren und reizen und somit das Fass zum Überlaufen bringen. Manchmal tritt man auch noch zu nahe an diese hoch angespannten, emotional instabilen Personen heran oder berührt sie sogar. Ein unkontrolliertes (defensives) Ausschlagen kann erfolgen. In dem Fall sind das Reaktionen auf unsere wahrscheinlich gut gemeinten Bemühungen, die aus der Perspektive des Gegenübers als negative Beeinträchtigung erlebt werden („Verschwinde!", ist die eigentliche Botschaft). Durch die körperliche Nähe ist außerdem ein (Faust-)Schlag nicht vorherzusehen und das führt eventuell zu erheblichen Verletzungen.

Wenn wir diese Dinge fortwährend beachten und nicht auf Menschen einwirken, die keine Unterstützung annehmen können oder wollen, verhindern wir damit, dass es durch Druckausübung unsererseits zu einer weiteren Eskalation kommt. Achten Sie auf (verbale) Hinweise, die auf Widerstand deuten (den Rücken zukehren oder eine ernste Warnung „Lassen Sie mich in

Ruhe!"). Meistens ist das ein Zeichen dafür, dass sich die Person innerlich vor Ihnen (und vor sich selbst und den eigenen Impulsen) zu schützen versucht, damit die Kontrollmechanismen noch einigermaßen standhalten. In so einem Fall lassen Sie am besten die Zeit für Sie arbeiten.

Gezielte (offensive) Angriffe sind ebenso eine reale Gefahr, die beim Umgang mit hoch frustrierten Personen zu berücksichtigen ist. Manchmal gibt es offene Rechnungen, die wenig mit einem persönlich zu tun haben müssen. Man kann eine Projektionsfläche für viele negative Erfahrungen darstellen und als Objekt gehasst werden. Erinnerungen und Bilder können jemanden plötzlich dazu bringen, einen impulsiven Angriff zu tätigen. Kennt man die ausagierenden Menschen nicht, spielt diese potenzielle Gefahr gezielter Übergriffe eine noch größere Rolle für die Einschätzung des Vorgehens. In solchen Fällen riskiere ich nichts und vergrößere meinen Sicherheitspuffer. Das im Gegensatz zu Situationen, wo ich die Beteiligten schon kennengelernt habe und zumindest einigermaßen einschätzen kann, was zu erwarten ist. Dennoch bleibe ich auch hier immer auf der sicheren Seite. Falls „Hass" im Vordergrund steht und Aggression eine persönliche Note bekommt, achtet man primär auf die eigene Sicherheit. Das bedeutet, dass ausreichend Abstand einzuhalten ist, eventuell Unterstützung geholt wird, andere Personen in Sicherheit gebracht werden oder man sich sogar dem Geschehen kontrolliert entzieht, solange das noch möglich ist.

Während der direkten Bloßstellung an Frustrationsausbrüche, während des Aus-Haltens, hilft es, die Spannungen und Emotionen nicht zur Gänze zu absorbieren. Dieses gelingt durch die Errichtung eines **mentalen Schutzschilds** und durch das Filtern der vielen Eindrücke. Würde man die heftigen Emotionen solcher Vorkommnisse ständig an sich herankommen lassen, würde das irgendwann an die Substanz gehen. Achten Sie stattdessen auf nützliche Signale und Informationen, welche auf Veränderungen im Verhalten hindeuten.

Ein praktisches Beispiel

Sie werden als Stationsschwester/Pfleger, Concierge, Service- oder Kundendienstmitarbeiter im Empfangsbereich mit einem Konflikt konfrontiert:

Eine Forderung des Gegenübers: „Ich muss unbedingt dieses oder jenes (die Forderung)!"

Zum Beispiel: „Ich will ein anderes Zimmer!"

Alle Zimmer sind belegt und Sie antworten: „Leider geht das nicht."

Die Reaktion des Gegenübers: „Ich muss unbedingt (die Forderung wird nachdrücklich wiederholt)!"

„Ich will unbedingt ein anderes Zimmer!"

Die eigene, etwas hartnäckige Reaktion: „Es tut mir leid, aber das geht nicht."

Die frustrierte Reaktion des Gegenübers: „Was soll denn das...?!"

Die direkte Kommunikation zu Ihnen wird abgebrochen und die Person fängt an herumzuschimpfen, wild zu gestikulieren und geht unruhig auf und ab.

Versuchen Sie **nicht** direkt aus einem Impuls heraus zu **reagieren**. Nehmen Sie, falls notwendig, einen (innerlichen) Schritt Abstand. Dieses Nicht-Reagieren, Bei-sich-Bleiben und Nicht-Einsteigen in die Dynamik benötigt 2 Sekunden. Stellen Sie fest, womit Sie es zu tun haben.

Sie sprechen die Person an und versuchen, Kontakt zu machen, um die Dynamik umzulenken: „Herr/Frau ..." wäre ausreichend, um die Gesprächsbereitschaft festzustellen, wenn Sie den Namen der Person kennen. Andernfalls sagen Sie zum Beispiel: Ich möchte bitte mit Ihnen darüber sprechen!

Option A: Falls Augenkontakt hergestellt wird und Sie die Aufmerksamkeit des Gegenübers haben, lenken Sie die Gesprächsführung sofort um mit:

Schritt 1: „Ich sehe, dass Sie diese Situation sehr aufregt."

Schritt 2: „Ich möchte gerne versuchen, die Situation zu lösen."

2 Sekunden Gesprächspause, die Dynamik einbremsen und nun die Person miteinbeziehen.

Schritt 3: „Wie sehen Sie das?"

2 Sekunden Denkpause und beobachten Sie die Person, wo sie steht und ob sie Ihre Sätze versteht.

Schritt 4: „Worum geht es nun eigentlich wirklich?"

Option B: Die Person ist zu aufgeregt, stellt keinen Kontakt her, ist sehr impulsiv und zeigt emotionales Verhalten. Reden Sie nicht weiter auf die Person ein! Sie können es noch einmal versuchen, aber mehrere Male ist nicht zu empfehlen, weil dann erfahrungsgemäß die eigene Hilf- und Machtlosigkeit mit ins Spiel kommt. Es wird zu viel gesprochen und mit Druck gearbeitet.

Es ist wahrscheinlich, dass Sie sich kurz hilflos fühlen und vielleicht sogar einen Moment ärgern. Bleiben Sie ruhig, achten Sie auf sich und finden Sie Bodenhaftung. Machen Sie sich die Gesamtsituation und eventuelle andere potenzielle Herausforderungen bewusst. Solange Sie den eigenen Stress im Griff haben, gehen Sie folgende Punkte blitzschnell in Ihrem Kopf durch:

- Was ist meine Position im Raum? Stehe ich frei, kann ich mich bewegen, falls notwendig?
- Sind andere Personen im Raum und wie reagieren diese? Muss ich sie eventuell wegschicken oder ablenken (lassen)?
- Sind gefährliche Gegenstände im Raum (Wurfgeschosse etc.)?
- Wo sind meine Kollegen? Muss ich diese zur Unterstützung heranziehen, etwa um andere wegzuschicken oder als Backup? Muss ich sonst jemanden (präventiv) alarmieren?

Nun haben Sie sich an die Situation angepasst sowie eventuelle Maßnahmen ergriffen oder diese delegiert. Das lässt sich in einem eingespielten Team und mit guten professionellen Strukturen für das Aggressionsmanagement im Nu umsetzen.

Solange die Person zu aufgeregt ist, ist es wichtig innezuhalten und mit der passiven Präsenz zu arbeiten: Positionieren Sie sich so, dass Sie sicher sind, die Person jedoch Ihre Anwesenheit bemerkt. Jetzt achten Sie auf Ihre Atmung, regulieren Ihren Stress und übertragen Ihre Ruhe auf die Person. Bleiben Sie aber achtsam auf eventuelle Hinweise, die auf einen Übergang zu Aggression, aber auch auf eine Beruhigung hindeuten.

Lassen Sie die Zeit für sich arbeiten, wenn Sie nicht aktiv werden müssen (Grenzüberschreitungen, Einmischungen anderer Anwesenden, usw.).

Die meisten Menschen beruhigen sich bei einer haltenden Haltung unsererseits recht schnell. Wichtig ist nur, die Dynamik nicht zu ergänzen oder Druck und Kontrolle auszuüben, weil Sie selbst es nicht ertragen können.

Sie bemerken, dass die Gefühlslage nun in Verzweiflung übergeht. Die Person beobachtet Sie kurz aus den Augenwinkeln.
Sprechen Sie die Person kurz an und testen Sie die Kontaktfähigkeit und Gesprächsbereitschaft oder starten Sie langsam und ruhig die deeskalierende, partizipative Gesprächsführung:

Schritt 1: „Ich sehe, dass Sie diese Situation sehr aufregt."

Schritt 2: „Ich möchte gerne versuchen, die Situation zu lösen."

2 Sekunden Gesprächspause, die Dynamik mit bewussten Pausen „einbremsen" und die Denkfähigkeit fördern. Nun wird die Person aktiv miteinbezogen. In diesem Beispiel verzichten wir auf den dritten Schritt und fragen sofort nach dem Motiv:

Schritt 4: „Worum geht es nun eigentlich?"

Die Antwort: „Wissen Sie … usw. " oder „Mein Zimmer liegt an einer lauten Straße und ich schlafe sehr leicht"

Wird das Motiv benannt, können Sie darauf mit **Schritt 5** das Gespräch auf gleicher Augenhöhe rational aufbauen sowie das Bedürfnis und was Sie diesbezüglich für die Person bedeuten können, zugänglich machen. Das bedeutet nicht, dass die Person unbedingt zufrieden gestellt werden muss. Sie überlegen, welche Optionen es realistischerweise gibt: z.B. entweder Entgegenkommen anzubieten oder versuchen, einen Kompromiss zu finden.

Möglich ist auch, dass die Person z.B. gar nicht reagiert, nicht auf die Optionen eingeht oder frustriert das Geschehen verlässt. Das kann passieren, weil die Person grundsätzlich schon enorm frustriert war und nur einen Grund „gesucht" hat, sich aufregen zu können. Man tut sein Bestes durch adäquates Vorgehen, aber nicht alles endet konstruktiv und zu unserer Zufriedenheit. Viele kommen auch später wieder zurück, nachdem sie sich beruhigt haben.

4.5. Gezielte körperliche Gewalt

Außer dass wir mit aggressiven Manipulationen und Frustrationsausbrüchen zu tun bekommen können, besteht auch die Möglichkeit, dass Menschen körperliche Gewalt zielgerichtet einsetzen. Diese Gewalt kann dazu dienen, (subjektive) Gefahren zu bekämpfen, ein Hassobjekt zu vernichten, den Selbstwert zu steigern oder, wie bei verbrecherischen Handlungen, materielle Bedürfnisse zu befriedigen. Außerdem haben manche einen Spaß daran, andere oder sich gegenseitig zu verletzen, wie abwegig das auch klingen mag.

Gezielte körperliche Gewalt ist eine Extremform der Aggression. Sie kann zu schweren Verletzungen, zu dauerhaften Schäden oder sogar zum Tod führen. Das liegt an der mit Überzeugung, hemmungslosen und manchmal überlegten Weise, wie diese körperlich gewalttätigen Handlungen umgesetzt werden. Es fehlen jeglicher Respekt, Empathie und Einfühlungsvermögen und Rücksicht auf das Opfer: Der moralische Kompass ist nicht vorhanden. Dieser nicht vorhandene empathische Bezug zum Opfer und die damit einhergehende absolute Rücksichtslosigkeit ermöglichen genau diese Hemmungslosigkeit und Brutalität. Gezielte, körperlich gewalttätige Handlungen enden meistens erst, wenn das Opfer dermaßen verletzt und beeinträchtigt ist, dass es aufgrund der Schwere der Verletzungen nicht mehr fähig ist, sich zu wehren, das Ziel erreicht wurde (bei kriminellen Verbrechen oder dem Ausüben von sexueller Gewalt) oder das Opfer flüchten konnte. Beispiele für gezielte Gewalt sind: Faustschläge, körperliches Fixieren, Treten, Würgen, sexuelle Übergriffe und Waffengebrauch.

Körperlich gewalttätige Angriffe finden entweder impulsartig aus einem Affekt heraus statt, wenn Menschen zum Beispiel hoch frustriert sind, die Selbstkontrolle verlieren, das Opfer hassen und entpersönlichen; oder aber diese Menschen stellen sich gewalttätige Handlungen genauestens vor, planen sie sogar. Manche führen diese Pläne dann vorsätzlich aus, was jedoch im Allgemeinen seltener der Fall ist. Hier muss man eher an Kriminalität und schwere psychische und psychiatrische Störungen denken. Was die gezielte Gewaltausübung so destruktiv macht, ist, dass die bildliche Vorstellung der Umsetzung („das Fadenkreuz") mental vorhanden ist, bevor zur Tat übergegangen wird.

Bei impulsiver, hasserfüllter, gezielter Gewalt (Impulsdurchbruch) ist dieses Bild blitzartig da und wird sofort in eine Handlung übersetzt. Es kann aber auch sein, dass jemand im Vorfeld ein Opfer hasst (zum Beispiel jemanden, der einer bestimmten Berufsgruppe oder ethnischen Gruppe angehört), was in zunehmendem Maß auf die Person projiziert wird, bis durch einen (inszenierten) Konflikt oder eine Provokation der Angriff ausgelöst wird. Ein derartiger negativer Bezug zu anderen Menschen, das Entpersönlichen und negativ-generalisierende Bewerten von etwa Gruppen kann zu extrem gewalttätigen Handlungen führen. Dieser Aspekt muss generell beachtet werden, wenn man mit Menschen arbeitet, da hasserfüllte Besetzungen gar nicht so selten sind, vor allem in Berufen, deren Tätigkeitsfeld (immer wieder) Konflikte und Frustrationen mit sich bringt und sich darum nicht unbedingt (immer) großer Beliebtheit erfreuen, wie zum Beispiel der Arbeitsbereich des Jugendamts, der Sozialarbeiter und Pädagogen, von Security und Polizei, behördliche Diensten.

Bei Menschen, die Gewalt „planen" (für einen Raub zum Beispiel), sind diese Ideen und Fantasien über einen längeren Zeitraum vorhanden: Sie überlegen mit krimineller Energie ganz genau und konkret, wie zum Beispiel ein gewalttätiger Überfall am besten umzusetzen wäre. In diesem Fall hat es weniger mit Hass und der Beziehung zum Opfer, als mit dem Befriedigen von etwa rein egoistischen (materiellen) Bedürfnissen zu tun.

Im Vergleich: Das impulsive Ausschlagen eines sehr angespannten, zum Beispiel frustrierten, labilen Individuums ist mehr als **defensive, abwehrende Reaktion** zu sehen und dient prinzipiell der Verteidigung und dem Schaffen von (körperlichem) Raum. Die Botschaft dahinter ist zum Beispiel: „Lass mich in Ruhe!", „Ich halte dich nicht aus!", „Greif mich nicht an!" etc. Diese Angriffe sind von **offensiven, gezielten Aktionen** zu unterscheiden. Körperliche Angriffe, um sich zu verteidigen oder zu wehren, erfolgen, sobald wir subjektiv erlebt den Druck erhöhen und „geladene", instabile Menschen mittels Druckausübung einengen, festpacken und ihnen keinen Raum geben. Solche impulsiven, defensiven Angriffe wie Schläge oder Tritte sind genauso gefährlich und können jemanden verwunden, sind aber weniger kontrolliert und gezielt, im Vergleich zu dem, was hasserfüllte Affekte und Offensivität mit sich bringen.

Neben wahrscheinlichen Verletzungen wird ein körperlicher Übergriff nahezu immer von schwerwiegenden psychischen Auswirkungen begleitet. Überforderung und Machtlosigkeit hinterlassen tiefe Spuren. Negative Folgen wie Belastungs- und Traumafolgestörungen sind keine Seltenheit.

Manche Menschen drohen auch mit psychischer Gewalt. Diese „Drohungen" sind absolut ernst zu nehmen. Gewaltbereite Menschen vermitteln eindeutige Botschaften über die Konsequenz, wenn ihre Auflagen oder das Gewünschte nicht erfüllt werden würden: **ein Versprechen**. Die Ladung ist eine andere als bei aggressiven Einschüchterungen. Bei einer Androhung gezielter Gewalt wirken die Ansagen ruhig, klar, bestimmt und eindeutig. Sie ist quasi die Bekräftigung der Konsequenzen, falls die gewünschten Bedingungen nicht erfüllt werden würden. Die Klarheit und Bestimmtheit von Gewaltandrohungen sind ein Hinweis dafür, dass das Übergehen in eine offensive, gewalttätige Handlung für diese Person eine reale Option ist. Die Androhung von Gewalt ist im Vergleich zu aggressiven Manipulationen tiefgreifender, „kälter" und furchterregender, weil es eben eine reale, konkrete Gefahr ist. Einschüchterungen richten sich mehr auf das Gefühlsleben, mit dem Ziel zu manipulieren und einem etwas vorzuspiegeln. Die Botschaften sind bei Einschüchterungen im Allgemeinen emotionaler, wobei das eine das andere nie komplett ausschließt. Hier muss man vorsichtig bleiben. Für eine theoretische Darstellung und zur Differenzierung beschreibe ich im vorliegenden Buch diese Unterschiede. In der Realität ist es die Frage, ob der Unterschied unter dem Einfluss von Stress zu erkennen ist. Das ist erfahrungsabhängig. Ich habe die Unterschiede in der Praxis kennen gelernt. Aber auch dann, wenn ich nur ein wenig zweifle oder ein schlechtes Gefühl bei der Sache habe, entscheide ich mich für die Sicherheit. Ebenso weiß ich aber auch, was es innerlich braucht, um (Gegen-)Gewalt anzuwenden, da es Teil meiner beruflichen Tätigkeit war und ich dazu ausgebildet wurde. Die Einstellung ist für mich deshalb zugänglich und ich kann die Gewaltbereitschaft bei anderen meistens „lesen". Mir ist auch bewusst, dass das Thema „gezielte Gewalt" in der Praxis nicht so einfach ist, weil wir dann doch eher durch unser menschliches, moralisches Verständnis und die soziale Bezogenheit gehemmt sind, diese anzuwenden. Es verlangt eine eigene Einstellung, die nicht für jeden zugänglich ist. Tatsächliche, gezielte gewalttätige Übergriffe sind im Allgemeinen viel seltener als Aggressionen.

Lässt sich eine Konfrontation mit einer gewaltbereiten Person vermeiden und verfügt man noch über die Möglichkeit wegzukommen, kann ich nur empfehlen, sich der Situation zu entziehen und diese eher der Polizei oder ähnlichen Diensten zu überlassen.

Was gewaltbereite Menschen bei uns auslösen

Wird man mit einer gewaltbereiten Person konfrontiert, die sich aber noch kontrolliert, lassen sich folgende Verhaltensmerkmale beobachten: starrer, „kalter", durchdringender Blick, eine kontrollierte, hohe Anspannung und drohendes, offensives, aber trotzdem beherrschtes, selbstbewusstes, berechnendes Vorgehen. In einer akuten Situation mit einer hoch angespannten Person (während einer Frustrationsreaktion zum Beispiel) könnte man zunehmend das Gefühl und auch deutliche Hinweise bekommen, persönlich als mit Hass besetzte Zielscheibe gesehen zu werden. Die emotionalen, impulsiven und chaotischen Verhaltensmerkmale werden weniger, Menschen zeigen sich relativ ruhig und gefasst, bis sie in die gezielte Gewalt übergehen. Bei der gezielten Gewalt besteht auch die Möglichkeit, dass jemand zuerst manipulierendes, einschüchterndes Verhalten zeigt, hoch frustriert herumschreit und dann plötzlich, aus dem Nichts heraus, zum gezielten körperlichen Angriff übergeht. Solche Situationen sind die schwierigsten, weil sich das Verhalten blitzartig verändert. Man wird rasch überfordert und ist somit äußerst gefährdet. Deswegen baue ich immer einen Sicherheitspuffer in Form von körperlichem Abstand ein und bin mir meiner Position im Raum bewusst. Es kann auch sein, dass die Emotionalität überhaupt nicht im Vordergrund steht und wir subjektiv als reale Gefahr wahrgenommen werden (z.B. bei Psychosen, starken subjektiven Ängsten und einem Verlust des Realitätsbezugs). In so einem Fall werden enorme negative und destruktive Spannungen übertragen. Druck und Stress erhöhen sich und schnüren den Hals zu, bis zu dem Punkt, an dem man sich nur noch fürchtet, weil die Gefahr nicht nur auf reiner Vorstellung basiert, sondern konkret ist.

Mitunter lassen Menschen auch kaum bis keine Hinweise erkennen, dass etwas im Busch sei, oder sie überspielen die Gewaltbereitschaft sogar mit extremer Höflichkeit und sozialer Angepasstheit (z.B. das Verhalten von Sozio- und Psychopathen). Dieses sorgt mitunter für unangenehme Überraschungen, wie immer wieder in der Zeitung zu lesen ist (die netten Nachbarn und keiner hat so etwas erwartet usw.).

Gewaltbereite, sich kontrollierende Personen lösen große Angst, Misstrauen, Vorsicht, Unbehagen, innere Kälte, „aufgestellte Nackenhaare" oder einen „kalten Schauer über den Rücken" aus. Diese Menschen können durch das dominante, berechnende, selbstsichere und „angstfreie" Erscheinen enorm bedrohlich wirken. Man verspürt irgendwo, dass sie kein Einfühlungsvermögen, keine Empathie und Rücksicht aufbringen (werden) und nur auf ihre eigenen Bedürfnisse ausgerichtet sind. Die Gefahr ist real und meistens fürchtet man sich.

Geht jemand zu körperlicher Gewalt über, wird sofort eine instinktive Stressreaktion ausgelöst. Diese lässt sich durch die konkrete, akute Gefahr nicht verhindern. Manche Menschen erstarren durch die Folgen einer Stressreaktion. Andere versuchen sich instinktiv aus den Umständen zu retten und flüchten, was oftmals zu Chaos und unkontrollierten, impulsiven Handlungen führt. Andere kämpfen um ihr Leben. Eine Konfrontation mit physischer Gewalt bringt uns auf jeden Fall an unsere Grenzen - und darüber hinaus. Daher ist es unumgänglich, die eigenen, persönlichen Grenzen im Umgang mit Aggression und potenziell gewaltbereiten Menschen zu kennen und zu wissen, was zu tun ist, bevor die Geschehnisse für Überforderung sorgen.

Der Umgang mit gezielt körperlicher Gewalt

Die gezielte Gewaltausübung aus einem Impuls heraus lässt uns nur wenig Raum und Möglichkeiten, um kontrolliert aufzutreten. Diese akuten Situationen entfalten sich blitzartig, sind überwältigend und triggern unsere primitiven Schutzinstinkte. Das Allerwichtigste ist die Gewährleistung der eigenen Sicherheit. Falls Sie erkennen und an Ihrem Stresspegel spüren, dass gezielte Gewalt oder sogar ein Angriff bevorsteht, nehmen Sie bitte Ihre Einschätzung ernst. Verlassen Sie sich auf Ihre Intuition, auch wenn Sie versuchen, etwas gerade zu denken, was schief ist („Ach, es wird wohl nichts sein!"). Lieber einmal übervorsichtig als leichtsinnig. Dann ist es höchstes Gebot, den Stress zu kontrollieren, nicht zu erstarren und sich der Situation kontrolliert zu entziehen. Ist das nicht möglich, weil zum Beispiel der Ausweg blockiert ist, versuchen Sie auszuweichen, bis sich eine gute Gelegenheit ergibt, dem Geschehen zu entweichen.

Bei einem tätlichen Angriff wird, wie erwähnt, instinktiv reagiert. Wie sich diese impulsiven Reaktionsweisen äußern, ist schwer vorherzusagen. Ihre Reaktion hängt von eventuell vorangegangenen Trainings für den Umgang mit derartigen Situationen und Erfahrungen ab. Ist man einem Angriffs-Risiko (strukturell) ausgesetzt, ist das Erlernen von Abwehrtechniken durchaus sinnvoll. Trainings tragen vor allem auch dazu bei, sich sicherer zu fühlen und das auszustrahlen: Ihr persönliches Sicherheitsgefühl steigert sich, was Sie auch ausstrahlen. Damit können Sie schon so manche Eskalation verhindern. Die Aneignung von Fähigkeiten zur körperlichen Verteidigung braucht etwas Zeit und Motivation. Sie müssen diese Handlungen außerdem auch praktisch umsetzen können und das ist eine mentale Einstellungssache. Die richtige Kampf-Einstellung, im Wesen Gewaltbereitschaft und die Bereitschaft, jemandem zumindest Schmerzen und Verletzungen zuzufügen, ist persönlichkeitsabhängig nicht so schnell zu erlernen. Außerdem ist es für viele moralisch schwierig, sich damit anzufreunden. Ich vernehme zwar immer wieder Äußerungen über das, was Menschen anderen an Brutalitäten gerne antun würden, wenn es zu Gewalt kommen würde: In der Praxis ist es dann doch nicht so einfach, die Hemmschwelle zu überschreiten, jemanden bewusst zu verletzen.

Wenn Sie merken, dass die Gewalt ein Mittel ist, das jemand, ohne Zögern einsetzen würde, ist es für die meisten von uns am sinnvollsten, einer Konfrontation auszuweichen und der gewaltbereiten Person aus dem Weg zu gehen. Ist es Ihre berufliche Aufgabe damit umzugehen, liegt der Fall anders. Sie sind wahrscheinlich dafür gerüstet oder die Ressourcen, etwa die Personalstärke, sind (hoffentlich) darauf ausgerichtet. Falls Ausweichen für Sie die bessere Lösung ist, weil Sie merken, dass Sie stark verunsichert sind, versuchen Sie dieses kontrolliert zu tun und keine große Verunsicherung und Angst zu übertragen.

Man weiß nicht, was hinter der Gewaltbereitschaft „steckt", und das muss man auch nicht unbedingt herausfinden. Die eigene Sicherheit zu bewahren ist das Allerwichtigste.

Ein praktisches Beispiel:

Sie gehen zur späten Stunde auf der Straße und müssen, um nach Hause zu kommen, durch eine schlecht beleuchtete Gasse gehen. Im Dunkeln sehen Sie eine männliche Person mit einer über den Kopf gezogenen Kapuze an einer Mauer herumstehen. Sie haben ein schlechtes Gefühl bei der Sache und Sie sind ganz alleine. Sie wägen Ihre Möglichkeiten ab: Muss ich durch diese Gasse oder gibt es einen anderen Weg? Sie stellen fest, dass diese Gasse der schnellste Weg nach Hause ist und ein Umweg sehr weiträumig sein würde. Sie entscheiden sich weiter zu gehen, sich aber innerlich auf Eventualitäten vorzubereiten. Sie haben einen Regenschirm und diesen könnten Sie verwenden, um einen Angriff vorerst abzuwehren und wegzukommen. Sie gehen weiter und behalten die Person im Auge, ohne Sie anzustarren. Im Vorbeigehen sehen Sie aus Ihren Augenwinkeln, wie sich die Person zu Ihnen dreht, auf Sie zugeht und fragt: „Haben Sie ein Feuerzeug dabei?".

Oder: Die Person geht ruhig auf Sie zu, packt Sie an Ihrer Jacke und sagt auf unmissverständliche Weise: „Geben Sie mir Ihr Handy!" Sie lösen instinktiv diesen Griff mit einer Technik, die Sie gelernt haben, gehen auf Abstand und geben einen lauten Appell ab: „Lassen Sie mich los!" (3. Stufe), auch um eventuell Anwesende auf die Situation aufmerksam zu machen. Gleichzeitig sehen Sie in Bruchteilen einer Sekunde, wohin Sie flüchten können und werden. Die Person kommt wieder auf Sie zu, Sie gehen auf Abstand. Auf einmal greifen aus dem Nichts zwei Personen ein und fixieren ihn am Boden. Sie haben Glück gehabt. Zwei professionelle Securities waren gerade am Weg nach Hause.

Mit diesem Beispiel wollte ich Ihnen ein paar wichtige Prinzipien für den Umgang mit unsicheren und potenziell gefährlichen Situationen aufzeigen. Grundsätzlich sollten Sie sich folgende Fragen stellen:

- <u>Muss ich</u> mich dieser Situation stellen (Muss ich durch diese Gasse?) oder gibt es eine Alternative? (Gibt es andere oder sicherere Wege?) Wenn die Antwort ist, dass Sie auch eine andere Strecke gehen könnten, sind Sie aus dem Schneider.

- Wenn die Antwort „Nein, es gibt keine Alternative. Ich muss hier durch" lautet, ist die nächste Frage wichtig.
- Wie generiere ich die besten Chancen, in Sicherheit zu bleiben? In erster Linie geht es darum, sich der Gefahr bewusst zu sein und sich mental darauf vorzubereiten. Das bedeutet in der Praxis, dass es besser ist, wachsam zu bleiben, nicht auf den Boden zu schauen und nicht in die Opferhaltung zu verfallen. Dann überlegen Sie sich, was Sie dagegen unternehmen könnten bzw. was Sie zur Verteidigung zur Verfügung haben (einen Schlüsselbund, Regenschirm oder ähnliches). Oder Sie warten auf Passanten, die ebenfalls diesen Weg nehmen.

4.6. Psychische Gewalt

Psychische Gewalt zählt zu den nicht immer gut erkennbaren Formen der Gewalt. Sie kann jedoch gravierende Auswirkungen auf die Betroffenen haben. Durch eine allmähliche Zerstörung des Selbstwerts mittels psychischer Gewalt, wie Demütigung, Mobbing und Unterdrückung, fügen sich mit der Zeit so manche diesen destruktiven Umständen. Die Kraft derartiger Systeme aufzulösen und die Motivation, sich davon zu befreien, wird sukzessive schwinden und mit der Zeit komplett fehlen: Man unterwirft sich und passt sich an. Gewalt kann zu einer Art Normalität in Beziehungen werden und das macht diese Form der Gewalt zu einer äußerst schwierigen Herausforderung. Die Muster sind manchmal von sowohl der Täter- als auch der Opferseite her schwierig aufzulösen. Die möglichen Folgewirkungen für die Opfer psychischer Gewalt sind enorm: auf sich selbst gerichtete Wut, Depression, Scham und Apathie, aber auch Sadismus, Paranoia und Rachefantasien.

Bei der **Demütigung** wird der Selbstwert der Opfer gezielt negativ beeinträchtigt und sukzessive verringert. An eine demütigende Haltung bloßgestellt zu sein, führt zu massiven Kränkungen und Gefühlen der Macht- und Hilflosigkeit. Beispiele für demütigende Aussagen und Übertragungen sind: „Du bist sowieso viel zu dumm dafür!", „Halt deinen Mund!", „Was du sagst, hat keinen Wert." Die herablassende, abwertende Haltung ist kennzeichnend.

Unterdrückung zielt darauf ab, dass die natürlichen Bestrebungen eines Opfers behindert und blockiert werden. Unterdrückten Menschen wird etwa nicht ermöglicht, sich sicher zu fühlen, soziale Kontakte zu pflegen oder sich selbst als Individuum zu entfalten. Die Form der psychischen Gewalt kann subtil ausfallen und sich alleinig über die Haltung gegenüber dem Opfer äußern. Unterdrückung von Menschen kennt man auch von Diktaturen und sonstigen repressiven Systemen. Eine dauerhafte Bloßstellung an Unterdrückung kann den Willen eines Menschen brechen: Sie resignieren, geben auf und fügen sich in derartig destruktive Systeme, um irgendwie damit zurechtzukommen.

Mobbing ist ebenso eine hoch destruktive Form der psychischen Gewalt und in Schulen und Arbeitsplätzen breit vertreten. Das destruktive Potential entfaltet sich allmählich und beeinträchtigt die Psyche des Opfers. Die negativen Effekte kumulieren sich, bis sie sich schlussendlich über zum Beispiel Unwohlbefinden, Verhaltensauffälligkeiten und psychische Störungen (zum Beispiel Depressionen) bemerkbar machen. Bei Mobbing geht die Gewalt oftmals von einem umfangreicheren sozialen Netzwerk aus, zu dem zumeist sowohl das Opfer als auch der Täter gehören. Der Täter (eine dominante Person in der Gruppe zum Beispiel) steuert die ablehnende, beschränkende, kränkende und unterdrückende Haltung der Gruppe dem Opfer gegenüber. Angesichts dessen, dass das Opfer Teil des sozialen Netzwerks ist, davon mehr oder weniger abhängig ist und dem Mobbing scheinbar nicht entkommen kann (wie in der Schule oder am Arbeitsplatz), wird es stets daran bloßgestellt. Diese negativen Beeinträchtigungen sind oftmals schwer greifbar, da sie indirekt, im Verborgenen, durch Übertragung sowie durch die Wirkung von Gruppensystemik, stattfinden. Der Initiator des Ganzen (zum Beispiel ein Gruppenführer) oder auch die Anstifter (Personen, die den Gruppenführer instruieren) und Mitläufer (Personen, die den Initiator stillschweigend unterstützen) bleiben zumeist auch außer Sichtweite. Die Komplizen bei dem Ganzen haben für sich wiederum eigene Motive für die Teilnahme an dem „Spiel". Loyalität zum (dominanten) Täter, persönliche offene Rechnungen, Spaß und Ablenkung oder die Sorge, selbst Opfer zu werden, können Gründe dafür sein. Fakt ist, dass Mobbing eine enorm destruktive Wirkung auf das Opfer hat. Es trifft oft einen Außenseiter oder Andersdenkenden der Gruppe.

Mobbing ist meines Erachtens ein Gewaltmechanismus, der sich durch den moralischen Stand der modernen Gesellschaft in Bezug zu offenen Konflikten und Aggression als auch durch eine Anpassung der Menschen diesbezüglich gebildet hat. Offene Konflikte und sicher Aggression sind gesellschaftlich verpönt, gleichzeitig aber offensichtlich und „greifbar". Daher kann jemand darauf angesprochen werden. Am Arbeitsplatz oder in der Schule werden jedoch Streitereien nicht gerne gesehen. Mobbing hingegen findet verdeckt, im Verborgenen und heimlich statt. Somit sind die Beteiligten kaum greifbar, ansprechbar und die Vorgänge schwer korrigierbar. Wenn der Weg über offene Konflikte und Aggression versperrt ist, da wir einerseits durch sozialen Druck gelernt haben, unsere (negativen) Emotionen zu kontrollieren, anderseits kaum lernen, diese adäquat zum Ausdruck zu bringen, Konflikte zu lösen und womöglich selbst Opfer heimlicher Gewalt waren, wo bleiben die Konfliktinhalte, Aggressionen und Emotionen wie Spannung, Trauer, Hass und Wut? Meine Antwort ist, dass sie sich zumindest teilweise über passive Aggression und psychische Gewalt manifestieren.

Bei den Formen psychischer Gewalt wie Demütigung, Unterdrückung und Mobbing geht es um Machtausübung und das Streben nach Überlegenheit in sozialen Beziehungen und Gruppen. Sadismus kann bei psychischer Gewalt mithineinfließen, sobald das Unterdrücken etwa als lustvoll erlebt wird. Psychische Gewalt ist bisweilen schwierig zu erkennen. Sie findet oftmals innerhalb der privaten „vier Wände" statt. Psychische Gewalt muss aber unterbunden werden, weil deren Auswirkungen auf Menschen äußerst destruktiv sind. Mit welcher Strategie das praktisch geschehen soll, hängt dabei vom Kontext ab. Im privaten Rahmen ist es etwas anderes als im beruflichen; auch ob ein Hinzuziehen der Polizei oder Jugendwohlfahrt beziehungsweise Maßnahmen eines Vorgesetzten notwendig sind, ist von den Begleitumständen abhängig.

Der Umgang mit psychischer Gewalt

Bei psychischer Gewalt ist grundsätzlich zu beachten, dass sich hinter den Verhaltensweisen des Täters persönliche Motive wie Konflikte, kalte Berechenbarkeit sogar Traumata und Hass anderen Menschen gegenüber verbergen. Es ist zu überlegen, in welchem Rahmen Interventionen und Maßnahmen gesetzt werden. Erwägen Sie, die Unterstützung Dritter hinzuzuziehen, falls Sie die Konfrontation mit einem Gewalttäter, zum Beispiel in einem Betrieb, angehen müssen. Auch die Räumlichkeiten, wo eine Klärung durch ein Gespräch erfolgen und eine Grenzsetzung stattfinden soll, sind wichtig. Ich würde dafür eine ruhige Umgebung wählen, ohne Zuschauer. Eine eventuelle heftige Eskalation der Situation und ein Aggressionsdurchbruch sind beim Führen derartiger Gespräche nicht ausgeschlossen.

Der Täter lenkt während des Gesprächs möglicherweise sofort ein und kooperiert (scheinbar): Entweder aus manipulativer Absicht oder weil er instinktiv spürt, dass wir am liebsten das Ganze ohne weitere Problemen geklärt hätten. Wir bekommen die „richtigen" Antworten, womit unserer Hoffnung, dass das Ganze reibungslos ablaufen könnte, entsprochen wird; oder aber die Person zeigt authentische Reue. Andere wiederum diskutieren bei einem Gespräch unergiebig, rechtfertigen ihre Sicht der Dinge und reden gerade, was schief ist. Manche sind uneinsichtig, manipulieren, weisen die Schuld von sich und verhalten sich fordernd. Manchmal kommt man einfach nicht durch und stößt auf Granit. Eine ausgeprägt **bestimmende Haltung** wäre in so einem Fall eine Option, um sich durchzusetzen: zum Beispiel, indem man diese Person wegweist oder ihr eine letzte Chance gibt. Sie können natürlich warten und hoffen, dass jemand von selbst zur Einsicht kommt. Gewalttäter wehren sich jedoch oftmals vehement dagegen, den Blick nach innen zu lenken und ihr Fehlverhalten einzusehen; vielleicht auch aus Angst, was das bedeuten würde oder was noch alles aus dem Inneren an eigenen Themen zutage kommen könnte und sie sich eingestehen müssten. Die Wahrscheinlichkeit, dass diese kritische Selbstreflexion geschieht und das Verhalten sich wie erwünscht einstellt, erachte ich als eher gering. Die Hoffnung stirbt bekanntlich zuletzt und faktisch weiß man natürlich nicht, was Rückmeldungen mit Menschen tun, auch wenn wir keinerlei deutliche Hinweise bekommen, dass etwas angekommen ist.

Aggressive Reaktionen sind jedoch ebenso eine reale Möglichkeit, wenn wir jemanden mit seinem Verhalten konfrontieren und dabei versuchen diesem einen Riegel vorzuschieben. Möglicherweise spüren Sie das Potential für aggressive Reaktionen schon im Vorfeld, was bei Ihnen Stress und Sorge auslöst, was im Gespräch alles passieren könnte. Eine Grenzsetzung verlangt dennoch generell einen resoluten Auftritt, eventuell mit Sicherheit bietender Unterstützung von Kollegen, etwa aus dem Hintergrund (Warnen mit dem Aufzeigen der Konsequenzen, eindeutiges Vermitteln von Grenzen).

5. Der Wechsel zwischen den Aggressionsformen

Aggressionsformen wie aggressive Manipulation, Frustrationsausbrüche und gezielte Gewalt, aber auch Machtkämpfe und Konflikte sind in ihrer Erscheinungsform und ihren Wirkungsmechanismen abgegrenzt und als solche in der Praxis wiedererkennbar. Beachtet werden sollte, dass ein rascher Wechsel von einem Konflikt zum Beispiel in aggressive Verhaltensweisen und darauffolgend in die gezielte Gewalt immer möglich ist. Diese Übergänge vollziehen sich manchmal blitzartig, ein anderes Mal fließend. Die Verhaltensweisen können sehr sprung- und wechselhaft sein.

Die Erfahrung zeigt aber, dass die meisten Menschen in ihren Konfliktmechanismen und aggressiven Verhaltensweisen zu Mustern neigen, genauso wie sie zu Mustern im „normalen" Vorgehen in Beziehungen tendieren. Aggressionen, aber auch die Art, wie zum Beispiel Konflikte geführt werden und wann in Beziehungen auf Machtkämpfe zurückgegriffen wird, sind mit der Persönlichkeit sowie den Neigungen in einem situativen Kontext verbunden: Man hat gelernt, auf eine bestimmte Weise mit Situationen umzugehen - oder hat zum Beispiel eben nicht gelernt, mit etwa Enttäuschungen zurecht zu kommen. Diese Verhaltensmuster machen es einigermaßen vorhersehbar, was zu erwarten ist*. Gleichzeitig bleibt immer eine gewisse Unberechenbarkeit und Unvorhersehbarkeit, was das Verhalten anbelangt. Vor allem, wenn man über eine längere Zeitspanne mit Menschen in einem bestimmten Kontext arbeitet oder dauerhaft in Beziehung ist, macht das Durchblicken dieser Muster, oder zumindest das Bilden einer Hypothese diesbezüglich, einen Sinn. Es könnte dann sogar ein Plan erstellt werden, wie damit, etwa im Team, umzugehen sei. Sind einem die aggressiv agierenden Menschen unbekannt, sind der gesunde Verstand und das Bauchgefühl am wichtigsten. Bei Zweifel ist es besser auszuweichen oder das Geschehen zu verlassen.

*Es gibt Situationen, wo die Reaktionsweisen von Menschen nicht vorhersehbar sind, zum Beispiel im Falle von Lebenskrisen. Genauso wie solche Umstände akut und inzidentell sind, sind die krisenhaften Verhaltensweisen, mit denen wir konfrontiert werden können, akut und inzidentell. Der Zugang zu Erfahrungen, wie sich uns sogar bekannte Menschen dann verhalten werden, fehlt und macht den Umgang damit zu einer großen Herausforderung. Ich kalkuliere diesen „Unberechenbarkeitsfaktor" mit ein. Das bedeutet, dass ich wachsam bin, nicht selbstgefällig zu werden, auch wenn sich des Öfteren die gleichen Szenen abspielen.

Die große Herausforderung ist, dass rasche Sprünge im Verhalten und schlagartige Veränderungen in der Dynamik den Stresspegel noch mehr ansteigen lassen und man auf dem falschen Fuß erwischt werden kann. Derartige Situationen mit wechselnden Aggressionsformen verlangen unterschiedliche Strategien und enorm viel Anpassungsvermögen. Hier Kontrolle und Raum zu behalten, braucht Erfahrung, Training und vor allem ein klares Ziel vor Augen, was man grundsätzlich für sich bezwecken möchte (z.B. Bewahren der Sicherheit, das Führen eines Gesprächs auf gleicher Augenhöhe). Doch selbst dann hat jeder seine Grenzen für das Bewahren des Überblicks, der Selbstkontrolle und Denkfähigkeit. Tatsche ist, dass Menschen, solange sie im Aggressions-Modus „stecken", grundsätzlich kaum aktiv zu beeinflussen beziehungsweise zu beruhigen sind. Es geht in dieser Phase darum, vor allem auf sich zu schauen, sich anzupassen, die persönlichen Grenzen und die Sicherheit zu wahren, Ruhe zu übertragen sowie Abstand zu halten, bis sich, entweder durch die Wirkung unserer Haltung oder indem wir Zeit verstreichen lassen, diese Personen beruhigt haben. So gesehen können Menschen auch einmal von frustriertem Verhalten zu Manipulation übergehen, ohne dass man davon allzu sehr aus der Bahn geworfen wird.

5.1. Die Aufarbeitung belastender Erfahrungen

Ein wichtiges Thema im Rahmen der Deeskalation ist die Notwendigkeit adäquater Verarbeitung und Aufarbeitung belastender Erfahrungen mit Aggression und Gewalt. Es wird in der Praxis leider oftmals nicht ausreichend beachtet, vergessen und vernachlässigt. Auf einer persönlichen Ebene ist es bekanntlich notwendig, eindringliche Erfahrungen zu verarbeiten und ihnen einen Platz zu geben. Es hilft Belastungserscheinungen und einem Ausbrennen vorzubeugen. Eine adäquate Aufarbeitung beeinflusst aber auch, wie wir mit zukünftigen Herausforderungen in Beziehungen umgehen werden. Durch Reflektieren über zurückliegende Ereignisse kann man einiges über sich selbst lernen, die persönlichen Aspekte zukünftig besser beachten und generell auch die eigenen Strategien an die Erfordernisse anpassen.

Das Aufarbeiten belastender Erfahrungen sowie ein kritischer Rückblick stoßen nicht sofort auf jedermanns Begeisterung, ist meine Erfahrung. Einerseits liegt das an der Aufregung, die die meisten unmittelbar nach einem Vorfall noch innerlich verspüren. Nachwirkende Stresshormone im Blut verursachen einen Tunnelblick und einen Zustand mit emotionalem Druck, in dem es nicht immer einfach ist, sich reflexiv mit den Ereignissen zu beschäftigen, und zusätzliche negative Berührungen instinktiv eher vermieden werden. Andererseits ist es absolut sinnvoll, sich unmittelbar nach einem Vorfall dem Thema zu widmen und die Inhalte Revue passieren zu lassen. Hiermit wird verhindert, dass diese prägenden Eindrücke verdrängt oder abgespalten werden. Sie lösen sich durch diese Mechanismen und das Nicht-Wahrhaben leider nicht in Luft auf. Unverdaute belastende Erfahrungen wirken in uns, verursachen anhaltenden Stress und haben dadurch negative Folgen auf Geist und Körper. Auch ist es im Allgemeinen günstiger, mit den noch „frischen" Erfahrungen zu arbeiten, wenngleich dies nur in einem geschützten Rahmen erfolgen kann, wie in einer stabilen, privaten Beziehung oder im Team. Sich aus der eigenen Perspektive und mit gegenseitigem Respekt und Toleranz äußern zu können, das Erlebte zu erzählen und sich dabei ausreichend gestützt zu fühlen, trägt enorm zur Verarbeitung bei. Nach dieser Entlastung kann über zukünftige andere Ansätze und Vorgehensweisen nachgedacht werden. Im Endeffekt geht es darum, aus den Vorkommnissen zu lernen. Um „richtig" oder „falsch" und Schuldzuweisungen sollte es nie gehen. Im Nachhinein weiß man bekanntlich alles besser, aber die Uhr kann man nicht zurückdrehen. Zukünftige

Ereignisse werden außerdem wieder anders laufen als die zurückliegenden. Eine gute, offene Teamkultur ist dann auch für die adäquate Aufarbeitung essentiell, wenn man strukturell mit schwierigen Situationen zu kämpfen hat: Sie soll gegenseitigen Respekt, Vertrauen und Sicherheit bieten, damit man seine persönlichen Erfahrungen äußern und daraus lernen kann.

Eine Aufarbeitung im Alleingang ist etwas anders als jene in einer Teamkonstellation. Ist man auf sich selbst gestellt, kommt es auf die eigene Motivation und teilweise Disziplin an, sich mit der Materie zu beschäftigen. Ich habe die Erfahrung gemacht, dass sogar, wenn Situationen im Team nachbesprochen wurden, noch immer „etwas" übrigbleibt, mit dem man sich persönlich auseinandersetzen sollte, um Stress abzubauen und Erfahrungen zu verarbeiten. Ich habe meinen Tagesablauf so organisiert, dass ich nach Belastungen in der Arbeit oder im Privatbereich bewusst und gezielt Stress abbaue und damit Raum für die Verarbeitung schaffe. Praktisch bedeutet das, dass ich mich irgendwo hinsetze, wo ich nicht gestört werde, und eine halbe Stunde einfach nur meinen Gedanken freien Lauf lasse oder mir erlaube, ohne sonstige Ablenkungen „in den Narrenkasten" zu schauen. Wichtig ist zuzulassen und eventuell wahrzunehmen, was in einem arbeitet und vielleicht ein ungutes Gefühl verursacht, was einen ärgert, stresst oder Sorgen bereitet. Gedanken und Gefühle kommen und gehen und allmählich entspannt sich das System. Diese Eindrücke werden quasi von selbst „verdaut". Manchmal bleiben aber Sachen, die in Zukunft anders gemacht werden sollen, oder Themen, die mit anderen Menschen geklärt werden müssen, übrig, wie zum Beispiel Konflikte und die Teamhaltung im Umgang mit Situationen. Dieses hilft neue günstigere Strategien zu entwickeln und sich an die Gegebenheiten anzupassen.

Vor allem repetitive, eher monotone Aktivitäten wie Laufen, Wandern oder Radfahren helfen Stress und körperliche Erregung abzubauen. So manche Gedanken, Bilder und Befindlichkeiten können einem bewusst werden, die andernfalls vielleicht verborgen geblieben wären. Mit Meditation (oder meditativen Tätigkeiten wie zum Beispiel Malen) gehe ich manchmal noch tiefer in mein Inneres, je nachdem wie viel Zeit ich dafür freimachen kann. Ich staune immer wieder, welche Eindrücke erst dann nach oben kommen (können). Überlegen Sie, wie lange es dauert, bis Sie das Gefühl haben, wirklich im Urlaub angekommen zu sein und was sich bis dahin in Ihrem Inneren abgespielt hat, welche Gedanken über Situationen und Personen, mit denen Sie negative Erfahrungen hatten oder die ihre Probleme bei Ihnen ablagerten, vorbeigekommen sind. Andere Strategien, um sich von den Eindrücken und psychischen Belastungen zu „befreien", wären typische Übergangsrituale, die dazu dienen, zum Beispiel von der Arbeit Abstand zu gewinnen und sich innerlich zu „reinigen". Duschen, Kleidung wechseln und Visualisieren, dass der Tag abgespült ist oder in die Wäschetonne geht, sind die am häufigsten angewendeten Rituale. Es ist nur dabei manchmal schwierig zu unterscheiden, ob es Mechanismen sind, die der Verdrängung dienen oder wirklich zu Verarbeitung beitragen. Diese Frage kann aber jede Person für sich beantworten, wenn man ehrlich zu sich selbst ist.

5.2. Enttabuisierung des Themas Aggression und Gewalt

Kennzeichnend für uns Menschen ist, dass wir uns relativ schnell an vorherrschende Gegebenheiten anpassen und an strukturell wiederkehrende Ereignisse gewöhnen. Diese werden mit der Zeit zu einer Art Normalität. Sogar extreme Umstände, die eigentlich für unsere geistige Gesundheit wenig förderlich sind und konkrete Gefahren für das Leben mit sich bringen, können wir im Laufe der Zeit akzeptieren und als Realität übernehmen, wie zum Beispiel Bloßstellung an massive Unterdrückung, Aggression und Gewalt. Sogar Kriegssituationen und alles, was diese mit sich bringen, können zur „normalen" Alltagsrealität werden. Je höher der Stress ist und je länger er anhält, desto schneller passt man sich an diese Situationen an. Das Stresshormon Cortisol, das bei anhaltendem Stress ausgeschüttet wird, löst „alte" Verschaltungen im Hirn auf und fördert das Legen von neuen neurologischen Verbindungen, wie G. Kaluza in „Gelassen und sicher im Stress" (2012) beschreibt. Diese natürliche Fähigkeit zur Anpassung dient im Wesen dazu, die besten Chancen für das Überleben zu generieren. Die vielfältigen, scheinbar vermehrt auftretenden Herausforderungen zwischenmenschlicher Beziehungen sind auch ein gutes Beispiel dafür, wie wir diese als Normalität annehmen, die wir kaum hinterfragen. Diese Gewöhnung sorgt dafür, dass wir diese, bis zu einem bestimmten individuellen Ausmaß, nicht mehr bewusst als „Schwierigkeiten und Herausforderungen" wahrnehmen. Durch Anpassung wird sozusagen der eigene Horizont verlegt, je nachdem was einem beruflich oder persönlich regelmäßig widerfährt und womit man einigermaßen auf irgendeine Weise zurechtkommt. Die Schwelle der Aufmerksamkeit und des Interesses, sich

Gegebenheiten genauer anzusehen, verschiebt sich ebenso, weil der Anreiz dazu durch einen Gewöhnungseffekt schwindet. An starke Spannungsfelder in Beziehungen (durch Konflikte zum Beispiel) und an die Bloßstellung an aggressive Verhaltensweisen (im öffentlichen Verkehr und den Medien zum Beispiel) haben wir uns mehr oder weniger gewöhnt. Außer, dass wir uns mit diesen Sachen abfinden und Themen nicht mehr kritisch betrachten, lauert die Gefahr, dass wir irgendwann überhaupt nicht mehr spüren, was das eigentlich für uns bedeutet. Der emotionale Bezug schwindet. Dieses Phänomen nennt man auch Desensibilisierung oder „Abstumpfung".

Aggression und Gewalt sind von sich aus nicht unbedingt die Themen, mit denen wir uns gerne beschäftigen wollen. Es gibt viele andere Sachen, die wesentlich interessanter, schöner und nicht so schmerzhaft, negativ und unbequem sind. In der Gesellschaft wird kaum oder sehr eingeschränkt offen über dieses Thema gesprochen, ist meine Erfahrung. Aggressives Verhalten und Gewalt scheinen noch immer ein Tabu zu sein. Dieses fördert ebenso, dass wir etwa das Thema Aggression nicht genauer betrachten, obwohl es uns unangenehm berührt und unsere Lebensqualität negativ beeinflusst. Wenn Sie jedoch über soziale Beziehungen reflektieren und nachdenken, werden sich Ihre eigenen persönlichen Herausforderungen garantiert offenbaren. Manche Schwierigkeiten treten inzidentell auf, andere beinahe täglich. Jede Person kann wahrscheinlich über persönliche „schwierige" Erfahrungen, Szenen und Erlebnisse berichten, die schlussendlich mit zwischenmenschlicher Beziehung zu tun hatten. Sie brauchen sich nur die richtigen Fragen stellen, wie: „Was irritiert mich maßlos und macht mich vielleicht sogar wütend?", „Welchen Situationen gehe ich lieber aus dem Weg, weil sie mich stressen?" „In welchen Fällen machen mir Menschen oder Personen Angst und fühle ich mich unsicher?", „Was blocke ich innerlich ab, weil es mir zu viel ist?" und „Welche schwierigen Situationen oder vielleicht sogar bestimmten Personen beschäftigen mich im Moment noch immer, wenn ich darüber nachdenke?" Diese negativen Eindrücke und Bilder aufzurufen, ist nicht immer verlockend, weil wir doch eher das Positive zulassen und genauer betrachten wollen. Dabei sind diese Eindrücke nichts anderes als eine Widerspiegelung einer konkreten Realität und Ihrer Persönlichkeit in Beziehung zu anderen Menschen.

Den offenen Austausch fördern

Wir Menschen sind nicht so einfach zu motivieren, um über dieses Thema offen zu sprechen, wie ich schon angedeutet habe. In so manchem Kontext, wo beruflich mit Menschen gearbeitet wird und deshalb die Konfrontation mit derartigen Herausforderungen unausweichlich bzw. der professionelle Umgang erforderlich ist, braucht es meiner Meinung nach ein (professionelles) Umdenken, insofern dies noch nicht geschehen ist. Das bedeutet, dass grundsätzlich eine transparente und offene Auseinandersetzung und die Sensibilisierung gefördert werden muss und Schulungen während der Berufsausbildung unbedingt notwendig sind.

Was grundsätzlich zur offenen Auseinandersetzung beiträgt und hilft das Thema zu enttabuisieren, ist einen geeigneten, zwischenmenschlichen Raum zu schaffen, in dem sich alle sicher fühlen, sich wiederfinden und über das Thema offen und neutral reflektieren können. Das gelingt, wenn eine **verbindende und transparente Sprache** gesprochen wird, anstatt sich nur mit einseitigen, schwarz-weiß Meinungen zu „bewerfen" und um die eigene, Sicherheit und Halt bietende Wahrheit zu kämpfen. Wenn das Thema uns vom Prinzip her negativ reizt, sensibel und persönlich ist, sind derartige unergiebige Diskussionen das Letzte, was man bewusst und freiwillig aufsuchen wird.

Eine verbindende Sprache zu tätigen und transparente Kommunikation zu gestalten ist jedoch manchmal eine Herausforderung. Unterhalten sich Menschen im Alltag über Herausforderungen in sozialen Beziehungen, werden z.B. erfahrungsgemäß rasch Sammelbegriffe wie Aggression und Gewalt verwendet. Bei der Verwendung derartiger Schubladen-Begriffe bleibt jedoch oftmals unklar, was damit wirklich gemeint ist. Das hat etwas mit der impliziten Mehrdeutigkeit dieser Begriffe zu tun. Sie repräsentieren eine persönliche Bedeutung und werden in unterschiedlichen Zusammenhängen verwendet. Diese sind für Außenstehende nicht direkt zugänglich. Dass wir diese Schubladen verwenden, kann dazu führen, dass wir glauben und annehmen, über das Gleiche zu sprechen, jedoch Unterschiedliches meinen oder assoziativ sehen. Diese unvermeidlichen Unklarheiten und Verwirrungen, die bei persönlichen Assoziationen und der Verwendung von Pauschalbegriffen entstehen, sind generell nicht förderlich.

Sie führen zu sinnlosen Diskussionen über Meinungen und Ansichten und manchmal zu Streit. Es ist vor allem nicht günstig, wenn etwa Umgangsstrategien unter einem **gemeinsamen neutralen Nenner** entwickelt werden müssen*.

Wir können eine verbindende Sprache und einen gemeinsamen Nenner finden, transparent kommunizieren und diese Begriffsverwirrungen und Störungen im gegenseitigen Austausch aber einfach lösen, indem wir bei uns selbst bleiben und **Situationen aus der Ich-Perspektive oder selbst-bezüglich beschreiben**, wie zum Beispiel: „Mir ist es so gegangen, dass ich mich durch seine Beschimpfungen verunsichert gefühlt habe", oder „Diese Person kommt wiederholt zu spät und ich habe mich darüber geärgert." Durch das Teilen der bloßen Wahrnehmungen und indem man für sich benennt, was diese bei uns persönlich auslösen, wird über die Sprache dieser Raum, in dem sich jeder wiederfinden kann und in seinem Wert gelassen wird, als Basis geschaffen. Auf dieser Basis wird weiter aufgebaut und etwa beschrieben, wie reagiert wurde, welche Auswirkungen auf die Beziehungsgestaltung dieses Reagieren hatte usw. Während dieses Prozesses des gemeinsamen reflexiven Austausches werden die zwischenmenschliche Dynamik und sogar Muster auf sowohl rationeller als auch emotionaler Ebene zugänglich, lassen sich eventuell Ursachen für zum Beispiel Konflikte und Eskalationen erkennen und schlussendlich persönliche Bedürfnisse feststellen oder Team-Strategien für die Zukunft andenken. Die einseitigen Begriffe und großzügigen Schubladen selbst behalten ihre Wertigkeit. Sie bekommen nur einen anderen Stellenwert. Die Begriffe werden erst nach dem offenen persönlichen Austausch verwendet, um die Eindrücke zu ordnen.

Mir selbst wurden die positiven Auswirkungen des Schaffens von Raum für den offenen Austausch während meiner Arbeit in einem Betreuungsteam in einer kinder- und jugendpsychiatrischen Einrichtung bewusst. Herausfordernde Vorfälle passierten einfach zu oft, sie konnten nicht weggedrückt und verleugnet werden. Sie waren sowohl für die Klienten als auch die Mitarbeiter tiefgreifend.

*Würden wir uns einer Objektivität annähern wollen, müssten wir Faktoren wie die persönlichen Anteile im Geschehen, die Rollenverteilung in der Situation, den Verlauf der Dynamik und den Kontext präzise klären. Das ist viel zu kompliziert, langwierig und in der alltäglichen Praxis kaum machbar.

Wir tauschten uns untereinander häufig aus, um den vielen Krisen einen Platz geben zu können und dysfunktionale Beziehungsmuster zu durchblicken. Dadurch konnten wir professionelle Strategien für den Umgang entwickeln und Klienten auch etwas anderes bieten, als sie normalerweise in Beziehungen gewöhnt waren. In dem Diskussionsrahmen konnte man aufbauende, aber zugleich ehrliche Rückmeldungen bekommen, den Blick nach innen lenken und die eigenen Anteile („Was tut es mit mir und was sagt das über mich aus?") miteinbeziehen. Der Austausch half zu verstehen, wodurch so manches zustande kam, und auch, wie sich Eskalationen verhindern hätten lassen. Außerdem wurden die betroffenen Klienten, so viel wie möglich, in die Aufarbeitung der Geschehnisse und in das Etablieren von „Plänen" für den Umgang involviert: Sie sind Teil des Ganzen und können etwas über sich und Beziehungen im Allgemeinen lernen.

Wenn Sie alleine über die Ereignisse reflektieren und nachdenken, bestimmen Sie selbst den Rahmen und sind nicht von anderen abhängig. In einem bestimmten Arbeitsbereich oder Team zum Beispiel verhält sich das anders. Eine Institution sollte meiner Meinung nach grundsätzlich eine Kultur des offenen Austausches fördern. Manchmal ist es sogar notwendig, einen Rahmen und organisatorische Strukturen (zum Beispiel verpflichtende Nachbesprechungen oder Supervisionen) bereit zu stellen, sodass sich Mitarbeiter den Erfahrungen und Eindrücken widmen können.

Was das Etablieren eines offenen und sicheren Raums im Teamkontext betrifft, sieht man auch, wie wichtig der Zusammenhalt im Team und die Teamkultur selbst ist. Eventuelle Konflikte untereinander wirken sich sofort kontraproduktiv auf den offenen Austausch aus, weil Konflikte eine unsichere Atmosphäre verursachen, das Vertrauen abbröckeln lassen und sich Menschen verschließen. Diese Probleme, die es natürlicherweise aufgrund team-interner Prozesse immer wieder gibt, müssten erst angesprochen und geklärt werden, damit sich Ängste und Spannungen lösen.

Auch wird es bei Nachbesprechungen in Teams vorkommen, dass erst einmal Psychohygiene betrieben und Stress abgebaut werden muss, bevor die Rationalität wieder den Fuß auf den Boden bekommt. Das bedeutet auch, dass die ersten persönlichen Äußerungen gelegentlich emotional, subjektiv eingefärbt und schwarz-weiß (dualistisch) sein werden sowie diese gegenseitig ausgehalten werden müssen. Sich von aufgestauten Emotionen zu befreien, hat den Sinn, dass sich der Stress löst und mit der Zeit das Reflektieren und differenzierte, non-dualistische Sichtweisen möglich werden. Das gilt auch für die Verarbeitung im persönlichen Rahmen. Die Erzählungen auszuhalten ist für die Partner von Menschen, die etwa in sozialen Berufen tätig sind, nicht immer einfach. Es hilft jedoch sehr, wenn jemand verfügbar ist, der das aushält oder sich in die Situation hineinversetzen kann und deswegen versteht, wie es einem geht. Ist man allein, ist es sinnvoll, sich diese Befindlichkeiten einzugestehen, ohne diese zu bewerten. Das ist meistens der erste Schritt zur Verarbeitung.

5.3. Wie geht es jetzt weiter?

Wir werden uns darüber einig sein, dass sich Konflikte, Aggression und auch Gewalt nicht verbannen lassen und zu uns Menschen und Beziehungen gehören. Die Konfrontation mit schwierigen Situationen wird uns somit nicht erspart bleiben. Übrig bleibt jedoch, wie wir auf persönlicher Ebene zum Beispiel mit Konflikten umgehen und wie wir uns eventuell gegenüber anderen Menschen verhalten. Das sind Aspekte, die sich durch eine bewusste Auseinandersetzung und Schulungen beeinflussen lassen. Ein gesunder, reflektierter Bezug zu der eigenen Neigung bei Konfliktverhalten, Machtkämpfen und sogar Aggression trägt wesentlich dazu bei, wie unser Output aussieht. Die Art des Umgangs mit Konflikten und Aggression obliegt der eigenen Verantwortung, auch wenn die Ursächlichkeiten durch Umstände entstanden sind, die scheinbar außerhalb des eigenen Einflussbereichs liegen. Das Verhalten anderer Menschen uns gegenüber ist und bleibt schwierig beeinflussbar und vor allem nicht vorhersehbar. Ob man die eigenen Neigungen tatsächlich in den Griff bekommt, hängt vom eigenen Willen daran zu arbeiten ab. Andere Menschen können das nicht für uns tun. Unsere Handlungen haben einen Einfluss darauf, ob Spannungen entstehen und ob eine negative Verkettung zwischenmenschlicher Wechselwirkungen durchbrochen oder instandgehalten wird.

Mir haben die beiden Aspekte, das Entwickeln breit gefächerter Umgangsstrategien und das Lenken des Blicks nach innen, enorm geholfen, mich persönlich weiterzuentwickeln und mir bewusst zu werden, welchen Raum ich brauche, aber auch diesen bei anderen zu erkennen und zu respektieren. Der Weg, der dazu führt und einen schlussendlich zu dem Punkt bringt, an dem man für sich das Gefühl hat, mit Aggressionen und Konflikten besser zurecht zu kommen und das Deeskalieren tatsächlich „leben" zu können, ist lang und ebenso nicht einfach. Das Thema orientiert sich an den persönlichen Grenzen. Diese wird man während des Prozesses kennen lernen, durch Erfahrungen und Einsichten verlegen oder man stellt fest, dass sie nicht zu verlegen sind. Außerdem wird man damit konfrontiert, was diese Grenzen aufgrund vergangener Erfahrungen in Beziehungen und persönlicher Anteile für einen repräsentieren, was nicht immer einfach ist. Der Weg sollte sich meiner Meinung nach zu jeder Zeit an den eigenen realistischen Möglichkeiten, an der persönlichen Motivation und auch an den beruflichen Notwendigkeiten orientieren. Perfekt wird man nie sein, aber das ist eben menschlich. Ich gehe davon aus, dass jeder für sich sein Bestes gibt. Es lohnt sich auf jeden Fall, die manchmal schwierigen Erfahrungen mit zwischenmenschlichen Herausforderungen für sich konstruktiv umzusetzen, den eigenen Raum zu wahren und in Sicherheit zu bleiben.

Literaturliste:

- Bach G.R. (2007), Keine Angst vor Aggression, Fischer Taschenbuch Verlag, Frankfurt am Main
- De Becker G. (1997), The Gift of Fear, Dell Publishing, New York
- Denker R. (1974), Angst und Aggression, W. Kohlhammer GmbH, Stuttgart
- Gilovich T. (2009), Heuristics and Biases, Cambridge University Press, New York
- Kaluza G. (2012), Gelassen und sicher im Stress, Springer Verlag, Berlin Heidelberg
- Ketelsen R. (2004), Seelische Krise und Aggressivität, Psychiatrie-Verlag GmbH, Bonn
- Klein G. (2004), The Power of Intuition, Currency Books, New York
- Kohut H. (1981), Die Heilung des Selbst, Suhrkamp Verlag, Frankfurt am Main
- Leary T. (1957) Interpersonal Diagnosis of Personality, Eugene OR
- Maltz, M. (1960), Psycho-Cybernetics, Pocket Books, New York
- Montaique E. (1997), The Encyclopedia of Dim-Mak, Paladin Press, Boulder
- Nolting H. (2005), Lernfall Aggression, Rowohlt Taschenbuch Verlag, Hamburg
- Schranner M. (2005), Verhandeln im Grenzbereich, Econ Ullstein List Verlag GmbH. & Co KG, München